DAS GROSSE BUCH DER MÜNZEN UND MEDAILLEN

E. und V. Clain-Stefanelli – Battenberg

CIP-Kurztitelaufnahme der Deutschen Bibliothek
Clain-Stefanelli, Elvira:
Das große Buch der Münzen und Medaillen / E. u.V. Clain-Stefanelli
[Aus dem Amerikanischen von Alfred P. Zeller] –
2. Aufl. – Augsburg Battenberg, 1991
ISBN 3-89441-006-X
NE: Clain-Stefanelli, Vladimir:

Aus dem Amerikanischen übersetzt von Alfred P. Zeller

Bildnachweis:
Dr. Vladimir Clain-Stefanelli: 12, 17, 20, 37, 57, 60, 77, 80, 97–100, 109, 112, 121, 134–136
Staatl. Münzsammlung, München: 10, 11
Sammlung Bayr. Hypotheken- und Wechselbank: 122–124
Archiv Battenberg-Verlag: 18, 19, 38, 39, 58, 59, 78, 79, 110, 111, 133, 165 ff.

BATTENBERG VERLAG AUGSBURG

Gesamtherstellung: Appl, Wemding
ISBN 3-89441-006-X

INHALT

Einführung 7

Frühe und primitive Geldformen 11

Hellas und die Welt der antiken Seefahrervölker 19

Von der Siebenhügelstadt zum Römischen Weltreich 39

Byzanz und die Suche nach der Stadt Gottes 59

Entdeckung der Welt –
Renaissance, Barock und Neuzeit 79

Mogule und Chane – Münzen aus dem Orient 99

Von Alaska bis Feuerland – Münzen aus Amerika 111

Spekulation und Vertrauen –
Die Entwicklung des Papiergelds 123

Medaillen – Spiegel der Geschichte und der Kunst 135

Von Sammlern und ihrer Wissenschaft 145

Kleiner Leitfaden für angehende Münzensammler 151

Verzeichnis numismatischer Fachausdrücke 158

Ausgewählte Literatur 162

Numismatische Fachzeitschriften 164

EINFÜHRUNG

Vor etwa hundertzwanzig Jahren bezeichnete der Historiker Friedrich Creutzer die Münze als »einen Spiegel der Alten Welt, der die Entwicklung der Künste zeigt und die menschliche Gesellschaft in all ihren Aspekten begleitet – Alltagsleben, Gesetze, Institutionen, Kriege, Eroberungen, Friedensschlüsse, Regierungswechsel, Handel und Bündnisse«.

Dies ist eine vorzügliche Umschreibung einer Disziplin, die man bislang eher, entsprechend der wörtlichen Bedeutung der griechischen oder lateinischen Wurzel des Begriffes »Numismatik« (*nomisma* oder *nummus* = Münze), als Wissenschaft von den Münzen aufgefaßt hat. In dieser Einengung läßt der Begriff jedoch kaum die vielfältigen Funktionen ahnen, die den Münzen als wesentliches Handelsmittel, als zuverlässige Quelle für die Erkundung historischer, linguistischer und epigraphischer Gegebenheiten, als sensibler Ausdruck künstlerischer Strömungen und vor allem als deutliche Spiegelung vieler Aspekte der Menschheit im Laufe ihrer Geschichte zukommen.

Wenn wir uns mit den Münzen als Zahlungsmittel befassen, treten zahlreiche neue Faktoren in unser Blickfeld, beispielsweise primitive Tauschmittel, Notgeld, Ersatzgeld, Wertpapiere. Und wenn wir obendrein die technische Seite, die Münzherstellung, in Betracht ziehen, müssen wir auch Medaillen, Abzeichen und sogar Verdienstmedaillen und Orden dem von der Numismatik erfaßten weiteren Bereich hinzufügen. In historischer Sicht lassen sich Münzen kaum von der Geschichte der Löhne und Preise trennen; sie haben also in der Entwicklung der Volkswirtschaften eine höchst bedeutsame Rolle gespielt.

Die Betrachtung des Münzwesens unter wirtschaftlichen Aspekten hat zu einer Fülle von Theorien geführt, die den Ursprung des Geldes, seine Aufgaben und das Funktionieren des Geldwesens zu erklären versuchen: Geld als Tauschmittel, als Anhäufung von Reichtum, als Statussymbol; Geld als Spiegelung religiöser, zeremonieller oder politischer Funktionen; Kreditgeld, Handelsgeld, fiduziäres Geld – diese und viele andere, reichlich abstrakten Definitionen und Klassifikationen verbergen oft hinter einem Gespinst von hochgelehrten Begriffen die interessante Wirklichkeit und Schönheit eines der ältesten, wenn auch nicht immer treuesten Gefährten des Menschen.

Münzen haben stets im Leben des Menschen einen besonderen Platz eingenommen. Sie waren nicht nur der Schlüssel zu Wohlstand und Lebensgenuß, sondern haben oft auch das Schicksal von Herrschern, ja von ganzen Völkern bestimmt. Sie haben ihnen Siege gebracht, die Macht ihrer Könige gefestigt, haben auch geholfen, das zu schaffen, womit Macht sich seit jeher zu schmücken liebt: Reichtum, Luxus, Vergnügungen. Deshalb galt das Münzgeld oft als eine Erfindung und ein Werkzeug des Teufels, und man schrieb den Münzen besondere okkulte Kräfte zu. So manche Gewohnheit, mancher Aberglauben lassen sich auf die Symbolik zurückführen, mit der man seit der Antike die Münzen befrachtet hat.

Weit verbreitet war die Wertung der Münze als Opfergabe, wie die zahllosen an Wallfahrtsorten oder bei Heiligtümern gefundenen Münzhorte deutlich belegen. Möglicherweise geht unsere Gewohnheit, Münzen als Glücksbringer in Brunnen zu werfen, auf die altgriechische Sitte zurück, eine Münze als Opfergabe in eine Mineralheilquelle oder in das heilige Wasser einer Waldgottheit, einer Nymphe, zu werfen. Daß man in den Grundstein eines Neubaus eine Münze einmauert, erklärt sich durch den weitverbreiteten Glauben, nur ein Opfer könne den Bestand eines Gebäudes sichern. »Charons Obolos«, eine der kleinsten altgriechischen Silbermünzen, wurde den Verstorbenen in den Mund gelegt, damit sie Charon, der die Toten über den Styx in die Unterwelt zu bringen hatte, für seine Fährdienste bezahlen konnten.

Jahrhundertelang schrieb man Münzen – besonders Goldmünzen – übernatürliche Kräfte zu; für diesen weitverbrei-

teten Aberglauben zeugen zahlreiche Geschichten über verborgene Schätze, die von einer blauen Flamme oder von Ungeheuern und Verwünschungen bewacht werden. Noch heute gibt es viele Menschen, die Wert darauf legen, stets einen »Glückspfennig« bei sich zu haben. Manche Münzen galten als Talismane, die den, der sie besaß, vor Unglück schützten. So glaubte man jahrhundertelang, daß der Kremnitzer Taler mit dem drachentötenden heiligen Georg auf der einen und Jesus im Boot auf sturmgepeitschtem Wasser auf der anderen Seite die Macht habe, ihren Besitzer in der Schlacht und auf hoher See zu beschützen. Natürlich spielte dabei das Münzbild wie auch die Inschrift eine nicht geringe Rolle. Das erklärt zumindest teilweise, warum in der Vergangenheit so viele Münzen fromme Inschriften oder Darstellungen aufgeprägt erhielten.
Nichts veranschaulicht besser die den Münzen zugeschriebenen übernatürlichen Kräfte als ihre Verwendung als Heilmittel: Goldspäne, die man von Dukaten des Königs Matthias von Ungarn (1458–1490) abfeilte, verabreichte man Kindern gegen Krämpfe, und in Norddeutschland versuchte man durch sogenannte »Jesuspfennige«, epileptische Anfälle zu verhindern. Ein weiteres sehr bekanntes Beispiel für die Überzeugung der Menschen, Münzen könnten bestimmte Krankheiten heilen, sind die sogenannten »Berührungsstücke«, besondere Münzen, die seit dem Mittelalter in Frankreich und England verwendet wurden, um durch Berührung mit ihnen die Kranken zu heilen. Die Maori auf Neuseeland glaubten, die Ursache einer Krankheit auf eine Münze übertragen zu können, die danach verbrannt oder ins Meer geworfen wurde. Wer eine solche Münze wieder an sich nahm, hatte fortan Unglück.
Keineswegs selten ist die Überzeugung, Münzen besäßen oft auch prophetische Gaben. Eine interessante Geschichte verbindet sich mit Cromwells Krone, die er 1658, in seinem Todesjahr, münzen ließ. Nach wenigen Prägungen brach der Aversstempel, so daß auf dem Schrötling ein Strich erschien, der von seinem Hals bis zum Rand verlief, bis zum lateinischen Wort *NEMO*, das rückwärts gelesen *OMEN* lautet. Rasch verbreitete sich der Glaube, diese Unheilsverkündung bedeute, der Lordprotektor werde bald seines Kopfes verlustig gehen. Zwar starb Cromwell eines natürlichen Todes, aber drei Jahre später wurde seine Leiche von den Royalisten wieder ausgegraben und der Kopf vom Rumpf getrennt.
Oft sind Münzen ausgezeichnete Geschichtenerzähler, die uns vom Alltagsleben der Vergangenheit berichten. Wenn wir heute eine »Gazette« lesen, wissen wir nicht, daß man einst mit diesem Wort eine venezianische Münze des 17. Jahrhunderts bezeichnete, die dem Preis einer Zeitung entsprach; erst später bezeichnete man deshalb in Italien als »gazetta« auch die Zeitung selbst.
Wegen ihrer Schönheit, ihres Wertes oder der ihnen zugeschriebenen magischen Kräfte hat man seit jeher Münzen als Schmuck oder Geschmeide verwendet. Seit der Zeit der alten Griechen und Römer wurden Münzen zu Ringen, Arm- und Halsbändern zusammengefügt, und auch im Mittelalter schmückte man Reliquiare, Gefäße, Löffel oder Kästchen mit Münzen. Papierdünne Münzen nähte man als Ornamente auf Kleider oder benutzte sie als Knöpfe; in Südtirol, Österreich und Bayern hat sich diese Gewohnheit für Trachten noch erhalten. In der Antike bildeten die Griechen in Süditalien Münzen auf ihrer Keramik nach – ein Beweis dafür, daß man sie wegen ihres dekorativen Wertes schätzte.
Interessant ist die Feststellung, daß Münzen zwar fast in aller Welt und zu allen Zeiten als Schmuck dienten, daß sie aber auf Gemälden nur selten eine größere Rolle spielen. Die Überzeugung, Geld sei etwas Unreines, habe teuflische Kräfte über die niedrigen Instinkte des Menschen, erklärt vielleicht die zahlreichen Gemälde, auf denen Münzen lediglich die Verderbtheit eines Geizhalses, den Verrat des Judas oder die Hemmungslosigkeit eines Spielers veranschaulichen sollen. Erst später, als die oppressive Moral des Mittelalters in den Hintergrund trat, zeigte man Münzen auch als funkelnde Symbole des Wohlstandes, der sagenhaften Reichtümer eines Krösus.
Dieses Buch will nicht Schritt für Schritt die so komplexe Entwicklung des Münz- und Geldwesens nachzeichnen, die sich in den verschiedenen Kulturkreisen seit der Erfindung des Münzgelds vollzogen hat; sein Ziel ist es vielmehr, aufzuzeigen, wie vielfältig und faszinierend sich der Mensch in seinen Münzen, dem ständig wechselnden Spiegel der Zeiten, geoffenbart hat und offenbart.

FRÜHE UND PRIMITIVE GELDFORMEN

Oben links: Rudimentärform eines Kupferbeils aus der Provinz Oaxaca/Mexiko, eine spätzapotekische/mixtekische Metallbarrenform des 14.–16. Jh.

Oben Mitte: Kaurimuscheln dienten bei vielen Völkern als Tauschmittel. Hier ist dies Zahlungsmittel zu einem Brustschmuck verarbeitet. Herkunft: Yoruba-Stämme in Nigeria, Nordwestafrika, 19. Jh.

Oben rechts: Yoruba und Zigaga, Nordwestafrika, zu einem Ring verarbeitetes, mit Glasperlen verziertes Holzscheibengeld, 19. Jh.

Unten links: Naturalgeld aus dem ostasiatischen Raum: Links ein Sycee-Taël, ein in China bis zu diesem Jahrhundert gebräuchliches Silberbarrengeld, auch »Shoemoney« genannt. Rechts oben chinesisches Glockengeld, Bronze, genannt Chung Ch'ien, Chou-Dynastie, bis ca. 255 v. Chr. Rechts unten ein siamesischer »Tikal«, silbernes Kugelgeld, das in verschiedenen Gewichtsabstufungen bis 1860, dem Zeitpunkt des Übergangs zum Münzwesen nach europäischem Vorbild, hergestellt wurde.

Unten Mitte: Kupferbarren in Kreuzform, sog. Katangakreuz aus der kupferreichen Provinz Katanga des Kongo/Zentralafrika, ca. 19. bis Anfang 20. Jh.

Unten rechts: Gegossenes Geld aus China – ein »Gußbaum« von fünf »Zehner«-Cashmünzen aus Messing des Kaisers Kuang Hsü (1875–1908), ausgegeben vom Finanzamt Peking, und daneben eine frühchinesische »Pu-Münze« aus einer Kupferlegierung, gegossen etwa um 257 v. Chr.; die Schriftzeichen nennen den Ort »An-Yang«.

Frühformen des Geldes

1–2 Kümmerformen von Gerätegeld:

1 China, »Ch'ien tao« oder »Messergeld«, etwa 4.–3. Jh. v. Chr., das im nordöstlichen China vielerorts gefunden wurde.

2 China, »Ch'an pu« oder »Spatengeld«, frühes 5. Jh. v. Chr.: kleiner, bronzener Spaten mit hohlem Schaft, wahrscheinlich eine von landwirtschaftlichen Geräten abgeleitete Form.

3 China, »Saisi«-Silberbarren: rundes Saisistück mit Inschrift im Werte von 5 Taël, spätes 19. Jh.

4 China, kleines Silber-Saisistück in Form eines Bootes, ohne Inschrift, im Gewicht von 1/10 Taël, im Wert einer Mace gleich.

5 Nördliches Siam, »K'a k'im«-Silberstück, eine wohl von Armringen abgeleitete Form, gewöhnlich im Gewicht von 4 Bat, dem siamesischen Taël gleich, das im Königreich Lannat'ai (1296–1558) kursierte.

6 China, rechteckiges Silber-Saisistück im Wert von 5 Taël.

7 Kiewer Griwna, mittelalterlicher Silberbarren aus Rußland, 11.–13. Jh.

8 England der vorrömischen Zeit, Goldring-Geld, 100–50 v. Chr.

9 Rußland, Poltina oder halber Rubel von Nowgorod, 15. Jh.; gehälfteter und gegengestempelter Silberbarren.

10 Silber-»Larin«, auch »Koku Ridi« (Hackensilber) genannt; der Name ist von der Stadt Lar in Persien abgeleitet. Mohammedanische Händler trugen seit dem 16. Jh. zur Verbreitung des Larins längs der persischen Küste und der Westküste Indiens bis Ceylon bei.

11 Silber-»Larin« aus Persien, etwa 18. Jh.

12 Siam, »Lat«-Silberbarren, der im Mekong-Tal bis ins 19. Jh. als Zahlungsmittel benützt wurde und dem »Blutegel«-Geld Nordsiams gleicht; er wird volkstümlich auch »Tigerzungengeld« genannt. Die Erhöhungen auf der Oberfläche wurden als Ameisenspuren gedeutet, da angeblich Ameisen auf das heiße Metall gestreut wurden.

Frühe Geldformen

Dereinst vollzog sich der Handel in Formen, wie sie teilweise noch heute bei mehr oder minder großen Gruppen in den sogenannten »Entwicklungsländern« der dritten Welt üblich sind. Von allgemeingültigen Gesetzen beherrscht, entwickelte sich der Warenaustausch überall auf ähnliche Weise: Verfügbarer Überschuß wurde gegen Benötigtes eingetauscht. Der unmittelbare Austausch von Gütern ist die älteste Form des Handels und hat sich bis in die jüngste Zeit hinein gehalten: Den Warentausch finden wir bei den ältesten Hochkulturen, aber auch im weiteren Verlauf der Geschichte immer wieder dann, wenn sich im Zahlungswesen ungünstige Bedingungen ergaben.

Zu den ältesten und weitestverbreiteten Recheneinheiten zählen Rinder und Schafe, besonders bei den frühen Hirten- und Bauernvölkern, etwa bei den Persern, Hethitern und Juden. Zu Homers Zeit, im 8. Jahrhundert v. Chr., diente bei den Griechen der Ochse als Werteinheit; in der *Ilias* wie in der *Odyssee* sind häufig Werte auf diese Weise bezeichnet, beispielsweise Lösegelder: So mußte der Sohn des Priamos für 300 Ochsen freigekauft werden, während eine junge Sklavin bereits für 20 Ochsen zu haben war.

Der Begriff »pekuniär« ist vom lateinischen *pecunia* bzw. *pecus* (Vieh) abgeleitet – ein Beweis für die wichtige Rolle, die Vieh im altrömischen Wirtschaftsleben gespielt hat.

Andere landwirtschaftliche Erzeugnisse, die vielfach als Zahlungsmittel dienten, waren Getreide, vornehmlich Gerste und Weizen. In Babylon definierte man die Gewichtseinheit, den Schekel, in Gerste: 1 Schekel entsprach dem Gewicht von 180 Gerstenkörnern. »Getreidegeld« benutzte man auch in Indien und China. Im alten Ägypten gab es regelrechte »Getreidebanken« als staatliche Einrichtungen.

Freilich führten die Transportprobleme und die Schwierigkeit, auch kleinere Werte in Vieh oder Getreide auszudrük-

ken, schon sehr früh dazu, daß die Menschen nach handlicheren Zahlungsmitteln Ausschau hielten. Bald erkannten sie, daß sich Metalle für diesen Zweck sehr gut eigneten, waren sie doch nicht nur kompakt und sehr dauerhaft, sondern ließen sich auch in Stücke von gleichem Gewicht und gleicher Größe – also von gleichem Wert – teilen. Zu den meistbenutzten Metallen zählten das (von den alten Ägyptern als Edelmetall betrachtete) Kupfer, Gold, Blei und vor allem Silber. Zwar wurde Gold im Altertum weitgehend zu Schmuck verarbeitet, aber in Skandinavien hat man zahlreiche Spiralen aus Golddraht gefunden, die darauf hindeuten, daß man dort – wie auch in Gallien und Britannien – das Edelmetall im Handel als Zahlungsmittel benutzte.
Gewöhnlich goß man das ungeläuterte Rohmetall zu Barren von verschiedener Form und Größe. Grundsätzlich wog man bei jedem Handelsgeschäft die Metalle aus, so daß ihre Form keine Rolle spielte; Barren oder Zaine wurden auch durch Schneiden unterteilt. Aber nicht nur als ungeformte Klumpen, Barren, Zaine, Ringe oder Spiralen dienten Metalle als Zahlungsmittel, sondern in bearbeiteter Form als Armreife, Äxte, Doppeläxte, Hacken und Messer, wie archäologische Funde in ganz Europa und Asien beweisen.
Da Gebrauchsgegenstände aus Metall wie Äxte, Hacken und Pfeilspitzen im Altertum begehrte Handelswaren waren, ging man im Lauf der Zeit dazu über, weniger sorgfältig gearbeitete Stücke zu gießen, die ausschließlich als Zahlungsmittel verwendet wurden. Solche nicht mehr dem tatsächlichen Gebrauch dienenden Äxte, Pfeilspitzen, Kessel, Dreifüße usw. hat man in großer Zahl unter anderem in Ungarn, Rumänien und Griechenland ans Tageslicht gebracht. Aus Kleinasien, Kreta oder Sizilien stammen große Kupferbarren, die in minoischer Zeit (2250–1300 v. Chr.) als Zahlungsmittel dienten. Nicht anders als in Europa verfuhr man in China: Man stellte landwirtschaftliche Geräte wie Hakken, Spaten und Sicheln in nicht mehr dem Gebrauch dienenden Kümmerformen oder in verkleinerten Nachbildungen her und setzte sie seit dem 2. Jahrhundert v. Chr. im Tauschhandel als Zahlungsmittel ein; gehandelt wurden sie nach Gewicht. Messer, mit denen man nicht schneiden konnte, wurden ab dem 7. vorchristlichen Jahrhundert in China als Zahlungsmittel in Umlauf gebracht.
Bis in die Neuzeit hinein hat sich ein Begriff erhalten, der auf das ebenfalls als Zahlungsmittel benutzte Salz zurückgeht: Das Wort Salär, abgeleitet vom lateinischen *salarium*, bezeichnete ursprünglich die den Legionären zustehende Salzration. Es beweist, daß Salz im Römerreich (wie beispielsweise auch in China) ein übliches Zahlungsmittel war. Eine recht ungewöhnliche Werteinheit ist das irische *kumal*, bedeutet doch dieses Wort eigentlich »Sklavin« oder »Leibeigene«. In altirischen Dokumenten sind häufig Geldstrafen in *kumal* festgesetzt, aber der Begriff diente auch allgemein für Wertangaben; so ist beispielsweise vom Schachspiel eines Königs die Rede, bei dem jede Figur einen Wert von sechs *kumals* hatte.
Im alten Indien war das Muschelgeld üblich. So wissen wir durch Dokumente aus dem 3. Jahrhundert v. Chr., daß damals ein Mann für seinen täglichen Lebensunterhalt 30 Kaurischnecken ausgeben mußte. Später zahlte man in Bengalen bei größeren Transaktionen mit Körben, die je 12 000 Kaurischnecken enthielten. Als Marco Polo im 13. Jahrhundert n. Chr. China besuchte, faszinierte ihn dieses »weiße Porzellan aus dem Meer«.

Mittelalterlicher und moderner Tauschhandel

Da im Mittelalter im Abendland Münzen meist so knapp waren, daß sie nur in den Städten kursierten oder für den Außenhandel eingesetzt wurden, kehrte man vielerorts zum Tauschhandel zurück. So erstaunlich es klingt: Noch zur Zeit Elisabeths I., also mehr als ein halbes Jahrtausend nach der Einführung des Münzgelds in England, rechnete man dort immer noch häufig nach Vieh und Getreide.
Unter den »Ersatzwährungen« stand seit je Vieh an erster Stelle: Von West- und Nordeuropa bis in die zentralasiatischen Steppen hinein diente es als Zahlungsmittel. Die etymologische Herkunft verschiedener Wörter in europäischen Sprachen macht das deutlich. Das englische »fee« (Bezahlung, Gebühr) wird nicht nur wie das deutsche »Vieh« ausgesprochen, sondern leitet sich auch von diesem Wort her (altenglisch *feoh*). Aus dem gotischen »scatta« (Rindvieh) wurde das deutsche »Schatz«. Das »Wergeld« (Blutgeld), das bei den Germanen als Sühne für Mord oder Totschlag zu entrichten war, wurde häufig in Rindern festgesetzt.
Landwirtschaftliche Erzeugnisse wie Weizen, Gerste, Reis, Tabak, Eier, Honig und Wachs waren zwar reichlich unpraktische, weil unhandliche, in der Qualität schwankende und leichtverderbliche Zahlungsmittel, und doch wurden sie viele Jahrhunderte lang in der Alten wie in der Neuen Welt zu diesem Zweck verwendet. In Deutschland war Roggen (Korn) ein sehr beliebtes Grundprodukt, mit dem man fast alles kaufen konnte. In Schottland, wo man noch zur Zeit der Königin Maria den Wert von Land in »Kesseln voll Lebensmittel« bemaß, diente Hafermehl als Universalzahlungsmittel. Aber die bunteste Vielfalt an Naturalien,

die zu solchen Zwecken eingesetzt wurden, existierte in den amerikanischen Kolonien. Außer mit üblicheren Agrarprodukten wie Reis, Weizen und Tabak bezahlte man auch mit Erbsen, Hanf, Holz und Fisch. Die größte Rolle spielte Reis, mit dem man beispielsweise in Südkarolina zu Beginn des 18. Jahrhunderts seine Steuerschulden begleichen konnte. Ein anderes häufig verwendetes Zahlungsmittel war Tabak: Nachdem der Rat von Virginia 1619 für Tabak amtliche Richtpreise in Shilling festgesetzt hatte, wurde dieser in Virginia und Maryland zum Hauptzahlungsmittel.

Andere etwas außergewöhnliche Grunderzeugnisse, deren man sich als Zahlungsmittel bediente, waren unter anderen Tee, Mandeln, Zucker, Butter, Salz und Rum. In China standen Salz und Tee an erster Stelle. Wie Marco Polo berichtet, preßte man Salz zu Kuchen oder Barren, die, mit einem amtlichen Stempel gekennzeichnet, als Zahlungsmittel in Umlauf waren; 40 Salzbarren entsprachen im Wert einem Goldbarren. In Indien dienten die nicht eßbaren Bittermandeln als Kleingeld. Nur im kalten Norwegen war es möglich, in Körben verpackte Butter als Rechnungseinheit und Zahlungsmittel zu verwenden. Ein Pferd beispielsweise kostete im Mittelalter zehn Körbe voll Butter. Zucker, vor allem Rohzucker, spielte in Westindien im Handel eine große Rolle und war auf den Barbados und den Inseln unter dem Wind im 17. Jahrhundert das wichtigste Tauschmittel. Sehr verlockend war die »Rum-Währung«, deren man sich im Australien der Kolonialzeit bediente: Mit Rum bezahlte man Löhne, aber auch Geldstrafen.

Die dem Münzgeld am engsten verwandten nicht ausgemünzten Metalle dienten schon seit alters vielerorts als Zahlungsmittel. Auf den Britischen Inseln, die bereits in der Römerzeit als Metallieferanten eine sehr große Rolle spielten, zahlte man noch im Mittelalter mit Metall in Form von Klumpen, Barren oder Ringen, das jeweils ausgewogen wurde. Auch in fast allen anderen europäischen Ländern blieb man noch lange nach der Einführung des Münzgelds bei der alten Gewohnheit, Metalle wie Gold und Silber als auszuwiegende Zahlungsmittel zu benutzen; überdies wurden auch viele Münzen nur nach Gewicht bewertet und in Zahlung genommen. So waren in Rußland, beispielsweise in Kiew und Nowgorod, noch im Hochmittelalter Silberbarren in Umlauf, die entweder glatt waren oder zur Unterteilung Strichmarkierungen aufwiesen.

Beutel voll Goldstaub sind aus der Zeit des kalifornischen Goldrausches (zweite Hälfte des 19. Jahrhunderts) allgemein bekannt. In Japan war in Säckchen abgefüllter Goldstaub bereits im Mittelalter ein begehrtes Zahlungsmittel; erst später ging man zu Goldbarren über.

Noch in der Neuzeit hat es bis in die jüngste Vergangenheit hinein vielerlei Arten von Ersatzgeld gegeben, wenn Notfälle oder Kriege außergewöhnliche Zustände schufen. Besonders gefragt waren während und nach dem Zweiten Weltkrieg Nylonstrümpfe, Zigaretten, Kaffee und Olivenöl, während in Französisch-Indochina Lippenstifte eines der begehrtesten Tauschmittel waren.

Primitive Tauschmittel der Neuzeit

Am weitesten verbreitet, aber auch am vielfältigsten ist das Muschelgeld. Auf Neubritannien ist es von Ehrfurcht und Geheimnis umwoben: Man glaubt, daß es von Geistern geschaffen wurde, und nennt es *diwara* oder *tambu*, was beides »heilig« bedeutet. Muschelgeld ist in Ketten in Umlauf, auf denen 300 bis 400 Muscheln aufgereiht sind. Kapitalistische Regungen befriedigt man dadurch, daß man Bündel von 50 bis 200 Ketten in besonders gesicherten Schatzhäusern verwahrt. Mancherorts kann man Muschelgeld bei »Bankiers« deponieren, die es dann gegen zehn Prozent Zinsen ausleihen.

Auf den Salomonen, wo Muscheln und Zähne Hauptzahlungsmittel waren, konnte man mit Muschelketten praktisch jedes Geschäft tätigen: Es diente als Brautgeld, Blutgeld, zur Bezahlung von Regenmachern oder Zauberern, zum Kauf eines Bootes. Eine erstklassige Frau kostete zehn Muschelketten und 1000 Tümmlerzähne. Außer mit Muschelgeld zahlte man auf den Fidschi-Inseln mit Walzähnen, auf den Admiralitätsinseln und auf Neuguinea mit Hundezähnen. 500 Tümmlerzähne reichten für eine durchschnittlich gute Frau. Ein besonders geschätztes Zahlungsmittel waren Pottwalzähne; mit ihnen wurden große Transaktionen getätigt. Auch Hundezähne standen hoch im Kurs, da nur die beiden oberen Eckzähne als Zahlungsmittel anerkannt waren. Man benutzte sie einzeln oder zu Ketten aufgereiht; sehr reiche Leute brachten bis zu 10 000 solcher Zähne zusammen. Aber auch die Hundezahn-Währung blieb von der Inflation nicht verschont, nachdem zu Beginn unseres Jahrhunderts weiße Händler Hundezähne aus China und der Türkei oder auch Porzellanzähne auf die Inseln brachten.

Eines der bekanntesten Zahlungsmittel des Pazifikgebiets ist das Steingeld von Yap. Diese mühlsteinförmigen Aragonitplatten, die einen Durchmesser von wenigen Zentimeter, aber auch von drei Meter und mehr haben können, beeindrucken nicht nur durch ihre Größe und ihr Gewicht, sondern auch durch die Mythen und Dichtungen, von denen sie

umwoben sind. Noch ausgefallenere Zahlungsmittel im Pazifik sind Ratten, Flughunde und Federn.
In Afrika sind derartige Seltsamkeiten nicht in Umlauf, wohl aber viele andere Dinge, in erster Linie Kaurischnekken, Eisenringe, *Manillas* (Armreifen) und Salz. Solche Währungen konnten durchaus kurzzeitig im Wert schwanken, beispielsweise das Muschelgeld in Nigeria, von dem man sagte, man müsse den Tageskurs ebenso sorgfältig verfolgen wie beispielsweise den Silberkurs in Bombay. Vorwiegend an der Goldküste in Umlauf waren die Manillas, zu offenen Armringen geformte Kupfer-, Messing- oder Eisenbarren, die, von portugiesischen Händlern ins Land gebracht, im Sklavenhandel eine große Rolle spielten: Im 16. Jahrhundert kostete ein kräftiger Sklave acht bis zehn Manillas. Im Sudan bezahlte man bei den kleinen Geschäften des Alltags mit Salzbarren. Volkswirtschaftlich bedeutsamer noch war Salz in Äthiopien, wo man für eine Eselslast Salz einen Sklaven erwerben konnte. In anderen Regionen Afrikas zahlte man mit Tuch, zunächst mit einheimischen Geweben aus Raffiafasern, später mit Importware vorwiegend aus Europa. Da die meisten Importe über die Guineaküste auf den Kontinent kamen, bezeichnete man es als »Guinea-Tuch«.
Auch in Asien war Muschelgeld von Süd- und Südostasien bis China weit verbreitet. Bei größeren Transaktionen zahlte man in Südasien mit Rindern, Kamelen und Büffeln, in Nordsibirien mit Rentieren; um 1880 hatte ein Rentier dort einen Wert von fünf Rubel. Siam war so reich an Goldstaub, daß man diesen nicht einmal genau auswog. In Malaja hingegen wurde er sorgfältig ausgewogen und in Tuch abgepackt. Silber war in Kambodscha in der Form kleiner Laibe und auf den Malediven zu Angelhaken *(larinas)* verarbeitet in Umlauf. Ein beliebtes Zahlungsmittel in Malaja war Zinn, das man in Tiergestalten (Krokodil, Elefant) goß, wobei jedes Tier eine bestimmte Größe und ein festgesetztes Gewicht hatte, oder man benutzte »Hutgeld« aus Zinn, das die Form eines würfelförmigen Hutes hatte.
Die nordamerikanischen Indianer tauschten alles, was sie benötigten, gegen die Felle von Bisamratten, Land-, Seeottern und Bibern ein. Wollte beispielsweise ein Indianer von einem weißen Händler ein Gewehr erwerben, so wurde dieses aufrecht auf den Boden gestellt, und der Indianer mußte so viele flach ausgebreitete Felle aufeinanderstapeln, bis der Stapel zur Mündung des Laufes reichte. Ein beliebtes Tauschmittel waren vor allem bei den kanadischen Indianerstämmen aus weißer Wolle gefertigte Decken, doch das bekannteste Zahlungsmittel, dessen sich die Indianer schon vor der Ankunft des weißen Mannes und später beim Handel mit europäischen Kolonisten bedienten, war Wampum, das Muschelgeld aus purpurfarbenen und weißen Purpurschneckenschalen.
Wie Völker in den frühen Stadien ihrer Entwicklung Handel trieben und Geschäfte abwickelten, mag oft reichlich seltsam erscheinen, aber in vielen Fällen bildeten sich bereits auf dieser Stufe erste Ansätze von Wirtschaftsprinzipien aus, die wir gern als ausschließliche Errungenschaft unserer hochentwickelten Zivilisation betrachten. Damit taten sie den ersten, grundlegenden Schritt zur Entwicklung einer der faszinierendsten und klügsten Erfindungen des Menschen – des Münzgelds.

1 Bronze-Manilla von der Westküste Afrikas. Vom späten 15. Jh. an wurden in Sierra Leone und an der Goldküste 8 bis 10 Manillas für einen Sklaven bezahlt. Manillas verblieben bis ins späte 19. Jh. im Handel, aber ihr Wert betrug im Tauschhandel nur 3 Pennies.

2 Salomonen, »Rongo« oder Muschelgeldschnur; gemischtfarbig, etwa zwei Ellen lang. Muschelgeldschnüre wurden mit dem Unterarm vom Ellenbogen zur Spitze des Mittelfingers gemessen.

3 Kaurischnecken, von Marco Polo als »das im Meer gefundene weiße Porzellan« beschrieben, gehören zu den frühesten Geldformen. In China waren sie seit dem 3. Jahrtausend v. Chr. Zahlungsmittel.

4 »Tekaroro« oder Muschelgeldschnur, mit dunklen Kokosnußschalenscheiben regelmäßig durchsetzt; von den Gilbert- und Marschall-Inseln im Pazifischen Ozean.

5 »Wampum« oder Muschelgeld der nordamerikanischen Indianer; weißgraue Perlen aus Gräberfunden des 16. Jh. des Seneca-Stammes im Norden des Staates New York.

6 Geldschnur mit Hundezähnen aus Neuguinea.

7–8 »Tampang« oder sogenanntes »Hut-Geld« aus Malaya; zwei verschiedene Werte. Zinn, in Form eines flachen Hutes gegossen und mit einem Loch zum Aufreihen auf eine Schnur versehen.

9 »Ngön hôi« oder kleines Silber-Muschelgeld, auch »Tok« genannt; aus einer Silberlegierung flach in Hohlform in einer Pagode in der Umgebung von Chieng Mai im nördlichen Siam gegossen; meistens für Zahlungen bei Ehe- und Scheidungsverträgen benützt.

10 Silber-»Blattgeld«, das im nördlichen Siam gefunden wurde und wahrscheinlich im alten Königreich von Lannat'ai ausgegeben wurde.

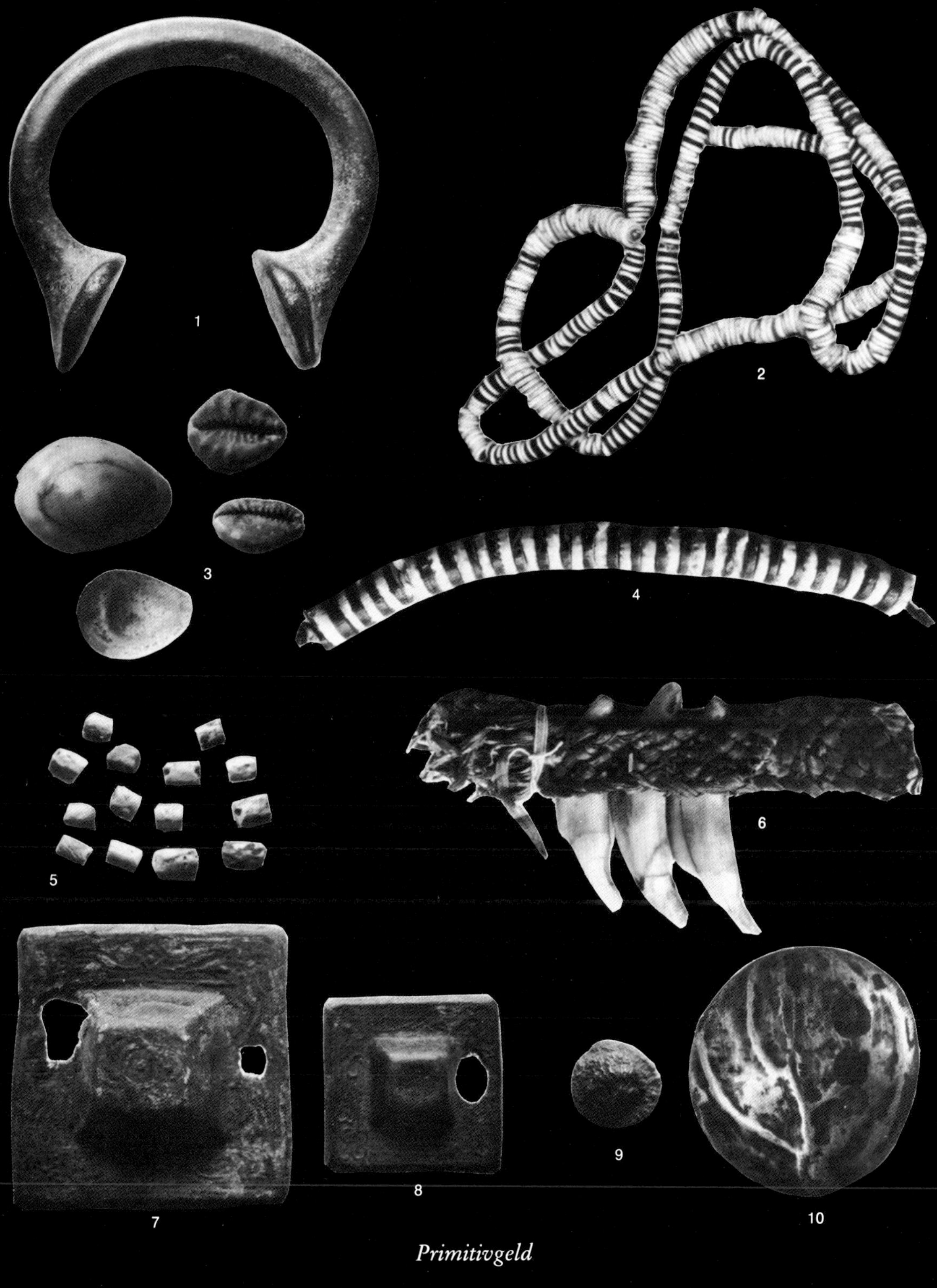

Primitivgeld

HELLAS UND DIE WELT DER ANTIKEN SEEFAHRERVÖLKER

Oben links: Zur Zeit des ersten punischen Krieges schmückten die Karthager die Vorderseite ihrer Goldmünzen mit dem Kopf der Stadtgöttin Tanit, die Rückseite mit einem stehenden Pferd, darüber die von zwei Uraeus-Kobren flankierte Sonnenscheibe. Karthago, Elektronstater, 260–240 v. Chr.

Oben Mitte: Eule mit Olivenzweig und Halbmond, Athen. Tetradrachmon, 460–450 v. Chr. Das Sprichwort »Eulen nach Athen tragen« bezieht sich wahrscheinlich auf diese Münzen, hat man sie doch bis weit hinein nach Kleinasien, Syrien und Ägypten gefunden.

Oben rechts: Nike beim Schlachten eines Widders, wobei sie ihm das Messer an die Kehle setzt und ihr Gewand auf ihre Knie herabfällt. Lampsakos, Goldstater, 390–380 v. Chr.

Unten links: Der Dreifuß, Untersatz vor allem für Kessel, diente, zum Beispiel beim Orakel von Delphi, in vielen Kulten der Antike auch als Weihgeschenk (heiliger Dreifuß). Elektronmünze 50 Litren, Syrakus, 315–305 v. Chr.

Unten Mitte: Die frühesten Münzen tragen als Kennzeichen Tierdarstellungen, die den Wappentieren griechischer Städte entsprechen. Mit solchen Wappen wurden Gewicht und Feingehalt der Münze garantiert. Ionien, Stater, 600–550 v. Chr.

Unten rechts: Unter den Hufschlägen des geflügelten Pegasos soll nach der griechischen Sage eine Quelle entsprungen sein, die die Dichter inspirierte. Die »Füllen« waren zwar nicht ganz so populär wie die »Eulen«, wurden aber doch über dreihundert Jahre lang fast unverändert geprägt. Lampsakos, Stater, 450–430 v. Chr.

Die griechische Münze – Werte und Nominale

1 Früheste Münzform, Elektronstater aus Ionien, Kleinasien (etwa 7. Jh. v. Chr.) mit aufgerauhter Oberfläche auf der Vorderseite und zwei Vertiefungen auf der Rückseite.

2 Golddoppelstater des Königs Kroisos von Lydien (561–546 v. Chr.), der die ersten Goldmünzen prägen ließ.

3 Seeschildkröte auf den frühesten Münzen von Aigina; Silberstater, um 560–520 v. Chr.

4 Landschildkröte auf einer späteren Münze von Aigina; Silberstater, um 350 v. Chr.

5 Persischer König mit Speer und Bogen auf Golddareikos, um 485–450 v. Chr.; der Dareikos war eine der weitestverbreiteten Goldmünzen der Antike.

6 Siglos, die Silbermünze des Perserreiches, um 424–405 v. Chr.

7 Geflügelter Pegasos, das Wahrzeichen Korinths und seiner Kolonien, auf Silberstater, um 400–338 v. Chr.

8 Pegasos auf korinthischer Drachme, um 350–338 v. Chr.

9 Der Vorderteil des geflügelten Pegasos bezeichnete den halben Wert: Korinthische Halbdrachme, um 350–338 v. Chr.

10 Sakraler Dreifuß auf Silberstater von Kroton (Süditalien); auf der Rückseite das gleiche Bild vertieft. Um 550–530 v. Chr.

11 Reiter und Thunfisch, das Abzeichen der Stadt Kyzikos in Kleinasien, auf einem Elektronstater des frühen 5. Jh., einer der populärsten Goldmünzen der Griechen.

12 Löwe und Thunfisch auf Hekte oder Sechstelstater von Kyzikos, spätes 3. Jahrhundert v. Chr.

13 Silberlitra von Syrakus (Sizilien), um 450 v. Chr.; diese Kleinmünze war für den lokalen Handel bestimmt.

14 Kopf der Göttin Hera auf Goldhalbstater von Taras, um 344–334 v. Chr.

15 Herkules im Kampf mit dem Nemäischen Löwen ist eine Prachtdarstellung auf einer Hundertlitren-Goldmünze von Syrakus, um 390–380 v. Chr.

16–22 Athen verfügte über eines der wertreichsten Münzsysteme der Antike. Das Vierdrachmenstück war in viele Unterwerte aufgeteilt, die durch verschiedene Münzbilder kenntlich gemacht wurden: Tetradrachmon, spätes 5. Jh. v. Chr.; Drachme, spätes 5. Jh. v. Chr.; Triobol oder Halbdrachme; Trihemiobol oder drei Halbobole; Obol, frühes 5. Jh. v. Chr.; Tritemorion oder Dreiviertelobol, gekennzeichnet durch drei Halbmonde, 4. Jh. v. Chr.; und Tetartemorion oder Viertelobol, 4. Jh. v. Chr., einer der kleinsten Münzwerte, gekennzeichnet durch einen Halbmond.

23 Ein Siegeszweigespann zierte den Goldstater König Philipps II. von Makedonien (359–336 v. Chr.), der eine reiche Goldprägung einführte.

24 Das Tetradrachmon oder Vierdrachmenstück war das populärste Nominal der späten Griechenprägung; Kopf des Sonnengottes Helios auf einem Tetradrachmon der Insel Rhodos, um 300–250 v. Chr.

25–31 Alexander der Große (336–323 v. Chr.) führte ein sehr systematisches Münzwesen ein, in dem Gold- und Silbernominale gut vertreten waren: in Gold der Doppelstater und Stater, in Silber das Tetradrachmon, Didrachmon, Hemidrachme und Obol.

32–34 Griechische Großmünzen.

32 Silberoktadrachmon oder Achtdrachmenstück mit dem Bildnis Ptolemaios' I. von Ägypten (323–285 v. Chr.), des Nachfolgers Alexanders, der als erster sein eigenes Bildnis auf Münzen setzte.

33 Ein Viergespann als Symbol des Sieges von Syrakus über Athen auf einer Siegesprägung der Stadt, einem Dekadrachmon des frühen 4. Jh. v. Chr.

34 Ein Kopf der Göttin Persephone-Tanith schmückte eine der breitesten Silbermünzen der Antike, ein Dekadrachmon, das von den Karthagern um 270–260 v. Chr. geprägt wurde.

Früheste Münzen

Wie der griechische Geschichtsschreiber Herodot berichtete, stammten die ersten Münzen aus dem Lyderreich. Vielleicht spielte dabei der an Sardes, der Hauptstadt des kleinasiatischen Königreiches, vorbeifließende Paktolos eine Rolle, dessen Sand damals reich an Elektron war. Die alten Griechen haben das freilich weit poetischer umschrieben: Eines Tages rettete König Midas den alten Trunkenbold Silenos und brachte ihn zu Dionysos zurück, der zum Dank den König aufforderte, einen Wunsch zu äußern. Midas wünschte, daß alles, was er berühre, zu Gold werden solle. Doch nachdem der Gott ihm diesen Wunsch gewährt hatte, kehrte Midas bald verzweifelt zu ihm zurück: Selbst Speise und Trank, die er berührte, wurden zu Gold, so daß er nichts mehr zu sich nehmen konnte. Dionysos erbarmte sich seiner und riet ihm, sich im Paktolos zu reinigen, der fortan Gold führte. In Wirklichkeit bestehen die gewöhnlich dem Lyderkönig Alyattes (615–560 v. Chr.) zugeschriebenen Münzen nicht aus Gold, sondern aus Elektron, einer bernsteinfarbenen Gold-Silber-Legierung. Sie tragen das königliche Wappen, einen Löwenkopf, durch das der König Gewicht und Feingehalt seiner Münzen garantierte. Es ist durchaus möglich, daß Alyattes zu seinen Münzausgaben durch Griechen aus dem benachbarten Ionien angeregt wurde, denn schon vor den Elektronmünzen des Lyderkönigs gab es bildlose tropfenförmige Münzen aus dem gleichen Metall mit geriefelter Vorderseite und vier vertieften Quadraten auf der Rückseite, die aus den von den Griechen im kleinasiatischen Ionien gegründeten Städten stammen. Andere Stücke tragen als Kennzeichen Tierdarstellungen, die den Wappentieren griechischer Städte entsprechen. Aufgrund von 1904–1905 durchgeführten Ausgrabungen am Artemistempel in Ephesos lassen sich diese Münzen in die Zeit zwischen 650 und 600 v. Chr. datieren; sie sind also älter als die lydischen Münzen.

Der Nachfolger des Alyattes, der sagenhaft reiche Kroisos (Krösus, 560–546 v. Chr.), verbesserte das neue Zahlungsmittel durch die Einführung von Münzen aus reinem Gold (Goldstatere), die neben bereits im Umlauf befindliche Statere aus Feinsilber traten; ein Goldstater entsprach im Wert 20 Silberstateren. Damit führte er eine Bimetallwährung ein. Seine Münzen zeigen einen Löwen gegenüber einem gehörnten Stier; beide Tiere symbolisierten Leben und Kraft. Kroisos verlor Leben und Reich an den Perserkönig Kyros; Lydien wurde dem Perserreich einverleibt, das auch das lydische Münzwesen übernahm. Unter Dareios I. (521–486) führten die Perser ein eigenes Gepräge ein, einen Bogenschützen im sogenannten Knielauf, der vielleicht den Großkönig symbolisierte, behielten jedoch die Einteilung in Gold- und Silbermünzen bei. Die persische Goldmünze, der nach Dareios benannte Dareikos, fand weite Verbreitung, war er doch bis ins 4. vorchristliche Jahrhundert hinein die einzige Goldmünze in der ganzen antiken Welt, die fast 200 Jahre lang nach festem Fuß ausgegeben wurde.

Das Münzwesen, eine griechisch-lydische Erfindung, blieb keineswegs auf Kleinasien beschränkt, sondern breitete sich bald nach Westen über die griechische Inselwelt bis hin zum griechischen Festland aus. Nach manchen antiken Autoren wurden die ersten Silbermünzen auf den ägäischen Inseln geprägt; Silberstatere, sogenannte »Schildkröten«, wurden auf Ägina um 560 v. Chr. ausgegeben. Als »Schildkröten« (griechisch *chelonai*) bezeichnete man sie nach dem Münzbild, einer Seeschildkröte, wie sie das Meer rings um die Insel in Massen bevölkerten. Zu den in großen Mengen ausgegebenen »Schildkröten« von Ägina traten bald die Silberstatere der Ägäeninsel Siphnos.

Auf dem Festland griff man die Neuerung rasch auf. Athen und Korinth begannen fast gleichzeitig mit Ägina auszumünzen. Die ältesten athenischen Münzen trugen verschiedene Symbole, etwa Amphoren, Räder und Pferde; man bezeichnet sie als »Wappenmünzen«. Um 590 v. Chr. veränderte man das Gepräge und führte gleichzeitig die bis dahin größte Silbermünze ein, ein Vierdrachmenstück (Tetradrachme) von doppeltem Gewicht und doppeltem Modul der bisherigen Athener Silbermünzen. Die Tetradrachme war eine der ersten beidseitig beprägten Münzen. Die eine Seite schmückte ein behelmtes Athenahaupt, die andere eine Eule, der der Schutzgöttin Athens heilige Vogel. Die Athener sahen in Athena nicht nur die Göttin, die sie im Krieg zum Sieg führte, sondern auch die weise Beraterin, die ihnen ein Leben in Wohlstand sicherte.

Das stets im Profil gezeigte Haupt der kriegerischen Göttin mit attischem Helm wirkt nicht allzu hart oder martialisch; manchmal umspielt ein leichtes Lächeln ihre Lippen, das berühmte Lächeln der archaischen Kunst, das ihrem Gesicht einen jugendlichen Reiz verleiht. Gemildert wird die Strenge des klar geschnittenen Profils durch das außergewöhnlich große, nicht von der Seite, sondern frontal gezeigte Auge, dessen »strahlenden Glanz« schon Homer besungen hat. Das Auge galt den Griechen als der Spiegel der Seele, und deshalb stellte es der Künstler in seiner vollkommensten Form, also von vorn, dar, um die sich im Auge verkörpernde menschliche Seele zum Ausdruck zu bringen.

Durch die auf seinem Staatsgebiet liegenden Silberminen von Laurion war Athen imstande, Silber in großen Mengen auszumünzen. Zwar ging man dabei nicht selten so überstürzt vor, daß man mit schlecht geschnittenen Stempeln nachlässige Prägungen fertigte, aber stets benutzte man gutes Münzmetall und achtete auf die Einhaltung des vorgeschriebenen Gewichts, so daß die attischen Münzen bald den Ruf einer vertrauenswürdigen, vollgewichtigen Währung erlangten, sich in die entferntesten Regionen der griechischen Welt verbreiteten und Athen halfen, die Märkte im ganzen Mittelmeergebiet zu erobern. Neuere Ausgrabungen haben bestätigt, wie stark die antike Welt von attischen Münzen durchsetzt war: Tetradrachmen aus Athen hat man bis weit hinein nach Kleinasien, Syrien und Ägypten gefunden.

Nach dem 480 v. Chr. gegen die Perser errungenen Seesieg bei Salamis schmückten die dankbaren Athener ihre behelmte Schutzgöttin auf den Münzen mit einem Siegeskranz aus Olivenzweigen, und auf der Rückseite zeigten sie hinter der Eule einen abnehmenden Mond, wahrscheinlich eine Anspielung auf die Mondsichel, die die griechischen Sieger bei Salamis am Himmel gesehen hatten. Die silbernen Vierdrachmenstücke mit dem Athenahaupt und der Eule begleiteten Athen bei seinem Aufstieg zur Führungsmacht in der griechischen Welt: Man folgte nicht dem Beispiel anderer griechischer Städte, die die Gepräge ihrer Münzen ständig variierten, sondern blieb fast zweihundert Jahre lang bei denselben Münzbildern, dem gleichen Gewicht und demselben Feingehalt. Verändert wurde lediglich je nach dem Geschmack und dem künstlerischen Stil der Zeit der Gesichtsausdruck der Göttin.

Eine zweite griechische Stadt, die in der antiken Welt als Handelszentrum und Kolonialmacht (Kolonien oder Tochterstädte, Apoiken, wurden von ihr aus von der griechischen Westküste bis hin nach Sizilien gegründet) eine sehr große Rolle spielte, war Korinth. Dort führte man schon um 540 v. Chr., also bald nach Ägina, das neuerfundene Münzgeld ein. Wie alle Griechen, waren auch die Korinther darauf bedacht, ihr Münzwesen dem Schutz einer ihrer Hauptgottheiten zu unterstellen. Sie zeigten auf ihren Münzen Pegasos, das geflügelte Pferd der Sage, das, aus dem Blut des erschlagenen Ungeheuers Gorgo (Medusa) entstanden, von Bellerophon mit Hilfe eines ihm von Athena gegebenen goldenen Zaumzeugs gezähmt wurde; unter seinen Hufschlägen entsprang eine Quelle, die fortan die Dichter inspirierte. Die andere Seite schmückte ein im Profil dargestellter Athenakopf mit dem einfachen, schmucklosen korinthischen Helm. Dieses Gepräge tragen sämtliche Silbermünzen, die in Korinth während fast dreihundert Jahren ausgegeben wurden. Es handelte sich dabei um etwa acht Gramm schwere Statere im Wert von einer halben attischen Tetradrachme.

Diese korinthischen *poloi* (»Füllen«), wie man sie nach der Pegasosdarstellung in der griechischen Welt bald nannte, wurden in weiten Gebieten als Zahlungsmittel akzeptiert, wenngleich sie nie so populär waren wie die Athener »Eulen«. Der Buchstabe *kappa* in archaischer Schreibweise kennzeichnete als Anfangsbuchstabe des Stadtnamens die Münzen der Mutterstadt gegenüber den Ausgaben der Tochterstädte, die bald dem Beispiel Korinths folgten und eigene Münzen mit den gleichen Darstellungen, aber anderen Kennbuchstaben ausgaben.

Das Wesen der griechischen Münze

Altgriechische Münzen stammen aus verschiedenen Teilen der antiken Welt, in denen Griechen lebten oder griechische Kultur dominierte. Das Münzwesen war eine griechische Erfindung, die auch von nichtgriechischen Völkern übernommen wurde, so etwa von den Persern, Phönikern, Karthagern und anderen. Auch ihre Münzen werden von den Numismatikern in den großen Rahmen des altgriechischen Münzwesens hineingestellt, ebenso die Münzen, die in unter griechischem Einfluß stehenden Gebieten ausgegeben wurden; dieser Einfluß reichte beispielsweise in Asien bis nach Indien. Besonders in der Zeit, da in der griechischen Welt viele autonome Stadtstaaten nebeneinander existierten, entfaltete sich ein unglaublicher Münzreichtum. Ein paar Zahlen mögen dies veranschaulichen: Im Laufe der Zeit gaben mehr als 1400 Stadtstaaten, Stämme oder andere Gemeinwesen, oft jahrhundertelang, eigene Münzen aus. Allein in Kleinasien gab es 442 Münzstätten. Neben den Städten ließen Könige und Herrscherhäuser auch Münzen im eigenen Namen schlagen.

Das griechische Münzwesen war im wesentlichen eine Silberwährung; die Ausmünzung von Gold und Elektron beschränkte sich auf einige Städte in Kleinasien und Sizilien. Gold wurde in großen Mengen im Perserreich ausgemünzt und tauchte später auch in Griechenland und in den griechischen Kolonien auf Sizilien auf. Wenn die Griechen selbst je Gold ausmünzten, deutete das keineswegs auf besonderen Wohlstand hin – im Gegenteil: Sie griffen nur dann auf Gold zurück, wenn sie in Notfällen gezwungen waren, riesige Summen zu bezahlen, für die, beispielsweise in Kriegen oder bei Katastrophen, die Silbermünzen nicht ausreichten.

Münzbilder sind für das Studium altgriechischer Münzen sehr wichtig, da viele dieser Münzen »stumm« (anepigraphisch) sind, d. h. keine Inschriften tragen und teilweise außer den Münzbildern auch keinerlei Hinweise auf den Prägeort aufweisen. Manche Götter, landwirtschaftliche Erzeugnisse oder andere Produkte stehen – wie Pegasos zu Korinth oder Gerste zu Metapont – in so engem Bezug zu bestimmten Städten, daß sie als Münzbilder den Ausgabeort einwandfrei identifizieren. Im wesentlichen blieben die griechischen Städte sehr konsequent bei einem einmal gewählten Gott als Münzbild, aber je nach dem Wandel der künstlerischen, religiösen oder philosophischen Anschauungen konnte ein und derselbe Gott recht unterschiedlich wiedergegeben werden. Die einfachen, statisch wirkenden Münzbilder mit ein oder höchstens zwei Figuren, wie sie in der Frühzeit üblich waren, veränderten sich ab dem späten 5. Jahrhundert v. Chr. grundlegend: Die starre Darstellung wich einer lebendigen Bewegtheit, und aus Einfachheit wurde eine oft manierierte Vielfalt, ja, Überladenheit.

Kommen wir nun zum Münzwert und zu den Nominalen. Grundlagen der verschiedenen Münzfüße waren die üblichen Gewichtssysteme, die man auf die Münzen übertrug. Vergleichbar den aus der Neuzeit bekannten Währungsblöcken, beispielsweise dem Dollar-, Franc- und Sterlingblock, gab es auch in der Antike eine Reihe führender Münzfüße, unter denen der äginetische, der attische, der lydische oder persische, der korinthische und der phönikische die größte Rolle spielten; sie sind allesamt nach der Landschaft benannt, aus der sie stammten. Je nach dem Münzfuß hatte die Hauptsilbermünze ein anderes Gewicht. Dieses Grundgewicht wurde für niedrigere Nominale unterteilt, für höhere vervielfacht. Den größten Spielraum als Münzeinheit hatte die Drachme aus Silber, die je nach dem Münzfuß zwischen drei und sechs Gramm wog. Die gebräuchlichsten Vielfachen waren die Didrachme oder der Stater im Wert von zwei Drachmen und vor allem die Tetradrachme, das Vierdrachmenstück; gelegentlich wurden auch Acht-, Zehn- oder gar Zwölfdrachmenstücke geschlagen. Für den lokalen Bedarf wurde die Drachme gestückelt; dieses Kleingeld waren die meistbenutzten Nominale. Es gab die Sechsteldrachme, den Obolos; zwei Obole reichten im 5. Jahrhundert v. Chr. für den täglichen Lebensunterhalt einer Familie aus. Vom Obolos gab es Vielfache, den Diobolos, den Triobolos und den Tetrobolos (Zwei-, Drei- oder Vierobolenstücke) sowie Stückelungen von einem halben bis zu einem Achtelobolos (Hemiobolos bzw. Hemitartemorion). Wir können nur darüber staunen, daß man eine so leichte Münze wie den nur 0,67 g wiegenden Obolos noch einmal achtfach unterteilte, so daß der Achtelobolos lediglich 0,08 g schwer war.

Das griechische Kleingeld, die Drachme mit ihren Stückelungen, sind wahre Wunderleistungen des antiken Münzwesens. Viele dieser Zwergmünzen sind gleichzeitig echte Kunstwerke, die sich in dieser Hinsicht durchaus mit den größeren Nominalen messen können – ein Beweis für das fast unglaubliche Können der antiken Stempelschneider, die die Münzbilder in die Stempel in der Größe einschneiden mußten, in der sie auf den Münzen erscheinen sollten.

In der Regel tragen altgriechische Münzen keinerlei Wertangaben. Dadurch wurden Geschäfte ungemein kompliziert, da man die Münzen für jede Transaktion auswiegen mußte. Anderseits waren, von den großen, auch im Außenhandel viel benutzten Tetradrachmen abgesehen, die meisten kleineren Nominale nur in engbegrenzten Gebieten in Umlauf, so daß Münzen mit wohlbekannten Geprägen zum Teil auch so akzeptiert wurden. Daneben fand man verschiedene Möglichkeiten, auf Münzen ihren Wert zu markieren, beispielsweise durch ein bestimmtes Münzbild für ein bestimmtes Nominal, gelegentlich auch durch Punkte oder Initiale. Abgekürzte oder in sehr wenigen Fällen auch ausgeschriebene Wertangaben sind ganz seltene Ausnahmen. In Athen, wo bis zu acht Stückelungen der Drachme in Umlauf waren, bediente man sich eines ganz eindeutigen Systems: Man prägte jedem Nominal ein eigenes Münzbild auf, so daß Verwechslungen ausgeschlossen waren. Korinth zeigte auf den Drachmen den geflügelten Pegasus; Münzen, die nur die vordere Hälfte des Dichterpferdes trugen, waren daran leicht als halbe Drachmen zu erkennen.

Das Gepräge einer Münze sollte nicht nur ihren Wert deutlich machen, sondern auch die Prägestätte bzw. die Stadt oder das Gebiet, für die sie ausgegeben wurde. Für die Griechen war eine Münze am leichtesten durch die Darstellung der Schutzgottheit der betreffenden Stadt zu identifizieren, besonders in der Frühzeit des Münzwesens, als man auf Beschriftungen noch fast völlig verzichtete. Das Kennzeichen der äginetischen Münzen war die simple Darstellung einer Schildkröte, aber die Athener zeigten auf ihren Münzen neben dem Athenakopf und der Eule auch noch die drei ersten Buchstaben des Namens der Stadt. In Syrakus auf Sizilien schrieb man den Stadtnamen sogar aus, und zwar meist im Pluralgenetiv als *Syrakosion* (»der Syrakuser«). Münzinschriften konnten auch noch andere Informationen vermitteln, beispielsweise angeben, welcher Münzmeister für die Ausgabe verantwortlich war, oder die Namen von Gottheiten nennen, ohne daß unbedingt auch noch der Name der Stadt angegeben sein mußte.

Ein nicht minder spannendes Unterfangen ist die Datierung griechischer Münzen. In der überwiegenden Mehrzahl tra-

gen altgriechische Münzen keinerlei Datum; erst in hellenistischer Zeit versahen Herrscher oder Dynastien ihre Münzausgaben mit Zahlen, die das Regierungsjahr angaben, in dem die Münze in Umlauf gebracht wurde, oder sich auf lokale Zeitrechnungen bezogen. Eine große Hilfe sowohl bei der Lokalisierung als auch bei der Datierung von Münzen sind stilistische Kriterien, da die Münzkunst zu allen Zeiten in enger Verbindung zu anderen Kunstformen stand. Eine genauere Ausarbeitung von Chronologien ermöglichen Hortfunde, wenn diese vom Zeitpunkt ihrer Entdeckung ab methodisch behandelt werden.
Für den Spezialisten wie für den Laien stellt sich die Frage, was wir durch das Studium griechischer Münzen gewinnen können. Nun, gerade für die Antike haben Münzen viel dazu beigetragen, unser Geschichtsbild zu ergänzen und zu vervollständigen. So tragen manche Münzen die Namen von Städten und Herrschern, von denen wir aus anderen Quellen nicht das mindeste wissen. In anderen Fällen finden wir auf Münzen die Porträts wohlbekannter historischer Persönlichkeiten, von denen keinerlei sonstige Bildnisse überliefert sind. Der ungeheure Reichtum der griechischen Mythologie spiegelt sich im ganzen griechischen Münzwesen; so wird das, was wir aus schriftlichen Quellen über den Olymp, seine Götter, Heroen und Nymphen wissen, durch die Darstellung auf den Münzen beträchtlich erweitert. Mit ihrer Hilfe können zahlreiche Kulte bestimmten Gebieten oder Städten zugewiesen werden; längst zerstörte Kultbilder können durch Münzbilder identifiziert und in ihrem Aussehen rekonstruiert werden.
Münzen mehren jedoch auch unser Wissen über die politische Geschichte der griechischen Stadtstaaten, liefern uns Informationen von unschätzbarem Wert über das Wirtschaftsleben und die Wirtschaftskraft vieler Regionen. Mit Stolz zeigten die Griechen auf ihren Münzen, was ihre Heimat zu bieten hatte. Die Pferde aus den Bergen Thessaliens waren nicht minder berühmt als die Krabben und Fische der sizilischen Hafenstädte. Als man im dritten und zweiten vorchristlichen Jahrhundert auf den Münzen mitteilungsfreudiger wurde, brachte man, auch auf den Bronzemünzen, eine Vielfalt von sehr detailreichen Tempel- und Kultbilddarstellungen. Ihnen verdanken wir so manche Erkenntnisse über die klassische Antike, die durch keine anderen Überlieferungen möglich gewesen wären.
Auf den griechischen Münzen kommt die Liebe zur Schönheit und zur geistigen Harmonie zum Ausdruck, die die Griechen, die gesamte griechische Gesellschaft, beseelte. Schön sollten auch die Dinge des Alltagslebens sein – und die Münzen machten hier keine Ausnahme.

Griechische Münzen aus Sizilien

Nirgendwo in der griechischen Welt schuf man schönere Münzen als auf Sizilien. Eine seit dem 7. Jahrhundert v. Chr. an den Küsten der Mittelmeerinsel errichtete Kette von griechischen Kolonien säumte Enklaven der einheimischen Bevölkerung im Inneren der Insel, während die Karthager an der Westseite konkurrierende Niederlassungen gegründet hatten. Die Tochterstädte standen in engen kulturellen und wirtschaftlichen Beziehungen zu den Mutterstädten in Griechenland, besonders zu Athen und Korinth, und als dort das Münzwesen eingeführt wurde, gingen einige der sizilianischen Städte, ebenfalls um die Mitte des 6. Jahrhunderts v. Chr., bald dazu über, eigene Münzen auszugeben, obwohl auf der Insel das notwendige Metall nicht verfügbar war; es mußte aus Spanien oder Etrurien eingeführt werden.
Die erste griechische Kolonie auf Sizilien, die schwere Silberdrachmen schlug, war die unter dem schneebedeckten Gipfel des Ätna gelegene kleine Weinbaustadt Naxos. Man weihte die Münze Dionysos, dem Schutzgott der Weingärten: Sein schöner, im Profil gezeigter Kopf im archaischen Stil und eine Weintraube schmücken diese frühe Münze aus dem letzten Viertel des 6. Jahrhunderts v. Chr.
Gelon, der Tyrann von Gela, brachte 485 v. Chr. Syrakus in seine Gewalt. Später sollte diese Stadt nicht nur zur Führungsmacht auf Sizilien, sondern auch zu einer der prächtigsten Städte in der gesamten griechischen Welt werden. Mit der Ausgabe von Münzen hatte man schon einige Zeit vor Gelon, nämlich in den letzten Jahrzehnten des 6. vorchristlichen Jahrhunderts, begonnen. Die Prägungen zeigen, wie vernarrt die syrakusische Adelsschicht in Pferde war: Die Quadriga, das Viergespann, manchmal mit der siegbringenden Nike, war das lange Zeit beibehaltene Hauptmünzbild, das zu einigen der schönsten Schöpfungen griechischer Münzkunst Anlaß gab. Die andere Seite zeigte einen Frauenkopf, die Quellnymphe Arethusa, die Beschützerin einer auf der küstennahen Insel Ortygia entspringenden Süßwasserquelle. Im theomorphen Weltbild der Griechen waren Quellen, Wälder, Höhlen und Flüsse göttliche Wesen, die als Gottheiten Gestalt annehmen konnten. Die schöne Arethusalegende bewog die Syrakusaner, diese Quellnymphe zum Wahrzeichen ihrer Stadt zu erheben. Ihr den Wandlungen der Kunststile folgendes Haupt schmückte jahrhundertelang die Münzen von Syrakus.
Während die Athener gegen die Perser Krieg führten, gelang es Gelon, der Gela seinem Bruder Hieron überlassen hatte und Tyrann von Syrakus geworden war, einer anderen die

griechische Welt bedrohenden Macht, Karthago, eine empfindliche Schlappe beizubringen. Auf den entscheidenden Sieg bei Himera (480 v. Chr.) bezieht sich vermutlich ein großes Zehndrachmenstück, mit dem die Syrakusaner dem wichtigen Geschehen ein Denkmal setzen wollten. Mit der Ausführung beauftragte man einen hervorragenden Künstler, der eines der großen Meisterwerke griechischer Münzkunst schuf. Man bezeichnete den Dekadrachmon als »Demareteion« zu Ehren der Königin Demarete, Gelons Gemahlin, die sich der Überlieferung nach bei ihrem Gemahl für die besiegten Feinde einsetzte, worauf ihr die dankbaren Karthager als Dank für die Schonung einen goldenen Kranz schenkten, den sie einschmelzen und ausmünzen ließ. Die Königin inspirierte den Künstler zu einem außergewöhnlich schönen, edlen Haupt, das zwar die übliche, von vier Delphinen umgebene Arethusa darstellen soll, aber nicht olympisch unnahbar, sondern sehr persönlich wirkt.

Das blaue Meer, von dem Sizilien rings umgeben ist, spielte im Leben der Inselbewohner eine große Rolle. Nicht nur lockte es sie in die Ferne, machte sie zu mutigen Seefahrern und tüchtigen Kaufleuten, sondern es beschenkte sie auch mit einem großen Reichtum an Fischen und anderen Meerestieren. Das an der Südküste gelegene Akragas wurde zu einer der reichsten und schönsten Städte der Griechen, wie die erhaltenen Tempelruinen noch heute bezeugen. Dort schlug man Silbermünzen im Wert von zwei und vier Drachmen; sie zeigen neben dem heiligen Vogel des Zeus, dem Adler, alle möglichen Fische und Meerestiere; das Gehäuse eines Krebses trägt eigenartigerweise menschliche Gesichtszüge. Messana (Messene) benutzte als Münzbild neben einem Maultierkarren, angeblich eine Anspielung auf den vom Tyrannen Anaxilas 484 v. Chr. bei den Olympischen Spielen errungenen großen Sieg im Wagenrennen, einen springenden Hasen, das Lieblingstier Pans, des Gottes der Jagd.

Aber Sizilien war nicht nur von wohlwollenden Göttern und harmlosen Tieren bevölkert, sondern auch von menschenköpfigen, stierleibigen Ungeheuern, Verkörperungen der unbändigen Zerstörungskraft mancher sizilischer Flüsse, die sich nach heftigen Regenfällen mit der Urkraft eines Stieres durch die Täler dem Meer zuwälzten. Das im Innern der Insel zwischen Syrakus und Akragas gelegene Gela zeigte auf Zwei- und Vierdrachmenstücken aus der Zeit um 500 v. Chr. einen wild und bedrohlich wirkenden menschenköpfigen Stier als Personifizierung des Flußgottes Gelas. Im Lauf der Zeit milderte sich jedoch sein Aussehen, und gegen Ende des 5. Jahrhunderts v. Chr. setzte man ihm einen anmutigen Jünglingskopf auf.

Während der größten Zeit der griechischen Kunst, der klassischen Periode, entstanden auf Sizilien einige der schönsten Münzen, die je geschaffen wurden. An die Stelle der zwar bezaubernden, aber starr und statisch wirkenden Münzbilder des 6. und 5. vorchristlichen Jahrhunderts traten nunmehr lebendigere Darstellungen, so etwa herrliche Köpfe, die wahrscheinlich großenteils lebenden Modellen nachgebildet waren. Stolz zeigte man jetzt auch individuelle menschliche Züge; göttlich war nur mehr die Vollkommenheit, nach der die griechischen Künstler stets strebten.

Eine herrliche Dionysosdarstellung entstand um 461 v. Chr. in der Weinbaustadt Naxos: Neben dem gesammelten, hoheitsvollen Gott symbolisiert ein Silen mit einem Weinkelch in der Hand die Freuden und Laster des Weingenusses.

Aus mehreren Elementen zusammengesetzte Münzbilder waren in der Frühzeit selten; dazu gehörten beispielsweise die Quadriga-Gepräge. Das wurde jetzt anders. So gab Selinus, eine Stadt an der Südwestküste Siziliens, um die Mitte des 5. Jahrhunderts v. Chr. Münzen mit vielfältigeren Darstellungen aus. Wir sehen darauf etwa den vor einem Altar opfernden Flußgott Selinus mit einem Hahn zu seinen Füßen und im Hintergrund ein Stierbild auf einem Sockel. Das im Norden der Insel gelegene Himera schlug um die gleiche Zeit (470–466 v. Chr.) eine stilistisch sehr ähnliche Münze, ebenfalls mit einer vor einem Altar opfernden Gottheit, der anmutigen Nymphe Himera, die beide Arme in typischer Bittgebärde ausgebreitet hat. Später gab man ihr noch einen kleinen neckischen Silen bei, der sich unter dem aus einem löwenköpfigen Brunnen strömenden Wasserstrahl tummelt.

Auch in Syrakus wurden damals sehr schöne Vierdrachmenstücke mit einer Vielfalt von Darstellungen in großen Mengen geprägt. Besonders einfallsreich gestaltete man auf immer neue Weise die Haartracht des lieblichen Arethusahauptes. Manchmal ist das zauberhaft jugendliche Haupt von einem *sakkos,* einem Haarnetz, bedeckt, oder das Haar wird durch ein *sphendone,* ein breites Band, zusammengehalten; dann wieder ist ein feines Band in das Haar eingeflochten usw. Ebenso faszinierend sind jetzt die Quadrigadarstellungen. Von neuem Leben erfüllt, bäumen sich die Pferde vor dem Start auf oder galoppieren dem Ziel entgegen. Die Olympischen Spiele mit ihren sportlichen Wettkämpfen waren für die gesamte griechische Welt Ereignisse von großer Bedeutung. Die Spannung von Wagenrennen kommt auf den Münzen von Syrakus und anderer sizilischer Städte aus der zweiten Hälfte des 5. Jahrhunderts v. Chr. meisterhaft zum Ausdruck. Wir sehen darauf, wie sich die

zunächst symmetrische Aufreihung der Pferde auflöst, wie sie sich aufbäumen, wie sie losrasen und die Wagen um die Wendepfähle ziehen.
Nachdem es Syrakus 413 v. Chr. gelungen war, die nahezu unbesiegbare Flotte der Athener zu schlagen, mußte sich die Stadt der kriegerischen Karthager erwehren, die bis 410 v. Chr. ganz Sizilien mit Ausnahme von Syrakus erobern konnten. In diesen Jahren entstanden die künstlerisch vollkommensten Münzen der Stadt. Viele der Künstler, denen wir die Meisterwerke verdanken, waren Goldschmiede oder – häufiger noch – Gemmenschneider. Einige von ihnen gravierten in berechtigtem Stolz auf ihre Schöpfungen auf die Münzen ihre Namen. Durch solche Signaturen kennen wir aus Syrakus die Namen von Eumenes, Eukleidas, Euainetos, Phrygillos und Kimon, aus anderen Städten die Namen von Myron und Exakestidas. Die herrlichen Münzen sicherten diesen Künstlern die Bewunderung ihrer Zeitgenossen; als größte Meister galten Euainetos, Kimon und Eukleidas. Ihre Münzen wurden bis hin nach Kleinasien nachgeprägt, und schwarzglasierte Töpferwaren aus Süditalien trugen das Arethusahaupt des Euainetos als Appliken.
Eukleidas machte als erster Stempelschneider den Versuch, einer Frontalansicht eines behelmten Athenahauptes auf dem verhältnismäßig flachen Relief einer Münze echte Dreidimensionalität zu verleihen. Ungemein gekonnt verstand er es, das Gesicht so zu modellieren, daß tatsächlich der Eindruck räumlicher Tiefe entsteht. Mit dieser Darstellung konkurrierte Kimons von vorn gesehener Arethusakopf, dessen Schönheit noch abgeklärter wirkt; dieser Kopf schmückt eine der vollkommensten, herrlichsten Münzen aller Zeiten. Berühmter wurde er allerdings als Schöpfer der großen Zehndrachmen-Gedenkmünze zur Feier des 413 v. Chr. über die Athener errungenen Sieges. Der darauf gezeigte Profilkopf der Nymphe Arethusa ist von erhabener Schönheit. Übertroffen wird dieses Münzbild vielleicht nur noch von einem ähnlichen Dekadrachmon des Euainetos, einem Meisterwerk, auf dem das vollkommen gestaltete Haupt anmutiger und wärmer wirkt. Alle diese Zehndrachmenstücke bezogen sich auf den großen Sieg über die Athener, wurden aber mehrere Jahrzehnte lang geprägt.
Ehe Akragas 406 v. Chr. den unaufhaltsam vordringenden Karthagern in die Hände fiel, wurde dort zwischen 412 und 410 v. Chr. ein Meisterwerk der Münzkunst ausgegeben, ebenfalls ein Dekadrachmon, der sich vermutlich auf ein verhältnismäßig bescheidenes Ereignis bezog, auf den 412 von einem Bürger der Stadt errungenen olympischen Sieg im Wagenrennen. Gelenkt wird auf dem Münzbild der Wagen von dem Sonnengott Helios, den ein Adler begleitet. Nicht minder eindrucksvoll ist die andere Seite dieser von Myron geschaffenen Münze: Wir sehen darauf zwei Adler, die einen Hasen zerfleischen. Die herrliche Münze war der Schwanengesang von Akragas: Keine acht Jahre später versank die ebenso prächtige wie reiche Stadt für alle Zeiten in Schutt und Asche.
Gold wurde auf Sizilien nur selten ausgemünzt, und wenn dies geschah, so verweist es stets auf Notzeiten, auf Kriege oder Katastrophen, in denen nicht genügend Münzsilber zur Verfügung stand. So gab man in Syrakus 415–413 v. Chr. während der Belagerung durch die Athener Goldmünzen aus, um die Kosten des Kriegs bezahlen zu können. Eine dieser Münzen im Wert von 20 Drachmen ist wunderschön: Die eine Seite zeigt ein anmutiges Arethusahaupt, die andere den mit dem Nemeischen Löwen ringenden Herakles.
Als die massiven Angriffe der Karthager einsetzten, fand die große Zeit der sizilianischen Münzkunst ihr Ende. Zwar gab man auch noch im 4. Jahrhundert in Syrakus bemerkenswert qualitätvolle Münzen aus – viele aus Gold oder Elektron –, aber im ganzen waren Münzen knapp, so daß man, um den Mangel zu beheben, in großen Mengen korinthische »Füllen« einführen mußte. Allmählich traten die bis dahin noch seltenen Bronzemünzen in den Vordergrund; sie ersetzten für lokale Zwecke die kleinen Silbernominale. Allerdings waren viele der besonders in Syrakus geschlagenen Bronzemünzen stilistisch und in der sorgfältigen Ausführung den Silbermünzen durchaus ebenbürtig.

Süditalische Münzen

Die von den griechischen Kolonien in Süditalien (»Großgriechenland«) ausgegebenen Münzen wiesen seit den frühesten Anfängen in der Mitte des 6. vorchristlichen Jahrhunderts eine ganz andere, ungewöhnliche Gestaltung auf. Die ersten Städte, die das Münzwesen einführten, Kroton, Metapont und Sybaris, lagen in den an den Golf von Tarent nördlich angrenzenden fruchtbaren Ebenen. In Kroton ließ sich 529 v. Chr. Pythagoras nieder, ein Philosoph, der seine Heimat in Kleinasien hatte verlassen müssen, und gründete die auf seiner Philosophie basierende religiöse Bruderschaft der Pythagoreer, deren Ziel es war, die Gesellschaft sittlich zu erneuern. Aber sie übten auch einen starken politischen Einfluß aus, und man nimmt an, daß die eigenartige Ausformung der in Kroton und anderen süditalischen Griechenstädten geschlagenen Münzen auf die pythagoreische Philosophie zurückging. In dieser spielten fundamentale

Gegensätze eine große Rolle, etwa Ruhe–Bewegung, Licht–Dunkel; vielleicht veranlaßte das jene Griechenstädte, auf ihren Münzen auf beiden Seiten jeweils das gleiche Bild, aber als Gegensatz aufzuprägen: auf dem Avers in Hochrelief, auf dem Revers eingetieft.

Da Kroton eine nach den Anweisungen des Delphischen Orakels gegründete Kolonie war, zeigte man auf den ersten Münzen als Wappen den heiligen Dreifuß des Apoll, auf dem Revers eingetieft entweder den gleichen Dreifuß oder einen Adler, den heiligen Vogel des Zeus. Seinen ungeheuren Reichtum und seine führende Rolle im Geistesleben jener Zeit verdankte Kroton ganz eindeutig den Pythagoreern; als diese ihre Bedeutung verloren, büßte auch die Stadt ihre Macht ein.

Metapont, der zweite Sitz der Pythagoreer, war von Leukippos in einer außerordentlich fruchtbaren Ebene gegründet worden. Stolz ließen die Bewohner von Metapont alle Welt wissen, wie reich an Getreide sie waren: Jahrhundertelang schmückte die als Stadtwappen erkorene Gerstenähre die Münzen der Stadt. In eleganter Einfachheit stand sie neben den hohen, eckigen Anfangsbuchstaben META des Stadtnamens; auf der Rückseite war das gleiche Gepräge eingetieft. Diese ab 550 v. Chr. geschlagenen Statere von Metapont gehören mit ihrer schönen Klarheit zu den frühen Meisterwerken der griechischen Münzkunst. Später zeigte man auf den Münzen auch Götter wie Apollon, Herakles und Demeter, doch blieb die Ehre, die Stadt zu repräsentieren, nicht ausschließlich Göttern vorbehalten: Auf Münzen des 4. Jahrhunderts sehen wir den Heroen Leukippos, den Gründer von Metapont, auf dem bärtigen Haupt einen korinthischen Helm, der mit einem Renngespann verziert ist.

Die älteste Kolonie in Großgriechenland war das ebenfalls am Golf von Tarent gelegene, sagenhaft reiche Sybaris – Luxus und Ausschweifungen der Bewohner waren schon in der Antike sprichwörtlich. Die ersten Münzen aus der Mitte des 6. Jahrhunderts v. Chr. tragen das Bild eines Stiers mit zurückgewandtem Kopf; die Prägung auf der Rückseite ist in der schon besprochenen Weise in den Schrötling eingetieft.

Vermutlich von Sybaris aus wurde am Golf von Salerno Poseidonia gegründet, das Paestum der Römer, das bis heute durch seine eindrucksvollen Tempelruinen berühmt ist. In der Antike war die am Tyrrhenischen Meer gelegene Hafenstadt durch ihre Rosen bekannt. Sie stand unter dem Schutz Poseidons, des mächtigen Meeresgottes, der in der antiken Literatur als von stattlicher, kräftiger Gestalt, mit blauen Augen, wildem, blauschwarzem Haar und einen Dreizack schwingend geschildert wird. So sehen wir auf dem ersten Stater mit vertieft geschlagenem Revers, der kurz nach 530 v. Chr. in Poseidonia ausgegeben wurde, eine in ihrer archaischen Steifheit für jene Zeit charakteristische Ganzfigur des Gottes im Profil; natürlich fehlt auch nicht der Dreizack. Obwohl die Haltung des Gottes ziemlich eckig wirkt, ist die Münze von bemerkenswerter Schönheit.

Als Taras Schiffbruch erlitt, sandte ihm sein Vater Poseidon einen Delphin, auf dessen Rücken er sich in Sicherheit bringen konnte. An der Stelle, an der er an Land ging, wurde im späten 8. Jahrhundert v. Chr. eine spartanische Tochterstadt gegründet. Taras oder Tarent, wie die Stadt nach ihrem legendären Gründer genannt wurde, sollte im Lauf der Jahrhunderte ebenso mächtig wie berühmt werden. Eine bedeutsame Rolle spielte dabei der Reichtum an qualitätvoller weißer Wolle, an Pferden, Schalentieren, nicht zu vergessen die *murex*, die Purpurschnecke. Für seinen regen Handel benötigte Tarent Münzen. Erste inkuse Münzen wurden um 500 v. Chr. ausgegeben; darauf folgte eine lange Reihe verschiedener Silbermünzen, wobei man über dreihundert Jahre lang den sagenhaften Taras auf seinem Delphin als Münzbild getreulich beibehielt.

Auf den reichen Weiden bei Tarent gediehen Pferde, die zum Stolz der Stadt wurden, und so sehen wir auf zahlreichen Silberstateren etwa ab 425 v. Chr. für fast zweihundert Jahre Reiter in den verschiedensten Haltungen und Aufmachungen. Nicht minder faszinierend als diese großen Silbermünzen ist eine Gruppe von kleinen silbernen Zweiobolenstücken, die als Bild außer einem bezaubernden behelmten Athenahaupt den mit dem Nemeischen Löwen ringenden Herakles tragen, wobei man das Gepräge jeweils so abänderte, daß verschiedene Stadien des Kampfes zwischen dem nackten Heros und dem ihn wütend anfallenden Löwen zu sehen sind.

Die Tarentiner »Reiter« wurden in großen Mengen bis zu dem Zeitpunkt ausgegeben, da aus Griechenland König Pyrrhos mit seinen Kriegselefanten und Truppen nach Italien übersetzte, um Tarent gegen die sich unaufhaltsam vorschiebenden Römer zu Hilfe zu kommen. Das Ereignis fand auf Tarentiner Münzen durch die Darstellung eines Elefanten seinen Niederschlag. Um die gewaltigen Kriegskosten decken zu können, mußte man in Tarent Gold ausmünzen; diese Goldmünzen gehören zum vollkommensten, das je geschaffen wurde. Am eindrucksvollsten ist der Goldstater von 340–330 v. Chr. mit dem Bild des Knaben Taras, der flehend zu seinem Vater Poseidon die Arme ausstreckt.

Während der ganzen klassischen Zeit der Antike wurden in »Magna Graecia«, wie das griechische Süditalien damals genannt wurde, sehr viele schöne Münzen geschlagen. Nicht selten zeigte man darauf Meeres- und Landungeheuer. Neopolis, das heutige Neapel, gab im 4. Jahrhundert v. Chr. eine Serie von Silberstateren aus, die außer dem lieblichen Haupt der jungen Sirene Parthenope einen wild dreinblickenden menschenköpfigen Stier tragen, der vermutlich den Flußgott Acheloos verkörperte. In der Meerenge von Messina hausten die beiden von den Seefahrern gefürchteten sagenhaften Meeresungeheuer Skylla und Charybdis. Die Skylla sehen wir auf einigen Münzen aus Cumae (Kyme), einer Neapel benachbarten Stadt; die Darstellung mit zwölf Beinen und sechs Köpfen entspricht genau der Schilderung, die Homer von dem Ungeheuer gegeben hat. Die Griechen achteten und bestaunten die Geheimnisse und die Kräfte der Natur. Aus dieser Einstellung heraus schufen sie sowohl häßliche, abstoßende Ungeheuer als auch sehr viele zarte Darstellungen voller Anmut. Von fast unvergleichlicher Eleganz und Feinheit sind manche Köpfe und Sitzfiguren der Nymphe Terina auf Münzen der nach ihr benannten Stadt. Wie viele andere süditalische Städte wurde Terina von Hannibal verwüstet; durch ihre systematischen Zerstörungen machten es die Karthager den Römern verhältnismäßig leicht, wenig später ganz Süditalien zu erobern.

Münzen des griechischen Festlands

In der Heimat mancher nordgriechischer Stämme, die das Gebiet nordwestlich der Ägäis bewohnten, hatten die Münzen eine etwas ungewöhnliche Funktion: Die schier unerschöpflich reichen Gold- und Silberminen im Pangaion-Gebirge brachten die Makedonier auf den Gedanken, große Silbermünzen für den Export zu schlagen und Münzmetall gegen von ihnen benötigte Güter einzutauschen. Massive, plump geprägte Zwei-, Vier- und Achtdrachmenstücke wurden ab 525 v. Chr. von den Orraskiern, Bisalten, Derronen und anderen Stämmen hergestellt.

Dem Lebensgefühl und dem sehr freien, durch orgiastische Feste gekennzeichneten Lebensstil dieser wilden Bergvölker entsprach der Bacchuskult mit seinem Gefolge von Satyrn, Kentauren und Nymphen. Einen Satyr, der eine Nymphe entführt, finden wir als Münzbild sowohl auf Ausgaben des makedonischen Lete als auch auf den Münzen der Insel Thasos; es tauchte im späten 6. Jahrhundert v. Chr. auf und wurde über hundert Jahre lang beibehalten.

Das am Fuß des Pangaion gelegene Neapolis, das heutige Kavalla, wählte als Münzbild Gorgo, das häßliche Weib mit Schlangenhaar und Eberhauern im Mund, das jeden, der es ansah, in Stein verwandelte. Andere nordgriechische Städte entschieden sich für freundlichere Gestalten. Oft erwähnten antike Autoren die berühmten Weine von Mende, einer Stadt an der Südspitze der Halbinsel Chalkidike. Angesichts ihres Weinreichtums lag es für die Bewohner nahe, Dionysos als ihren Schutzgott zu erwählen. Der Kult dieses Gottes inspirierte die Stempelschneider der Stadt im 5. Jahrhundert, in dem mit besonders sorgfältig gearbeiteten Stempeln gemünzt wurde, zu einer Reihe von entzückenden Szenen. So sehen wir den efeubekränzten Dionysos mit einem Weinbecher in der Hand auf seinem Lieblingstier, dem Esel. Diesen bezaubernden Emissionen war allerdings nur ein kurzes Leben beschieden, da Mende sich an einem Aufstand und Krieg gegen Athen beteiligte und seine Selbständigkeit dadurch einbüßte.

Eine andere makedonische Stadt, die im Mündungsgebiet des Strymon gelegene attische Kolonie Amphipolis, brachte auf ihren Münzen ein anmutiges lorbeerbekränztes Apollonhaupt als Verkörperung des Ideals olympischer Vollkommenheit und Abgeklärtheit. Der Revers dieser Tetradrachmen trägt die Darstellung einer brennenden Fackel, wahrscheinlich eine Anspielung auf die *lampadephoria*, Wettläufe mit Fackeln, die in Amphipolis zu Ehren der Artemis abgehalten wurden.

Das an der Ägäisküste weit östlich gelegene Ainos war ein wichtiger Umschlagplatz für den Handel mit dem thrakischen Hinterland. Zum göttlichen Mentor dieser Stadt erwählte man Hermes, einen Bruder Apollons. Ihm waren als Beschützer der Herden Ziegenbock und Widder heilig, und so zeigen die seit der Mitte des 5. Jahrhunderts v. Chr. in Ainos ausgegebenen Tetradrachmen auf einer Seite den Kopf des Gottes mit eng anliegender Mütze und auf der anderen einen Ziegenbock.

Die Münzen von Pantikapaion, einer griechischen Kolonie auf der Halbinsel Krim, machen deutlich, wie weit der Einfluß griechischer Kultur und Kunst reichte und wie stark er war. Die an Gold reiche Stadt schlug im 4. Jahrhundert v. Chr. Goldstatere mit Geprägen in bestem spätklassisch-griechischem Stil, einem bärtigen Kopf und einem Satyr. Interessant an diesen Münzen ist das Reversbild, ein gehörntes und geflügeltes Ungeheuer mit einem Speer im Maul und einer Gerstengarbe zu Füßen. Diese Attribute bedeuteten, daß das Untier ebenso wachsam die Goldbergwerke im Hinterland von Pantikapaion verteidigte wie den blühenden Getreidehandel der Stadt beschützte.

Wenn wir von Nordgriechenland in die fruchtbaren, fast völlig von hohen Gebirgsketten eingeschlossenen thessalischen Ebenen hinabsteigen, kommen wir zu den fetten

Weiden, auf denen einst die berühmten thessalischen Pferde und Stiere weideten. Wie die Sage berichtet, wurde dieses Gebiet von Poseidon erschaffen, und so standen ihm auch alle Ehren einer Schutzgottheit zu. Ihm geweiht waren die *Taureia*, religiöse Feste, bei denen die Jugend Thessaliens darin wetteiferte, möglichst gewandt Stiere bei den Hörnern zu packen. Wie diese Wettkämpfe vor sich gingen, ist auf den Münzen von Larisa, einer führenden Stadt Thessaliens, meisterhaft veranschaulicht. Viele Münzen von ausgesuchter Schönheit schmückt ein lieblicher, fast frontal dargestellter Kopf der Quellnymphe Larisa, der die Stadt ihren Namen verdankt.

Die Darstellungen von Schutzgottheiten waren auf den Münzen der griechischen Städte bis zum ausgehenden 5. Jahrhundert recht steif und statisch. Aber dann begnügte man sich nicht mehr damit, sie in statuenhafter Erstarrung zu zeigen, sondern versuchte, ihnen dadurch Leben einzuhauchen, daß man Episoden aus den ihrem Wirken und ihren Taten gewidmeten Mythen veranschaulichte.

In Theben genoß Herakles besondere Verehrung. Nach der Schlacht bei Koroneia (447 v. Chr.) gab man eine Serie von Stateren aus, auf denen die wichtigsten Ereignisse aus dem Leben des Herakles dargestellt sind; so sehen wir ihn als Kind, wie er die Schlangen erwürgt, oder als Jüngling, wie er den Bogen spannt.

Auf dem geweihten Boden von Olympia stand die Statue des Göttervaters und -königs Zeus, ein Werk des großen Athener Bildhauers Pheidias, aus Gold und Elfenbein geschaffen und fast zwanzig Meter hoch. Dieses Kolossalbild galt in der Antike als eins der sieben Weltwunder. Zeus zu Ehren wurden in Olympia im Abstand von vier Jahren jeweils im Juli Spiele abgehalten. Olympia liegt in Elis, und in dieser Landschaft wurde vor allem das höchste Götterpaar verehrt, Zeus und Hera. Das spiegelt sich auf den Münzen: Wir sehen darauf häufig die imposante Gestalt des Göttervaters mit dem ihm heiligen Vogel, dem Adler, oder seinem Attribut, dem Blitz.

Fast ganz Griechenland huldigte dem Kult der Schönheit, und so war jede Stadt darauf bedacht, noch schöner zu sein als alle anderen und noch prächtigere Münzen auszugeben. Die lieblichen Heraköpfe auf Münzen aus Argos, der Kampf des Herakles mit den blutdürstigen stymphalischen Vögeln auf Münzen aus Arkadien, das aus Löwe, Ziege und Drachen gebildete Sagenungeheuer Chimaira auf Stateren aus Sikyon sind nur einige wenige Beispiele für den faszinierenden Bilderreichtum auf den Münzen, die von den auf dem Peloponnes ansässigen Griechen ausgegeben wurden. Die arkadische Stadt Pheneos schlug Münzen, die die enge Verbindung zwischen Münzkunst und Bildhauerei gut veranschaulichen: Auf den um 360 v. Chr. ausgegebenen Stateren sehen wir einen Hermes mit dem Knaben Arkas auf dem Arm, der von der gleichen formvollendeten Anmut ist wie die Statuen eines Praxiteles.

Die Kreter, die so viel zur griechischen Kultur beigetragen hatten, waren darauf bedacht, ihre an Mythen und Überlieferungen reiche Vergangenheit auf ihren Münzen zur Darstellung zu bringen. Eine der bedeutsamsten Städte, die Münzen ausgaben, war Knossos, die Heimat des legendären Minotauros. Man zeigte also auf den dortigen Münzen den stierköpfigen Minotauros und Daidolos, oft auch noch das Labyrinth, das durch quadratische, runde oder kreuzförmige Muster angedeutet ist. Ebenso interessant sind die Gepräge von Gortyna mit dem verliebten Zeus, der die schöne Königstochter Europa nach Kreta entführt, und die Münzbilder des ebenfalls auf Kreta gelegenen Phaistos mit dem mit der neunköpfigen Hydra kämpfenden Herakles.

Ehe Griechenland von Rom unterworfen und dem Römerreich als Provinz einverleibt wurde, erreichte es unter makedonischer Führung während der hellenistischen Zeit eine Macht und Pracht, die alles bisher Dagewesene übertrafen: Die Heere Alexanders des Großen trugen eine einheitliche griechische Kultur weit über die Grenzen des griechischen Kolonialreichs hinaus bis tief nach Asien hinein. Später erlebte das griechische Münzwesen eine letzte Blüte in Athen: Sie dauerte vom frühen 2. bis in die Mitte des 1. Jahrhunderts v. Chr. Vorlage für das Münzbild war die von Pheidias aus Gold und Elfenbein geschaffene Kolossalstatue der Athena Parthenos; der Revers zeigt eine Eule auf einer liegenden Preisamphora des Panathenäenfestes.

Griechische Münzen aus Asien und Afrika

Asien, die Wiege des Münzwesens, brachte eine Fülle von schönen und hochinteressanten Münzen hervor. Die Blütezeit dauerte vom frühen 6. Jahrhundert v. Chr. bis zur hellenistischen Zeit unter den Diadochen drei- oder vierhundert Jahre später, doch wurden auch noch unter römischer Herrschaft sehr eindrucksvolle Bronzemünzen ausgegeben. Kyzikos, eine bedeutende Stadt am Südrand des Marmarameers (in der heutigen Türkei), kontrollierte den gesamten Handel zwischen dem Schwarzen und dem Ägäischen Meer. Um den Handel zu fördern, gab man dort bereits seit dem frühen 6. Jahrhundert v. Chr. in großen Mengen Elektronmünzen aus, die etwa 45 Prozent Gold enthielten: rund 16 g schwere Statere und Sechstelstatere, sogenannte Hekten. Diese in einem Zeitraum von fast zweihundert Jahren in Umlauf gebrachten Münzen machten neben den persischen Golddareiken bis zur Zeit Alexanders des Großen praktisch die Masse der in der antiken Welt kursierenden Goldmünzen aus.

Für jeden Münzhistoriker und Sammler sind diese »Handelsmünzen« der Antike wahre Leckerbissen, weil sie so ungemein vielfältig sind: Wir kennen über 200 verschiedene Münzbilder. Neben herrlich wiedergegebenen Tieren wie Löwen und Bären finden wir auch einen winzigen Thunfisch, das Wappentier von Kyzikos, aber auch Götter und Göttinnen wie Athena und Herakles, Gestalten aus der Mythologie wie Skylla, Kerberos und geflügelte Ungeheuer, vor allem jedoch bezaubernde Zusammenstellungen wie einen aus einem Becher trinkenden Satyr, den einen Widder tötenden Odysseus, die auf dem Stier reitende Europa und viele andere mehr.

Ferner stammen aus Kyzikos und anderen kleinasiatischen Städten einige bemerkenswerte Porträtmünzen, die zu den ersten gehören, auf denen Köpfe individueller ausgeformt sind. Dargestellt sind darauf Satrapen (Statthalter) des Perserreiches.

Längs der gesamten Westküste Kleinasiens erstreckte sich eine dichte Kette von griechischen Städtegründungen, prächtige, berühmte Zentren griechischer Kultur, die allesamt wunderschöne Münzen ausgaben. Namen wie Klazomenai, Myrina, Magnesia und Mytilene, um nur einige wenige zu nennen, sind mit außerordentlich schönen und hochinteressanten Münzen verknüpft.

In Ephesos stand eines der Sieben Weltwunder, der Tempel der Artemis, der Göttin der Jagd. Die vorwiegend in Silber, teils auch in Elektron geschlagenen Münzen der Stadt zählen zu den ältesten überhaupt. Kennzeichnende Bilder waren der Hirsch oder die Biene, beides heilige Tiere der Artemis. Auch Milet, eines der bedeutsamsten Handelszentren in Kleinasien, von dem aus viele neue Kolonien gegründet wurden, konnte sich rühmen, zu den ersten Städten zu zählen, die die revolutionäre Neuerung, das Münzgeld, eingeführt hatten. Ganz in der Nähe von Milet lag Didyma, eine Kultstätte Apollons mit einem berühmten Orakel. Dementsprechend trugen spätere Emissionen als Kennzeichen das Bild eines Löwen, des dem Apollon heiligen Tieres.

Die durch einen schmalen Meeresarm vom kleinasiatischen Festland getrennte Insel Chios war nicht nur angeblich der Geburtsort Homers, sondern spielte auch im Kulturleben eine führende Rolle. Auf dort geprägten Münzen sehen wir einen Weinkrug vor einer Sphinx, dem grausamen Ungeheuer mit dem Leib eines geflügelten Löwen und einem Frauenkopf. Historisch hochinteressant ist auch die weiter südlich gelegene Insel Samos. Ihr berühmter Heratempel war eines der bekanntesten Bauwerke der Antike. Samische Münzen mit einem Löwenskalp als Emblem wurden schon im frühen 6. Jahrhundert v. Chr. ausgegeben; das Bild wurde beibehalten, bis die Insel 494 v. Chr. in die Hände der Perser fiel.

Jenseits des Vorgebirges von Knidos, auf dem eine Fülle von Silbermünzen, vornehmlich Drachmen mit anmutigen Aphroditeköpfen, geschlagen wurden, liegt Rhodos, eine liebliche, sehr fruchtbare Insel. In der gleichnamigen Stadt münzte man Silber aus. Für das Aversgepräge schufen die Stempelschneider ein wunderschönes, von Strahlen umgebenes, frontal dargestelltes Haupt des Schutzgottes der Stadt, des Sonnengottes Helios; auf den Revers setzte man die Rose, nach der die Insel benannt ist. Mit fast unverändertem Gepräge begleitete diese Münze die Stadt bei ihrem Aufstieg zu einer Großmacht der Seefahrt und des Handels.

Auf dem kleinasiatischen Festland gegenüber von Rhodos lag die Provinz Karien, die im 4. vorchristlichen Jahrhundert im Namen des Perserkönigs von Satrapen verwaltet wurde. Am bekanntesten unter diesen wurde Maussollos (auch Mausolos, 377–353 v. Chr.) durch sein herrliches Grabmal in der Hauptstadt Halikarnassos, das Mausoleion, das den Sieben Weltwundern der Antike zugerechnet wurde. Seine Münzen tragen neben einem Zeuskopf den Namen des Herrschers, während die andere Seite ein Apollonkopf schmückt.

Im südlichsten Teil Kleinasiens lag, an Karien unmittelbar anschließend, die Provinz Lykien, die den Historikern in mancher Hinsicht Rätsel aufgibt. So sind die dort geschlagenen Münzen zweifellos griechischer Art, aber zu vielen der persischen Namen der dort herrschenden Satrapengeschlechter, etwa Kubernis, Tlos oder Mithrapata, bestehen keinerlei Entsprechungen. Silberstatere und dessen Untereinheiten zeigen eine große, interessante Vielfalt an Münzbildern, beispielsweise geflügelte Eber und verschiedene Ungeheuer.

Zwei an der Südküste Kleinasiens gelegene Städte, Aspendos und Side, gaben Münzen aus, die jeden Sportfreund begeistern können. Auf den Silberstateren sehen wir auf der einen Seite einen Schleuderer und auf der anderen zwei Ringer, die je nach den Emissionen in unterschiedlichen Haltungen und Stellungen dargestellt sind.

Je weiter wir uns längs der kilikischen Küste auf Phönikien zu bewegen, desto schwächer wird der griechische Einfluß. Häufig verschmolzen hier griechische und persische Elemente zu neuen, interessanten Münztypen, bei denen die

Inschriften öfter in Aramäisch als in Griechisch gehalten sind. Ikonographisch reizvoll sind Münzen, auf denen in typisch griechischer Darstellungsweise griechische und orientalische Gottheiten miteinander kombiniert sind, etwa Ares oder Herakles mit Baal oder Ahura Mazda, dem Schutzgott der Perserkönige. Der thronende Baal wurde später durch den sitzenden Zeus abgelöst, den Alexander der Große auf seiner Tetradrachme als Münzbild einführte. Der ganze Pomp des orientalischen Herrscherkults spiegelt sich auf den phönikischen Münzen, besonders auf den Emissionen der durch ihren Reichtum und ihre Pracht berühmten wichtigsten Städte, Sidon und Tyros. Den Glanz des orientalischen Königtums stellte Sidon, die Hauptstadt Phönikiens, auf schweren, großen Silbermünzen heraus. Der König thront auf einem Wagen, gefolgt von einem Bediensteten, der manchmal durch seine Kleidung als Ägypter ausgewiesen ist. Auf der anderen Seite symbolisiert eine schwimmende Galeere, manchmal mit den Mauern der Stadtbefestigung im Hintergrund, die Vormachtstellung Sidons in Seefahrt und Handel.
Tyros war in der antiken Welt durch seine Seidenstoffe und den bei Griechen und Römern gleichermaßen begehrten, sehr teuren »tyrischen Purpur« berühmt. Seine Münzen zeigen eine Eule mit den ägyptischen Königsinsignien und den auf einem geflügelten Seepferdchen über die von Phönikien beherrschten Meere reitenden Stadtgott Melkart.
Zentren griechischer Kultur gab es auch an der nordafrikanischen Küste. Unter ihnen war das am Rand der libyschen Hochebene gelegen Kyrene durch seinen Silphion-Handel bekannt. Diese längst ausgerottete Pflanze wurde einst als Medikament und Parfüm (man gewann den Duftstoff aus den Blüten) viel verwendet. Deshalb zeigte man auf den Münzen von Kyrene den fleischigen Stiel und die Blätter der Pflanze als Wahrzeichen der Stadt; auf der Rückseite trugen sie das Haut des Zeus Ammon, einen würdigen, bärtigen Zeuskopf mit Widderhörnern an der Stirn. Im Kult dieser Gottheit vermischte sich die griechische Zeusmythologie mit lokalen Reminiszenzen an den alten Ägyptergott Ammon, den »Gott der Götter«, der von den Stämmen in der libyschen Wüste verehrt wurde. Der Zeus Ammon geweihte Oasentempel wurde wegen seines Orakels auch bei den Griechen bald berühmt. 332 v. Chr. wurde Alexander der Große von diesem Orakel als »Sohn Ammons« begrüßt. So tragen die Emissionen der Diadochen die idealisierten Gesichtszüge des toten Herrschers mit dem Horn Ammons als Kennzeichen.
Dies ist ein Beispiel dafür, wie Münzen uns helfen können, die Wanderungen bestimmter Kulte, ihre Wandlungen und ihre politische Bedeutung zu erkennen oder unser aus anderen Quellen gewonnenes Wissen zu bestätigen. Mit ihrer Hilfe können wir auch den allgegenwärtigen, allmächtigen Einfluß des Religiösen im Leben der alten Griechen besser verstehen. Für sie waren die Götter nicht nur tote Symbole, sondern ein wichtiger, integraler Bestandteil ihres Alltagslebens.

Alexander der Große und der Hellenismus

Um die Mitte des 4. Jahrhunderts v. Chr. bahnten sich in der griechischen Welt tiefgreifende Veränderungen an. Die große Zeit der *polis*, des stolzen, unabhängigen Stadtstaates, war endgültig vorbei. Im Gefolge von Alexanders Eroberungszügen entstanden neue, mächtige Reiche, in denen die meisten der Stadtstaaten aufgingen. Viele dieser Städte hatten bereits seit langem ein eigenes, gut funktionierendes Münzwesen, das von den neuen Herrschern übernommen wurde, aber die Emissionen trugen fortan weder die Namen noch die Embleme einzelner Städte, sondern waren Bestandteil eines einheitlichen, überall eingeführten Münzsystems. Nur noch gelegentlich wurden die Münzorte durch ein Beizeichen im Gepräge gekennzeichnet.
Man bezeichnet die griechischen Münzen seit dem 4. Jahrhundert generell als hellenistische Münzen. Sie weisen eine reiche Vielfalt von Bildern auf, und viele gehören zum besten, das die griechische Münzkunst hervorgebracht hat. Aber nunmehr änderte sich der Tenor: Die farbige Welt des Olymps, die sich bis dahin auf den griechischen Münzen gespiegelt hatte, trat in den Hintergrund. Zwar existierten die Götter für die Griechen auch weiterhin, aber in Erscheinung traten sie nur noch als Beschützer des Herrschers: Der Herrscher nahm fortan den Ehrenplatz auf dem Avers ein, während die Götterbilder auf den Revers verbannt wurden. Das Porträt, bis dahin nur durch einige wenige Gepräge orientalischer Potentaten bekannt, wurde jetzt zum Hauptelement – die ganze Schönheit und Eigenart der griechischen Münzen ab dem 4. Jahrhundert v. Chr. beruht auf der meisterlichen Porträtkunst, die sich auf ihnen entfaltete. Eine an außergewöhnlichen Persönlichkeiten reiche Zeit spiegelt sich in einer Reihe von prächtigen, hochinteressanten Münzen.
Eingeleitet wurde die Serie der hellenistischen Münzen durch den Makedonerkönig Philipp II. (359–336 v. Chr.), der die Grundlagen für das spätere, weltumfassende Münzwesen seines Sohnes Alexander schuf. Gestützt auf die unerschöpflichen Gold- und Silberreserven seines Reiches,

gab Philipp die größten Goldmünzen aus, die außerhalb des Perserreiches je in Umlauf kamen. Stolz auf den großen Sieg, den er bei den Wagenrennen der Olympischen Spiele des Jahres 357 v. Chr. errungen hatte, ließ er auf seinen Goldstateren ein Renngespann darstellen. Diese als »Philippoi« bezeichneten Münzen erfreuten sich in der ganzen griechischen Welt bald großer Beliebtheit. Neben einer Goldmünzenserie aus Stater und Stückelungen führte Philipp auch neue Silbermünzen in verschiedenen Nominalen ein. Die Tetradrachme zeigt auf dem Avers das majestätische Haupt des olympischen Zeus und auf dem Revers einen Reiter, wahrscheinlich den König selbst, mit der traditionellen *kausia,* dem breitkrempigen makedonischen Hut. Auf einer anderen Tetradrachme wurde das Reversbild durch die Darstellung eines reitenden Jockeys ersetzt, ebenfalls eine Anspielung auf den olympischen Sieg von 357 v. Chr. Die schönen Tetradrachmen fanden weite Verbreitung und regten später die im Donaugebiet ansässigen Ostkelten zu Nachprägungen mit zwar plumpen, aber recht amüsanten Bildern an.

Als Philipp 336 v. Chr. ermordet wurde, fiel das makedonische Reich an seinen zwanzigjährigen Sohn Alexander. Mit außergewöhnlicher Umsicht entwarf der junge Herrscher einen großartigen Plan zur Ausweitung griechischer Macht und Kultur. Nachdem er sich der Unterstützung der griechischen Stadtstaaten versichert hatte, zog er aus, um den Erbfeind der Griechen, das Perserreich, in die Knie zu zwingen. Durch eine Reihe von großartigen Siegen zerschlug er die Armeen des »Königs der Könige«, des Perserkönigs Dareios III. Danach stieß er, ohne auf Widerstand zu treffen, tief nach Asien hinein bis an die Ufer des Hyphasis, eines Nebenflusses des Indus. In der prächtigen Stadt Babylon schlug er seine Residenz auf, um Pläne für die Konsolidierung seines Riesenreiches auszuarbeiten, dessen Hauptstadt Babylon sein sollte. Aber schon mit 32 Jahren fand er den Tod.

Bereits Philipp hatte Münzen in riesigen Mengen ausgegeben. Alexander steigerte die Emissionen noch, um seine geplanten Feldzüge finanzieren zu können. Neue Goldstatere trugen den Kopf Athenas, der Göttin der Weisheit und des Krieges, die Alexander sich als Schutzgottheit auserkoren hatte, sowie die Siegesgöttin Nike. Parallel dazu wurden Silbermünzen ausgegeben, hauptsächlich Tetradrachmen mit dem Kopf des mythischen Ahnherrn des makedonischen Herrscherhauses, des in ein Löwenfell gekleideten jugendlichen Herakles, und auf der anderen Seite mit der Darstellung des von Pheidias geschaffenen thronenden olympischen Zeus. Bis zum Ausbruch des Krieges wurde nur in Makedonien selbst ausgemünzt, vor allem in Pella und Amphipolis, später aber auch in Münzstätten, die in den neu eroberten Gebieten eingerichtet wurden: in Sardes, Milet, Tarsos, Alexandria, Bamaskos, Babylon und vielen anderen Städten. Alexanders Ziel war es, aus den eroberten Gebieten ein einziges Großreich zu schaffen. Dementsprechend wurde überall ein einheitliches Münzwesen eingeführt. So entstand erstmals eine echte Weltwährung, die, auf dem Bimetallismus fußend, mit einem festen Umrechnungsverhältnis zwischen Gold und Silber und Stückelungen in beiden Metallen auch den kompliziertesten Erfordernissen des Handels- und Wirtschaftslebens gerecht werden konnte.

Alexanders Münzen wurden noch lange nach seinem Tod in vielen Teilen der griechischen Welt geschlagen. Einige der späteren Serien aus dem 2. und sogar noch aus dem 1. vorchristlichen Jahrhundert unterscheiden sich von seinen Emissionen lediglich durch den größeren Modul und die größeren Münzbilder.

Die Münzen der Diadochen

Während man dem toten jungen Herrscher göttliche Ehren erwies und seinen Leichnam in einer prächtigen Prozession in die Heimat überführte, brach unter Alexanders Generalen, die seine Nachfolge antraten, den sogenannten Diadochen, ein gigantischer Kampf um die Macht aus. Ereignisse von einer epischen Größe, die der Welt der Antike würdig war, folgten in raschem Wechsel aufeinander. Manchen dieser außergewöhnlichen Charaktere schenkte das Schicksal trügerische Siege, um sie in einen desto tieferen Abgrund der Verzweiflung und des Todes zu stürzen.

Alexanders Nachfolger waren tapfere makedonische Krieger, die ihn auf seinem Marsch durch Asien begleitet und sich auf den Schlachtfeldern ausgezeichnet hatten: Lysimachos, Seleukos, Antigonos, Ptolemaios. Lysimachos erhielt Thrakien, eine ständig von aufsässigen Nachbarn bedrohte nordgriechische Provinz. Zunächst mußte er viele Schlachten schlagen, um sich in dem ihm zugefallenen Reichsteil durchsetzen zu können; dann verbündete er sich mit Seleukos, um den ehrgeizigen Expansionsbestrebungen ihres Kampfgefährten Antigonos Einhalt zu gebieten. Aus all diesen Kämpfen ging Lysimachos als Sieger hervor.

Eine Zeitlang behielt er auf seinen Tetradrachmen die alten Gepräge Alexanders bei und ließ ihnen lediglich seinen Namen hinzufügen. Danach gab er in großen Mengen neue Gold- und Silbermünzen aus, die auf dem Avers die idealisierten Gesichtszüge Alexanders mit Königsdiadem und dem Widderhorn des Zeus Ammon trugen. Geprägt wurden die Münzen an verschiedenen Orten; sie fanden in seinem ganzen griechischen und kleinasiatischen Herrschaftsbereich weite Verbreitung. Mengen und Qualität seiner Emissionen zeigen, wie mächtig und reich Lysimachos war, aber nicht nur Macht und Reichtum, sondern auch sein Leben verlor er unversehens, als er 281 v. Chr. mit seinem alten Waffengefährten Seleukos auf dem Schlachtfeld die Waffen kreuzte.

Seleukos war der östliche Teil von Alexanders Reich mit der Hauptstadt Babylon zugefallen. In vielen Schlachten festigte er die Herrschaft über sein Riesenreich, das sich von Kleinasien bis nach Indien erstreckte. Besonders stolz war er auf die in dieses Land unternommenen Feldzüge, von denen er 500 Elefanten mitbrachte: Er verewigte die Erinnerung daran auf seinen Gold- und Silbermünzen durch die Darstellung eines von Elefanten gezogenen Wagens. Nach dem Sieg über Lysimachos beschloß der gealterte Recke, seiner alten Heimat noch einmal einen Besuch abzustatten, aber kaum hatte Seleukos griechischen Boden betreten, als er dem Dolch eines Mörders zum Opfer fiel.

Ein weiterer Teil des Alexanderreiches war an Antigonos gefallen. Dieser hatte früh schon seinen Ehrgeiz, das Reich in seiner alten Größe wiederherzustellen und die Teilreiche zu einen, mit dem Leben bezahlt; seine Träume und sein Leben endeten in der Schlacht von Issos (301 v. Chr.). Aber sein Sohn Demetrios mit dem Beinamen Poliorketes (»Städtebelagerer«) führte den Kampf fort. Höhepunkte in seinem Leben waren sein Sieg in der Seeschlacht von Salamis bei Zypern über Ptolemaios von Ägypten (306 v. Chr.), seine Erbeutung des »Alexanderschatzes« durch einen kühnen Handstreich, mit der er die Bergfestung in Kilikien, wo riesige Gold- und Silbermengen versteckt waren, in seinen Besitz brachte, seine Schlachten gegen seine Rivalen Lysimachos und Seleukos, die mit vernichtenden Niederlagen endeten, und schließlich sein schmähliches Ende als Gefangener des Seleukos. So farbig wie sein Leben waren auch seine Münzen. Den Sieg bei Salamis feierte er auf einer silbernen Tetradrachme: Auf dem Bug eines Schiffes verkündet Nike den Sieg, während Poseidon als Schutzgott des Königs seinen Dreizack schleudert. Diese Nike wurde nach der späteren Kopie eines Standbildes, das der berühmte Bildhauer Eutychides zu Ehren des Sieges des Demetrios geschaffen hatte, Nike von Samothrake genannt. Außerdem gab der König eine weitere Serie von Tetradrachmen aus, denen er als erster westlicher Herrscher sein eigenes Bildnis aufprägen ließ; auf dem Revers erscheint wiederum Poseidon, sein göttlicher Beschützer.

Einer der erfolgreichsten Generale Alexanders, seit Kindesbeinen sein Spielgefährte und Freund, war Ptolemaios, der nach Alexanders Tod in Ägypten ein mächtiges, stabiles Reich errichtete. Er betrachtete sich als einzigen rechtmäßigen Nachfolger Alexanders, und das tat er auch auf seinen Münzen kund. Er führte eine Serie von großen Gold-, Silber- und sogar Bronzemünzen ein, auf denen er sich als autokratischer Herrscher feiern ließ: Als erster unter Alexanders Nachfolgern wagte er es, zunächst seinen Münzen seinen Namen aufprägen zu lassen und später den Kopf des vergöttlichten Alexanders durch sein eigenes Bildnis zu ersetzen: Seine ab 305 v. Chr. ausgegebene neue, leichtere Tetradrachme trägt auf dem Avers sein Bildnis mit Königsdiadem und auf dem Revers einen majestätischen Adler mit einem Blitz in den Fängen. Auch seine Nachfolger behielten das Gepräge bei; es blieb fast 300 Jahre lang unverändert, bis Kleopatra VII. 30 v. Chr. ihr Leben endete und Ägypten zur römischen Provinz wurde.

Münzen der hellenistischen Reiche

Aus dem gigantischen Ringen zwischen Alexanders Nachfolgern gingen einige wenige stabile, mächtige Dynastien hervor, die fortan über einen Großteil der hellenistischen Welt herrschten. Das riesige Seleukidenreich in Syrien umfaßte eine Reihe von Provinzen, die von Kleinasien bis zum fernen Indien reichten. In Ägypten herrschten die Ptolemäer. Im eigentlichen Griechenland waren die Antigoniden an der Macht, eine makedonische Dynastie, die freilich Mühe hatte, sich zu halten, und außerdem entstanden in Asien und Afrika neue Reiche.

263 v. Chr. schufen die Attaliden in Kleinasien ein Königreich mit der Hauptstadt Pergamon. Daran grenzte im Norden das 297 v. Chr. um den blühenden Hafen Astakos (später Nikomedeia) entstandene Königreich Bithynien. Am Südrand des Schwarzen Meeres wurde um 280 v. Chr. das Königreich Pontos gegründet. Im Osten des Seleukidenreiches spalteten sich zwei mächtige Königreiche ab: das Reich der Parther im heutigen Nordostiran und östlich davon das Baktrische Reich. Unter griechischem Einfluß standen auch verschiedene Reiche in Indien. Die an der Nordwestküste Afrikas gelegenen Reiche Numidien und Mauretanien schlossen sich mehr und mehr Rom an.

Alle diese Reiche hinterließen eine Fülle von hochinteressanten Münzen, die, obzwar in Charakter und Sprache noch griechisch, sich von den Emissionen der klassischen Zeit deutlich unterscheiden. Das dynastische Element, das

Herrscherbildnis, spielte fortan eine weit größere Rolle als die Frömmigkeit früherer Tage. Die syrischen Münzen zeichnen sich durch eine eindrucksvolle Folge von sehr schönen, ausdrucksstarken Porträts der Seleukidenkönige aus, besonders die prächtigen silbernen Tetradrachmen, die ausgegeben wurden, kurz bevor das Reich zur römischen Provinz wurde (64 v. Chr.). Herausragend sind die Bildnisse des Antiochos III., der Rom herauszufordern wagte und daraufhin seine kleinasiatischen Gebiete verlor, oder des schönen Antiochos IV., der mit seinem Versuch, die Juden zu hellenisieren, den Makkabäeraufstand auslöste.

Im ägyptischen Ptolemäerreich mit seiner zwar dünnen, aber mächtigen griechischen Oberschicht behielten die Münzen ihren griechischen Charakter bei; die von Ptolemaios I. (323–285 v. Chr.) eingeführten Münzbilder wurden von seinen Nachfolgern größtenteils übernommen. Bemerkenswert an den ptolemäischen Münzen ist, daß man darauf auch berühmte Königinnen abbildete, so beispielsweise Arsinoë II. (316–271 v. Chr.), die reizende, aber eigenwillige Gemahlin und Schwester Ptolemaios' II., oder die liebliche Berenike II. († 216 v. Chr.), die Gemahlin Ptolemaios' III. Die Porträts dieser Königinnen schmücken große, herrliche Goldmünzen im Wert von vier, acht und zehn Drachmen. Die lange Abfolge ägyptischer Münzen mit Herrscherbildnissen endet mit Bronzemünzen, auf denen die letzte Herrscherin aus dem Haus der Ptolemäer zu sehen ist, die berühmte Königin Kleopatra VII.

Eine wechselvolle Geschichte erlebte die Makedonendynastie nach dem Tod des Demetrios Poliorketes im Jahr 279 v. Chr. bis zum 22. Juni 168 v. Chr., an dem Rom auf dem Schlachtfeld von Pydna der Unabhängigkeit Makedoniens ein Ende setzte. Stolze Könige wie Philipp V. oder Perseus versuchten mutig, aber ohne großen Erfolg, sich dem wachsenden Druck Roms zu widersetzen. Silbermünzen erinnern an sie durch eine Reihe von schönen, geistvollen Porträts.

Ein anderer wackerer Widersacher Roms, der hochinteressante Münzen hinterließ, war Mithridates VI., der Große genannt, der König von Pontos. Cicero nannte ihn den größten Helden seit Alexander dem Großen und den schrecklichsten Feind Roms, und das nicht zu Unrecht, war doch Mithridates zeitlebens darauf bedacht, die Römer herauszufordern und ihnen zu trotzen. Seine Tetradrachmen aus Silber und Statere aus Gold tragen seine von wehendem Haar gekrönten herrisch selbstbewußten Gesichtszüge; den Revers schmückt ein Pegasos an der Tränke oder ein Hirsch in einem Kranz. Interessant sind seine Münzen auch deshalb, weil sie größtenteils ein Datum tragen. Sein tapferer Kampf endete 63 v. Chr. mit einer vernichtenden Niederlage, worauf er Selbstmord beging.

Noch listenreichere und gefährlichere Feinde Roms waren die Könige des Partherreiches. Orodes II. gelang es, 53 v. Chr. ein Römerheer unter Crassus völlig aufzureiben; der Feldherr wurde gefangengenommen und hingerichtet. Die kriegerischen, südöstlich des Kaspischen Meers ansässigen Parther gaben Silbermünzen mit griechischen Inschriften und griechischen Bildern aus; das gewöhnlichste Nominal war die kleine Drachme aus Silber. Die »Könige der Könige«, die das Partherreich regierten, verewigten sich darauf durch eine Abfolge von bärtigen Porträts, doch finden wir auch das Bildnis einer Frau, der schönen Sklavin Musa, die Augustus dem König Phraates IV. als Geschenk übersandte; sie ermordete später ihren Gemahl, um zusammen mit ihrem Sohn herrschen zu können.

Ein anderes Gebiet, das sich um 250 v. Chr. vom syrischen Seleukidenreich trennte und ein unabhängiges Königreich wurde, war das im heutigen Afghanistan gelegene Baktrien. In diesem reichen Land wurden Münzen geschlagen, die das Griechentum der herrschenden Klasse bezeugen; die ausgesucht schönen Bildnisse können sich ohne weiteres mit den besten Münzschöpfungen des eigentlichen Griechenlands messen. Die Namen der Könige, von denen manche nur durch ihre Münzen bekannt sind, klingen durchweg griechisch.

Der griechische Einfluß reichte noch weiter nach Osten bis tief nach Indien hinein. Viele griechisch geschriebene Namen dortiger Herrscher sind ausschließlich durch Münzen überliefert. Diese silbernen und bronzenen Münzen tragen zweisprachige Inschriften in Griechisch und Kharoschti sowie Darstellungen griechischer Gottheiten.

In Syrakus auf Sizilien herrschte in hellenistischer Zeit ein sehr weiser und demokratisch gesinnter König, Hieron II. (270–215 v. Chr.). Seine durch und durch hellenistischen Münzen tragen erstmals in der Münzgeschichte von Syrakus das Bildnis des Herrschers sowie das Porträt seiner Gemahlin Philistis. Stilistisch waren die Silbermünzen an den Emissionen der Ptolemäer in Ägypten orientiert. Unter Hierons Sohn Hieronymos fiel Syrakus nach langer Belagerung und blutigen Kämpfen in die Hände der Römer.

Zwei afrikanische Reiche, Numidien und Mauretanien, die zusammen ein Gebiet einnahmen, das ungefähr den heutigen Staatsgebieten von Marokko und Algerien entspricht, wurden von Königen regiert, die die griechische Münztradition fortführten. Die Könige von Mauretanien standen in engen Beziehungen zu Rom, besonders Juba II. (25 v. Chr.–23 n. Chr.), den Augustus mit Kleopatra Selene vermählte, einer Tochter des Marcus Antonius und der berühmten Kleopatra VII. Er gab eine Serie von kleinen Silbermünzen aus, die außer seinem und seiner Gemahlin Bildnis viele andere interessante Gepräge tragen; die Münzbilder stehen zum Teil mit dem ägyptischen Isiskult in Verbindung. Als das mauretanische Königreich 40 n. Chr. als Provinz dem Römerreich einverleibt wurde, endete auch seine eigenständige Münzgeschichte.

Nacheinander fielen die Bastionen griechischer Kultur den Römern in die Hände, und mit ihrer Unabhängigkeit büßten sie auch ihr eigenes Münzwesen ein. Immerhin waren die Römer politisch so klug, das altehrwürdige Erbe Griechenlands nicht zu vernichten. Deshalb gestanden sie den unterworfenen Gebieten in mancher Hinsicht durchaus eine gewisse Selbständigkeit zu. Beispielsweise gestatteten sie vielen griechischen Städten, unter der Autorität der römischen Kaiser eigene Münzen auszugeben und auf diesen ihre eigene Sprache und ihre eigenen Münzbilder zu verwenden.

So setzen die in den unter römischer Herrschaft stehenden griechischen Gebieten geprägten Münzen das griechische Münzwesen praktisch nahtlos fort und bezeugen, daß griechischer Geist und griechische Kultur auch unter den neuen Herren weiterlebten.

1 Kopf des Gottes Dionysos im archaischen Stil auf einer Drachme aus Naxos (Sizilien), um 510–490 v. Chr.

2 Die Eleganz des archaischen Stils veranschaulicht diese Darstellung des Gottes Apollo, der eine kleine laufende Figur auf seinem Arm trägt. Inkuser Stater von Kaulonia (Süditalien), um 550 v. Chr.

3 Ein von Ochsen gezogener Wagen auf einem Dodekadrachmon der Derrhonen, einem thrakisch-makedonischen Hirtenstamm, um 520–500 v. Chr.

4 Kopf der Quellnymphe Terina in dem beseelten Stil bester griechischer Münzkunst auf einem Silberstater der süditalischen Stadt Terina, um 380 v. Chr.

5 Ein von der Siegesgöttin Nike bekränztes Zweigespann auf einem Tetradrachmon von Syrakus (Sizilien), um 480 v. Chr.

6 Mädchenhaft schön ist der frontal gesehene Kopf des Gottes Apollo. Choirion, der Münzschneider, schuf dieses Meisterwerk, ein Tetradrachmon von Katana in Sizilien, um 410 v. Chr.

7 Das furchterregende Monstrum, die sechsköpfige Skylla, wurde neben die Krabbe, das Wappen der sizilischen Stadt Akragas, gestellt; Tetradrachmon von Akragas, um 420–415 v. Chr.

8 Von kindlicher Anmut ist die Darstellung des jugendlichen Reiters, der sein Pferd bekränzt: Silberstater der Stadt Taras in Süditalien, um 340–330 v. Chr.

9 Das edelgeformte Profil Apollos auf diesem Tetradrachmon von Katana zeugt von der künstlerischen Verfeinerung des Münzstils in Sizilien um 450 v. Chr.

10 Spielend umkreisen Delphine den Kopf der Süßwassernymphe Arethusa von Syrakus, deren Schönheit vom Münzmeister Euainetos in diesem Meisterwerk verewigt wurde; Dekadrachmon, frühes 4. Jahrhundert v. Chr.

11 Ein fähiger Künstler schuf diese zwei Adler, die sich an ihrer Beute, einem Hasen, laben. Dieses breite Dekadrachmon wurde von der Stadt Akragas zu Ehren eines Sieges geprägt, den ein Mitbürger, Exainetos, 412 v. Chr. bei den Olympischen Spielen errang.

12 Skylla, das Seeungeheuer, ziert den Helm der Göttin Athene auf einem Doppelstater der Stadt Thurium (Süditalien), um 375 v. Chr.

13 Der mit einem Löwenfell bedeckte Kopf des Herakles weist die idealisierten Gesichtszüge Alexanders des Großen auf: breites Tetradrachmon, das viele Jahrzehnte nach Alexanders Tod geprägt wurde.

14 Obwohl dieses Tetradrachmon des thrakischen Königs Lysimachos (323–281 v. Chr.) nur das Idealbildnis des vergöttlichten Alexander tragen sollte, scheint der Künstler in der Verinnerlichung der Gesichtszüge ein wahrheitsgetreues Porträt angestrebt zu haben.

15 Nike auf dem Schiffsschnabel kündete von dem großen Seesieg in den Gewässern der Insel Zypern, den der makedonische König Demetrios Poliorketes, der Städtebelagerer, über Ptolemaios I. von Ägypten errang: Tetradrachmon, 300–295 v. Chr.

16 Ein Genrebild auf einem Tetradrachmon von Mende in Thrakien um 425 v. Chr. Ein Esel trägt auf seinem Rücken den alten Dionysos, der entspannt seinen Wein genießt.

17 Efeubekränzter Kopf des Gottes Pan auf einem Goldstater von Pantikapaion, einer Stadt am Schwarzen Meer, um 320–300 v. Chr.

18 Glaukos, ein Seeungeheuer, halb Mann und halb Fisch, das die Bewohner von Itanos auf Kreta ängstigte. Silberstater, um 450 v. Chr.

19 Künstlerisch hervorragend ist das Jugendbildnis der Berenike II. von Kyrene, der Gemahlin Ptolemaios' III.; Goldhalbdrachme, um 258 v. Chr.

20 Die griechische Münzkunst beeinflußte auch das weit entlegene Königreich der Baktrier am Indus: Bildnis des Königs Eukratides (200–150 v. Chr.) auf einem kleinen Silberobol.

21 Die stolzen Züge eines der unerbittlichsten Gegner Roms, Mithridates VI., König des großen pontischen Reiches am Schwarzen Meer, sehen wir auf diesem Tetradrachmon, um 80 v. Chr.

22 Fast männlich herb wirken die Züge der klugen, bezaubernden Kleopatra VII., Königin von Ägypten (51–30 v. Chr.), auf dieser Bronzemünze.

23 Griechische Münzkunst und griechische Sitten sprechen aus dieser Silberdrachme des Partherkönigs Mithridates I. (171–138 v. Chr.). Das Haupt dieses großen Gegners Roms ist von der Königsbinde umschlossen.

24 Dieses Bildnis Demetrios' II. Nikator, des Königs von Syrien, zeugt von der eindrucksvollen Porträtkunst des Hellenismus; Tetradrachmon, in Tarsus während seiner zweiten Regierung (129–125 v. Chr.) geprägt.

Kunst und Geschichte im Spiegel der griechischen Münze

Die römische Münze – Werte und Nominale

1 Ein bärtiger Januskopf schmückt diese schwere, gegossene Kupfermünze, den Libral-As der Aes-grave-Serie, um 240–225 v. Chr.

2–5 Römisch-kampanische Prägungen:

2–3 Silber-Didrachmon, griechisch in Stil und Ausführung: Herkuleskopf auf Didrachmon, um 269–266 v. Chr.; springendes Pferd auf Didrachmon, um 234–231 v. Chr.

4 Der Kopf des Pferdes bezeichnete das Halbstück, die Drachme; um 241–235 v. Chr.

5 Das von Jupiter gelenkte Viergespann, die Quadriga, gab diesem Silber-Didrachmon den Namen Quadrigatus; um 225–212 v. Chr.

6–8 Die ständige Reduktion des Kupfers: Quadrans, eine durch den Kopf des Herkules und drei Wertkugeln gekennzeichnete Kupfermünze um 214–212 v. Chr.; das gleiche Nominal um 187–175 v. Chr.; nochmals verkleinert um 133–125 v. Chr.

9 Früheste römische Goldmünze, ein 60-Assen-Stück, um 211–209 v. Chr. während des zweiten Punischen Krieges geprägt.

10–13 Vorderseiten früher Silbermünzen der Republik:

10 Denarius mit behelmtem Romakopf und der Wertangabe X für 10 Asse.

11 Victoriatus mit Jupiterkopf auf der Vorderseite und Victoria und Trophäe auf der Rückseite.

12 Quinarius oder halber Denarius mit der Wertangabe V für 5 Asse.

13 Silber-Sestertius oder Vierteldenarius mit der Wertangabe IIS für 2½ Asse.

14–17 Die Entwicklung der Rückseitentypen früher Denare:

14 Mit Darstellung der Dioskuren zu Pferd ohne weitere Bezeichnung.

15 Mit kleinem Symbol (Schiffsschnabel auf dieser Münze) als Beizeichen.

16 Mit dem Namen des Münzmeisters in Monogrammform.

17 Mit dem Namen des Münzmeisters in ausgeschriebener Form.

18–19 Die Entwicklung der Vorderseitentypen früher Denare:

18 Mit behelmtem Kopf der Roma, eine der häufigsten Darstellungen auf frühen Prägungen.

19 Der Kopf der Roma wird um 115 v. Chr. durch Bildnisse anderer Gottheiten ersetzt: Denarius mit Apollonkopf, ausgegeben von C. Calpurnius Piso um 67 v. Chr.

20 Serratus, ein Denarius mit gezähnter Randung, die eine Fälschung der Münze (Silberauflage auf Kupferkern) verhindern sollte: Denarius des L. Aurelius Cota, um 101 v. Chr.

21–22 Frühe Goldmünzen der Republik:

21 Aureus, vom Münzmeister A. Hirtius im Namen Cäsars wahrscheinlich für die Besoldung der Truppen 46 v. Chr. geprägt.

22 Aureus mit dem Kopf des Sonnengottes Sol, vom Münzmeister P. Clodius, um 41 v. Chr. geprägt.

23–38 Münzen des Kaiserreiches:

23 Denarius des Kaisers Tiberius (14–37 n. Chr.), der als der in der Bibel erwähnte Zinsgroschen gilt.

24 Denarius des Kaisers Nero (54–68 n.Chr.), der den Silbergehalt und das Gewicht dieser Münze herabsetzen ließ (63–68 n.Chr.).

25 Antoninianus im Werte eines Doppeldenarius, der von Kaiser Caracalla 217 n.Chr. eingeführt wurde und durch die Strahlenkrone des Kaiserporträts gekennzeichnet war.

26 Goldmünzen wurden von den Kaisern in großer Zahl geprägt: Aureus des Kaisers Hadrian, um 134–138 n. Chr. in Rom geschlagen.

27 Goldquinarius oder halber Aureus des Kaisers Augustus, um 19–16 v. Chr. geprägt; dies war ein selten ausgegebenes Nominal.

28–31 Kupfermünzen des Kaiserreiches:

28 Sestertius in Messing im Wert von 4 Assen.

29 Dupondius in Messing im Wert von 2 Assen.

30 As in Kupfer, das in 4 Quadranten gestückelt war.

31 Semis in Messing, einem halben As gleich.

32–38 Nominale des späten Kaiserreiches:

32 Follis, eine mit einer dünnen Silberauflage bedeckte Kupfermünze, die 294 n. Chr. von Kaiser Diokletian eingeführt wurde.

33 Pecunia maiorina, eine kleine, leicht versilberte Kupfermünze des späten Kaiserreiches, die den Follis fortsetzte, mit dem Bildnis des Kaisers Licinius I. (308–324 n. Chr.).

34 Argenteus, von Diokletian eingeführte Silbermünze, mit dem Bildnis des Kaisers Maximianus Herculius (286–305, 306–308 n. Chr.).

35 Siliqua, eine Silbermünze im Wert von 1/24 Goldsolidus, die von Konstantin dem Großen eingeführt wurde, mit dem Bildnis Konstantins des Großen.

36 Halber Argenteus des Kaisers Konstantin, ein seltenes Nominal.

37 Tremissis des Kaisers Theodosius I. (379–395 n. Chr.) im Wert von 1/3 Solidus.

38 Solidus, die Hauptgoldeinheit des späten Reiches, mit dem Bildnis des Kaisers Theodosius II. (408–450 n. Chr.).

Die römische Republik

Es dauerte lang, bis in Rom Münzgeld eingeführt wurde, obwohl Münzen auf italischem Boden keineswegs unbekannt waren, wurden doch in Süditalien einige der schönsten frühgriechischen Münzen geschlagen.
In römischen Landen spielte Vieh beim Tauschhandel die Hauptrolle. Das zeigt sich schon darin, daß sich das lateinische Wort für »Geld«, *pecunia,* von *pecus,* »Vieh«, herleitet. Der nächste Schritt zur Entwicklung eines praktischeren Zahlungsmittelwesens war die Einführung von Bronzeklumpen, die nach Gewicht eingetauscht wurden; dies war das sogenannte *aes rude* (Rohbronze). Danach ging man dazu über, die Bronze in regelmäßiger geformte Barren zu gießen. Meist waren sie ziegelförmig und trugen auf beiden Seiten verschiedene Tierdarstellungen. Entsprechend bezeichnet man diese Barren als *aes signatum* (markierte Bronze).
Erst dann kamen die Römer darauf, dieses sehr unhandliche Zahlungsmittel durch ein gegossenes Bronzegeld zu ersetzen, das zwar immer noch schwere, aber leichter zu handhabende *aes grave* (schwere Bronze). Die *as* genannten Bronzemünzen wogen je ein Pfund; ein Pfund entsprach zwölf *unciae* (davon leitet sich unser Wort »Unze« her). Das lateinische Wort *pondus* (eigentlich »Gewicht«) hat sich in unserem Wort »Pfund« erhalten, das übrigens im Englischen als *lb.* (vom lateinischen *libra* = Pfund) abgekürzt wird.
Dem As, der erstmals im 3. Jahrhundert v. Chr. in Umlauf gebracht wurde, prägte man einen Januskopf auf. Dieser zweigesichtige Gott galt als Begründer und Verursacher aller Dinge und Geschehnisse und als wohlwollender Schutzgott, der die Römer die Achtung vor Gesetz und Recht lehrte. Der Revers zeigte zur Erinnerung an den entscheidenden Sieg, den die Römer 338 v. Chr. bei Antium über die Latiner errungen hatten, den Bug eines Schiffes. Der As war durch zwei, drei, vier, sechs und zwölf teilbar; die entsprechenden Nominale hießen *semis, triens, quadrans, sextans* und *uncia.* Bei diesem recht wohldurchdachten Münzsystem bedurfte es allerdings einiger Rechenkünste, um Teilsummen in Münzen auszudrücken. Die Stückelungen waren nicht nur durch das Gepräge, sondern auch durch Punkte unterschieden, wobei ein Punkt einer *uncia* entsprach. Die Münzbilder der Untereinheiten zeigten in absteigender Reihenfolge die römischen Gottheiten Jupiter, Minerva, Herkules, Merkur und die Kriegsgöttin Bellona. Im Laufe der Zeit wurden die Bronzemünzen mehrmals dadurch verschlechtert, daß man ihr Gewicht reduzierte.
Als Rom in einen Krieg mit der griechischen Kolonie Tarent eintrat, zeigte es sich, daß die unhandlichen Bronzemünzen nicht ausreichten, um die enorm hohen Kriegskosten dekken zu können, waren sie doch für die Bezahlung größerer Summen äußerst unpraktisch. Livius berichtet, daß man zu seiner Zeit lastkarrenweise die Münzen zum Schatzhaus bringen mußte, um die vom Senat angeordnete Besoldung der Truppen durchführen zu können. Also sah man sich in Rom gezwungen, Silbermünzen einzuführen. Dabei richtete man sich ganz und gar nach dem in Süditalien existierenden griechischen Münzwesen.
Als Rom seinem gefährlichsten Feind, Karthago, die Stirn bieten mußte, beschloß man, den Vorrat an Silbermünzen durch die Ausgabe einer neuen Münze zu ergänzen, einer Didrachme bzw. eines Nummus, der als Quadrigatus bezeichnet wurde. Der Name leitet sich vom Reversbild her: Wir sehen darauf eine von Jupiter gelenkte Quadriga neben der Darstellung einer typisch römischen Gottheit, des jugendlichen janusgesichtigen Haupts des Fontus. Die Quadriga war höchstwahrscheinlich einer auf dem Kapitol aufgestellten Plastik nachgebildet.
Gleichzeitig setzte man die Ausgabe der reichlich komplizierten Bronzeserie mit ihren vielen Nominalen fort. Nach und nach reduzierte man das Gewicht des Asses auf eine Unze, und damit waren die Bronzemünzen zum Kleingeld geworden. Gegen Ende der republikanischen Zeit wurde der As durch den Sesterz *(sestertius)* ersetzt. Schon früher hatte man das Verfahren der Münzherstellung geändert: Die Bronzemünzen aus einer Kupfer-Zinn-Legierung wurden nicht mehr gegossen, sondern geprägt. Durch den raschen Aufstieg Roms zur führenden Macht im Mittelmeerraum erlangte das Münzwesen eine ganz neue Bedeutung. Dementsprechend bemühten sich die Römer nunmehr um den Aufbau eines bimetallischen Währungssystems, das sowohl der großen Geldnachfrage im Mutterland als auch den Anforderungen eines sich ständig ausweitenden Außenhandels gerecht werden konnte.
Während einer kurzen Zeit gab man in Rom sogar Goldmünzen in zwei Nominalen aus, einen »Stater« und einen »halben Stater« im Wert von 12 bzw. 6 Quadrigaten. Doch als Hannibal den Krieg unmittelbar vor die Tore Roms trug und die Auseinandersetzung mit Karthago damit in eine neue, schwierige Phase eintrat, führte man in Rom neue Silbermünzen ein, die dem griechischen Münzwesen gegenüber flexibler waren. Ausgegeben wurde zunächst der etwa 3,40 g schwere silberne *victoriatus,* so benannt nach dem Reversbild, einer Victoria (Siegesgöttin), die eine Trophäe bekränzt. Der danach eingeführte Denar *(denarius)* sollte

bis in die Kaiserzeit hinein zur Hauptstütze des römischen Geldwesens werden. Die 4,5 g schwere Silbermünze hatte einen Wert von 10 Assen, was durch das Zahlzeichen X auf der Münze offiziell angegeben wurde. Man prägte dazu zwei Stückelungen in Silber, den halben Denar oder Quinarius, der durch ein V gekennzeichnet war, und den Vierteldenar oder Sestertius mit der Wertangabe IIS. Der behelmte Kopf einer Göttin, der den Denar schmückt, wird meist als Roma gedeutet, könnte jedoch auch Bellona darstellen, die siegreiche und siegbringende Kriegsgöttin der Ewigen Stadt. Der Revers zeigt die Dioskuren Kastor und Pollux, die »himmlischen Zwillinge«, die in der legendären Frühgeschichte Roms eine bedeutsame Rolle spielten.

Die meisten bis zum Ende der republikanischen Zeit ausgegebenen Münzen wurden in Rom selbst geprägt; nur in Ausnahmefällen wurden außerhalb der Hauptstadt Münzstätten in Betrieb genommen. Erst später ergab sich durch Kriege in fernen Ländern die Notwendigkeit, den Münzbedarf an Ort und Stelle zu decken. Nun wurde in größerem Umfang auch andernorts gemünzt, doch geschah dies stets im Namen Roms, und nur selten prägte man den Münzen einen Hinweis darauf auf, wo die Münzstätten sich befanden.

Von diesen neuen Münzen konnte sich auf Dauer nur der Denar halten. Die Untereinheiten, der Quinarius und der Sestertius, wurden aus praktischen Erwägungen bald wieder aus dem Verkehr gezogen. Eine Zeitlang befriedigten Bronzemünzen den Bedarf an kleineren Nominalen. Erst gegen Ende der Republik, als eine spürbare Bronzeknappheit auftrat, tauchten wieder kleine Silbermünzen auf.

Der Verantwortung bewußt, die ihr Amt ihnen auferlegte, gingen die Münzmeister im Verlauf des 2. Jahrhunderts v. Chr. dazu über, ihre Emissionen namentlich zu kennzeichnen. Zuerst bedienten sie sich irgendeiner Abkürzung, doch dann brachten sie alle drei Namen, Vorname, Familienname und Rufname, auf die Münzen.

Etwa ein halbes Jahrhundert nach der Einführung des Denars änderte man das Münzbild. An die Stelle der Dioskuren traten Wettkampfgespanne, gesteuert von Gottheiten wie Jupiter, Mars und Herkules; zuvor schon hatte man Diana und Victoria in Zweispännern gezeigt. Später benutzte man den Revers des Denars dazu, eine »Geschichte« zu erzählen, vielfältigere Szenen anekdotischen Inhalts darzustellen. Diese Gepräge eröffnen uns eine einzigartige Möglichkeit, mit dem gewaltigen Reichtum römischer Überlieferungen bekannt zu werden, die uns nicht nach griechischer Art durch Symbole und Allegorien, sondern unmittelbar in einer farbigen Bildersprache mitgeteilt werden.

Das römische Pantheon

Wie für die Griechen, so war auch für die Römer die Welt von einer Fülle von Gottheiten bevölkert, die den Menschen entweder freundlich oder feindlich gesonnen waren und deren Gunst sie durch Opfer erwerben mußten. Die Götter hatten ihre Heiligtümer oder Tempel, in denen sie verehrt und in denen ihnen Opfer dargebracht wurden. Viele Gottheiten übernahmen die Römer von den Griechen, doch umfaßte ihr Pantheon auch in bestimmten Gebieten heimische eigene Götter und obendrein zahlreiche »exotische« Gottheiten, die aus fernen Ländern wie Syrien oder Persien stammten.

Die römischen Münzen der republikanischen Zeit kann man als ein regelrechtes Bilderbuch römischer Mythologie von erstaunlicher Anschaulichkeit bezeichnen. Oft sehen wir auf den Münzen Jupiter, das Gegenstück des griechischen Hauptgottes Zeus, wie er mit dem Zepter in der Hand als Sieger eine Quadriga, einen Vierspänner, lenkt. Der Jupiterkult von Anxur (Terracina), einer Stadt in Latium, wo man den Gott in jugendlicher Schönheit in einem besonderen Tempel verehrte, spiegelt sich auf den Emissionen des Münzmeisters C. Vibius Pansa, eines Anhängers Cäsars. Ein dem Jupiter ähnlicher Kopf, aber mit einer gezahnten Sichel *(harpa)* dahinter, stellte auf den Münzen den als Beschützer des Staatsschatzes verehrten Saturn dar: In seinem Tempel wurde der aus Münzen und Münzmetall bestehende Staatsschatz aufbewahrt. Apollon, der Gott der Sonne und des Lebens, der Musik und der Dichtung, war in Rom nicht minder beliebt als in Griechenland. Wir finden sein klassisch schönes, an viele griechische Darstellungen erinnerndes Haupt auf Denaren, die um 68–66 v. Chr. von G. Pomponius Musa geprägt wurden. Derselbe Münzmeister widmete eine Serie den Töchtern Jupiters und Mnemosynes, den Musen des Weins, den Göttinnen des Gesangs, der Dichtkunst und der Kultur, angeführt von einem die Leier schlagenden Herkules. Man nimmt an, daß diese künstlerisch sehr reizvollen Münzbilder auf Statuen zurückgehen. Von der griechischen Stadt Tarent übernahm man das Gepräge mit dem jugendlichen Herkules, der den wilden Nemeischen Löwen erdrosselt; es findet sich auf einem Denar, den C. Poblicius während des Bürgerkriegs zwischen Marius und Sulla schlagen ließ. Oft riefen die kriegerischen Römer den Gott des Krieges, Mars, an; sein jugendlicher behelmter Kopf schmückt zahlreiche Münzen. Vulcanus, ein Sohn Jupiters und Junos, Gott des Feuers und Patron der Schmiede, wurde naturgemäß mit der Münzherstellung in enge Verbindung gebracht. Wir sehen den häßlichen Ge-

mahl der Venus, dem man in Rom schon sehr früh einen Tempel errichtete, auf einer um 101 v. Chr. von L. Aurelius Cota geprägten Münze.
Sehr beliebt bei den Römern war die Gemahlin des Vulcanus, Venus, die Göttin der Liebe und der Schönheit. Als Venus Verticordia (»die die Herzen Wendende«) weihte man ihr in Rom einen Tempel. Mit einem geflügelten Cupidus auf der Schulter sehen wir sie auf einer Münze des Manlius Cordius Rufus (46 v. Chr.). Cäsar und sein Geschlecht, die *Julia gens*, beanspruchten Venus als ihre göttliche Ahnherrin. Bei Pharsalus ließ Cäsar seine Truppen unter der Parole *venus victrix* (»die Siegbringende«) kämpfen. Viele Emissionen Cäsars zeigen sie stehend oder thronend, mit einem Zepter oder einer kleinen Victoria in der Hand.
Diana, die leichtfüßige Zwillingsschwester Apollons, verstand Pfeil und Bogen treffsicher zu handhaben. Als »Diana die Jägerin« begegnet sie uns auf römischen Münzen der republikanischen Zeit mit Bogen und Köcher sowie mit einem Hund, ihrem ständigen Begleiter. Eine der wichtigsten Göttinnen im römischen Pantheon war Vesta, die jungfräuliche Beschützerin des Herdes und des Feuers. Sie wachte über das heilige Feuer, das Äneas aus Troja mitgebracht hatte. Schweres Unheil drohte dem römischen Volk, sollte dieses Feuer je erlöschen. Auf einigen um 58 v. Chr. von Q. Cassius Longinus geprägten Münzen stellt ein anmutiger verschleierter Kopf die beliebte Göttin dar.
Die Laren, zu Göttern erhobene Familiengründer oder Ahnen, wachten als gute Geister über das Wohlergehen des jeweiligen Geschlechts. Gewöhnlich zeigte man sie auf den Münzen als junge Zwillinge, so auf einem Denar des Lucius Caesius aus der Zeit um 103 v. Chr.
In spätrepublikanischer Zeit huldigte man auf Münzen auch Bacchus, dem jugendlichen Gott des Weines, und dem ihm heiligen Tier, dem Panther. Auf einer Münze des Quintus Titius von 88 v. Chr. zeigte man eine mit dem Bacchuskult eng verbundene Lokalgottheit namens Mutinus Titinus; dabei handelte es sich um keinen anderen als um Priapus, den Gott der Zeugungskraft.
Die sich auf den Münzen spiegelnde Welt der Römer war von zahlreichen Gottheiten bevölkert. Einige waren freundlich und sanft wie die Waldnymphen oder die geheimnisumwobenen Sibyllen, andere stellte man sich als scheußliche Ungeheuer vor, die zum Teil sogar Menschenopfer forderten. Man zeigte auf Münzen aber auch zahlreiche örtlich beschränkte Überlieferungen, auf die das eine oder andere Adelsgeschlecht seinen mythischen Ursprung gründete, oder bediente sich anschaulicher, aussagekräftiger Allegorien, um gegenwärtige politische Zustände zu kommentieren. So sehen wir auf Münzen ein Ungeheuer mit einem menschlichen Leib, der in zwei Fischschwänzen endet, Typhon, der von Jupiter getötet wird. Durch diese mythologische Darstellung sollte Cäsars Sieg über Pompeius gefeiert werden; Cäsars Macht wird mit der Macht Jupiters gleichgesetzt, während Pompeius als Feind des Vaterlands durch das Ungeheuer repräsentiert wird. Andere Münzen tragen den wunderschönen Kopf der Sibylle, der Verfasserin der Sibyllinischen Bücher, der die Götter die Gabe verliehen hatten, die Zukunft vorherzusehen. Die berühmten *sortes Praenestinae*, das Orakel von Praeneste (heute Palestrina), wurden auf Münzen verewigt, die Marcus Plaetorius um 68–66 v. Chr. schlagen ließ.

Römische Sagen

Das Geschichtsbewußtsein der Römer erstreckte sich auch auf ihre eigene Familie. Zahlreiche Geschlechter leiteten sich von Göttern oder Heroen her und umwoben ihre Anfänge mit Mythen und Legenden. Dieses Sagengut setzten sie mit einer Kühnheit, die sich bei den Griechen nur selten fand, auf ihre Münzen.

Der Denar als Spiegelbild des Zeitgeschehens

Anders als die Griechen waren die Römer darauf bedacht, ihre Münzen als eines der wichtigsten Mittel zur Beeinflussung der öffentlichen Meinung einzusetzen. Die weitestverbreitete Silbermünze der republikanischen Zeit war der Denar. Ihm fiel schon bald nach seiner Einführung die Aufgabe zu, der Öffentlichkeit über bedeutsame Ereignisse zu berichten. So wurde diese Münze schließlich zu einer regelrechten, in Metall eingeprägten Chronik.
Bei ihren ältesten Emissionen spielten die Römer nur selten auf zeitgenössische Ereignisse an. Da das Amt des Münzmeisters stets am Anfang einer politischen Karriere stand, waren die Münzmeister bemüht, sich für spätere Aufgaben dadurch zu empfehlen, daß sie auf ihren Münzen ihr Geschlecht und die mit der Familiengeschichte verknüpften wichtigsten Ereignisse vorstellten.
Wohl nie und nirgends waren Münzen ein so wirkungsvolles Instrument der Meinungsbildung und -beeinflussung wie im Rom der republikanischen Zeit, aber auch nie waren sie ein so getreuer Spiegel der Geschichte. So fanden die Punischen Kriege zwischen Rom und Karthago auf den Münzen dadurch ihren Niederschlag, daß man die große strate-

gische Neuerung darstellte, die von den Karthagern ins Feld geführt wurde: Hasdrubals Kriegselefanten, die Panzerwagen auf den Schlachtfeldern der Antike. 120 dieser Elefanten fielen den Römern auf Sizilien bei Panormum, dem heutigen Palermo, in die Hände. L. Caecilius Metellus brachte sie nach Rom und führte sie in seinem Triumphzug durch die Hauptstadt. Stolz zeigte ein Mitglied des Caeciliergeschlechts mehr als hundert Jahre später auf zwei von ihm ausgegebenen Münzen diese Elefanten.

In Zusammenhang mit den Punischen Kriegen stand auch die Gründung der *ludi Apollinares,* zu Ehren Apollons abgehaltener öffentlicher Spiele. Der Münzmeister L. Calpurnius Piso Frugi, ein Nachfahr des Beamten, der die Spiele eingerichtet hatte, brachte auf seinen Münzen Darstellungen von Pferderennen, die während der Spiele stattfanden.

Schauplatz vieler Schlachten zwischen Römern und Karthagern war Sizilien. Die mächtigste Stadt der Insel, Syrakus, war mit Rom verbündet, solange König Hieron II. regierte, aber nach seinem Tod ging sein Sohn Hieronymus zu den Karthagern über. Daraufhin wurde 212 v. Chr. Syrakus von den Römern unter dem Konsul M. Claudius Marcellus erobert. Mehr als 150 Jahre später gaben zwei Konsuln, die Anhänger des Pompeius waren, zur Erinnerung an diesen Sieg eine Münze aus (49 v. Chr.).

Der Revers trägt eine *triskelis,* das Wahrzeichen Siziliens: drei Beine, die strahlenförmig angeordnet sind und in der Mitte zusammenstoßen; das Zentrum nimmt ein Medusahaupt ein. Auf dem Revers finden wir eine Wiedergabe der Kolossalstatue des Zeus Eleuthereus (»der Befreier«), eines Werks des berühmten Bildhauers Myron. Diese in Syrakus aufgestellte Statue, ein bekanntes Wahrzeichen der Antike, wurde zum Freiheitssymbol der Stadt.

Die nördlich an das Römerreich angrenzenden Gebiete waren von Kelten (Galliern) besiedelt. Seit langem schon standen die keltischen Stämme mit den Römern auf Kriegsfuß; immer wieder fielen sie in römische Regionen ein. Auf den Münzen der republikanischen Zeit finden sich zahlreiche Hinweise auf die kriegerischen Auseinandersetzungen mit den Galliern. Tief beeindruckt war man in Rom durch den 121 v. Chr. über den Avernerkönig Bituitus errungenen Sieg; angeblich setzte dieser König in der Schlacht riesige Hunde gegen die Römer ein. C. Domitius Ahenobarbus, der Sohn des Konsuls, der 121 v. Chr. das siegreiche Römerheer angeführt hatte, zeigte auf einer von ihm ausgegebenen Münze einen römischen Krieger im Kampf mit einem Hund, der fast ebenso groß ist wie er.

Unter Cäsar nahm der Kampf um Gallien eine dramatische Wendung. Immer mehr gallische Stämme kamen unter römische Herrschaft. Ein letztesmal sammelten sich die Gallier 52 v. Chr. unter Vercingetorix, aber sie wurden vernichtend geschlagen, und damit war der letzte Widerstand gebrochen. Vercingetorix wurde als Gefangener nach Rom gebracht und in Cäsars Triumphzug dem Volk der Hauptstadt vorgeführt. Seinen Kopf mit dem energischen, hageren, bärtigen Gesicht und wallendem Haupthaar sehen wir auf einer Emission des L. Hostilius Saserna, der damals das Amt des Münzmeisters bekleidete. Für die Römer war es ein großer Triumph, auf den Münzen aller Welt den besiegten Feind zeigen zu können. Cäsar selbst ließ auf den unter ihm 49–46 v. Chr. ausgegebenen Münzen nicht nur eine aus gallischen Waffen gebildete Trophäe als Siegeszeichen darstellen, sondern auch eine kleine, bärtige Figur, die einen Gallier verkörpern sollte.

Aber Rom mußte nicht nur gegen äußere Feinde Krieg führen, sondern wurde auch immer wieder durch Bürgerkriege erschüttert, in denen sehr viel Blut floß. Auf Sizilien erhoben sich die auf den Latifundien beschäftigten Sklaven unter dem Syrer Eunus und erklärten Rom den Krieg. Ein von Titus Didius um 105 v. Chr. geschlagener Denar berichtet von den Großtaten seines Vorfahren, der als Prätor den Aufstand niederschlug. Wir sehen darauf einen Mann, der mit einem großen Schild bewaffnet ist, unter den Schlägen eines Römers zusammenbrechen; der römische Legionär bedient sich nicht einer ehrenhaften Waffe wie des Schwertes, sondern einer Peitsche.

Die Ausweitung der römischen Macht auf das griechische Festland führte zum Krieg mit König Philipp V. von Makedonien und den mit ihm verbündeten Ätolern. Auf mehreren römischen Münzen sind die wichtigsten Episoden dieses Krieges festgehalten, der Rom eine gewaltige Beute an Kunstwerken, Schätzen und Sklaven einbrachte. Auch das spiegelte sich auf den Münzen: Auf einer Serie von Denaren sehen wir die neun Musen, Nachbildungen von Statuen, die als Beute aus Griechenland nach Rom kamen und dort im Herkulestempel aufgestellt wurden.

In der ersten Hälfte des 1. vorchristlichen Jahrhunderts wurde die Geschichte Roms vornehmlich durch zwei herausragende Persönlichkeiten geprägt – durch Sulla und Pompeius, der den Beinamen »der Große« erhielt. Beide waren außergewöhnliche Menschen, stolz, ehrgeizig und Meister der Kriegskunst. Sie haben entscheidend dazu beigetragen, daß Rom zur Weltmacht aufstieg. Auf den Münzen jener Zeit wurden wichtige Etappen dieses Aufstiegs stolz verewigt.

Sulla mit dem Beinamen Felix (»der Glückliche«), ein Patrizier, führte mit Marius zunächst einen rücksichtslosen, blu-

tigen Kampf um die Macht, aus dem er, einer der genialsten Feldherrn aller Zeiten, siegreich hervorging. Sein Bildnis auf einem von seinem Enkel, C. Pomponius Rufus, 59 v. Chr. ausgegebenen Denar ist allerdings so stark stilisiert, daß es wenig dazu beizutragen vermag, seinen rätselhaften Charakter zu entschlüsseln. Mit Sulla eng verknüpft ist die faszinierende Geschichte des Numiderkönigs Jugurtha, des listenreichen nordafrikanischen Herrschers, der viele Jahre lang gegen Rom Krieg führte und dem militärischen Ansehen der Republik schwere Wunden schlug, bis er schließlich von Marius besiegt wurde. Jugurtha konnte dem Gemetzel entkommen, wurde aber dann von seinem Schwiegervater Bocchus, dem König von Mauretanien, hinterhältig verraten: Bocchus lieferte ihn als Gefangenen an Sulla aus. Diese Szene ist mit allen Einzelheiten auf einer 63–62 v. Chr. von Sullas Sohn, Faustus Cornelius, geprägten Silbermünze dargestellt.
Aber kein anderer römischer Feldherr feierte seine Siege mit größerem Prunk als Pompeius. Zwei Münzen seines Schwiegersohns, des bereits genannten Faustus Cornelius, sind den Ehrungen gewidmet, die ihm zuteil wurden. Auf einer Münze sehen wir den Erdball mit vier Kränzen darüber. Drei davon symbolisieren seine auf drei Kontinenten errungenen Siege: *ex Europa, ex Africa, ex Asia*; der vierte Kranz ist eine Wiedergabe des juwelenbesetzten goldenen Siegerkranzes, den ihm der Senat 63 v. Chr. verlieh. Von Pompeius angeführt, rückten römische Truppen in Arabien ein und unterwarfen das Land; der Nabatäerkönig Aretas mußte riesige Tribute zahlen. Den neben seinem Kamel knienden König sehen wir auf einer Sonderemission, die 58 v. Chr. zur Finanzierung der von dem Legaten des Pompeius, M. Aemilius Scaurus, ausgerichteten öffentlichen Spiele geschlagen wurde. Das Bemerkenswerte an dieser Münze ist, daß darauf zum erstenmal ein zeitgenössisches Ereignis dargestellt ist.
Als Rom seinen Machtbereich weit nach Osten bis an die Grenzen des Partherreiches ausdehnte, rückte ein Mann in den Vordergrund, der um die Mitte des 1. vorchristlichen Jahrhunderts nicht nur der reichste Mann im ganzen Römerreich, sondern auch einer der Mächtigsten war: Crassus. Nachdem er in Syrien ein außerordentliches Imperium erhalten hatte, provozierte er die Parther zum Krieg, aber sein Heer wurde 53 v. Chr. völlig zerschlagen; er selbst geriet in Gefangenschaft und wurde auf Befehl von König Orodes I. hingerichtet. Ein Jahr vor diesem tragischen Ende gab Publius Licinius Crassus, sein Sohn, in Rom Münzen mit dem Bild eines neben seinem Pferd stehenden gewappneten Kriegers aus – eine Anspielung auf die gallischen Reiter, die er für den so kläglich scheiternden Feldzug seines Vaters in Gallien angeworben hatte.

Das Alltagsleben im alten Rom

Keine anderen Münzen geben so umfangreiche und präzise Aufschlüsse über das Alltagsleben eines Volkes wie die römischen Münzen der republikanischen Zeit, nachdem sich die Münzmeister nicht mehr auf religiöse Bilder und die Darstellung historisch bedeutsamer Ereignisse beschränkten, sondern dazu übergingen, das Leben ihrer Mitmenschen in seiner ganzen bunten Farbigkeit auf ihren Münzen wiederzugeben.
Auf den Denaren, die L. Calpurnius Piso und C. Servilius Caepio schlagen ließen, spiegelt sich eine interessante Auseinandersetzung um ein von Caepio eingebrachtes Gesetz: Er beantragte einen niederen Ausnahmepreis für eine bestimmte Getreideration, die jedem Bewohner Roms zustehen sollte. Zur Subventionierung dieser Maßnahme wurde eine Sonderemission veranstaltet, die als Münzbild zwei sitzende römische Beamten mit zwei Kornähren trägt.
L. Livinius Regulus war nicht nur Münzmeister, sondern auch *praefectus urbi*, also ein hoher städtischer Beamter in Rom. In dieser Eigenschaft unterstanden ihm die Getreideverteilungen und die Leitung der öffentlichen Spiele. Zwei seiner Münzen beziehen sich auf seine Pflichten. Die eine zeigt einen *modius*, ein Hohlmaß für Weizen, die zweite eine Zirkusszene: zwei Gladiatoren, die gegen drei wilde Tiere kämpfen.
In Rom wurden viele Spiele zu Ehren von Gottheiten wie Apoll, Saturn, Kybele und Flora abgehalten. Besonders feierlich waren die im Juli zu Ehren Apolls veranstalteten *ludi Apollinares*. Denare zweier Angehöriger des Calpurnier-Geschlechts, das mit diesen Spielen eng verknüpft war, zeigen Szenen von Pferderennen, die bei diesem Anlaß stattfanden: Reiter mit einer Fackel, einer Peitsche oder einem Kranz in der Hand. Auf einem 72 v. Chr. von L. Plaetorius Cestianus ausgegebenen Denar sehen wir einen Athleten, der offenbar soeben einen Wettkampf hinter sich hat, denn er trägt einen großen Palmzweig und einen aufgeschnürten *caestus* (Lederriemen, die die Boxer sich um die Hände wikkelten).
Andere interessante Münzbilder mit Szenen aus dem Alltagsleben beziehen sich auf Wahlen. Wie solche Wahlen vor sich gingen, ist auf einem Denar des P. Licinius Nerva aus der Zeit um 106 v. Chr. dargestellt. Wir erkennen darauf die *comitia* und einen Wähler, der über den *pons* schreitet, einen

schmalen hölzernen Steg. Er beugt sich nieder, um von dem die Wahl überwachenden *rogator* seine *tabella* (Wahltafel) in Empfang zu nehmen. Rechts von ihm ist ein anderer Wähler im Begriff, eine solche Tafel in eine *cista* zu stecken, eine korbförmige Wahlurne. Auf derselben Münze sehen wir eine Tafel mit dem Buchstaben P für *provoco* (»ich erhebe Einspruch«); vermutlich wurde hier über eine Berufung in einem Strafverfahren abgestimmt. Gewöhnlich aber sind die Wahltafeln mit dem Buchstaben V oder den Buchstaben VR versehen, was *uti rogas* (»ich stimme für«) bedeutet, sowie mit einem A für *antiquo* (»das alte Recht«). Eine ähnliche Wahltafel, die nur den Buchstaben V trägt, findet sich auf einem Denar des L. Cassius Longinus von 52–50 v. Chr.; ein Bürger ist auf der Szene eben dabei, sie in die Wahlurne zu stecken.
Das Gesetz, nach dem außerhalb von Rom unter der Gerichtsbarkeit von Militärbeamten lebende römische Bürger das Recht hatten, in Strafsachen gegen ausgesprochene Urteile Berufung einzulegen, ist auf einem Denar veranschaulicht, der 106–104 v. Chr. von P. Porcius ausgegeben wurde. Das Münzbild zeigt einen römischen Soldaten, der schützend die Hand über einen in eine Toga gewandeten Bürger hält, während hinter ihm ein Liktor mit den *fasces*, dem Rutenbündel mit dem Beil als Symbol der Gerichtsbarkeit, die staatliche Autorität verkörpert. Die Inschrift *provoco* (»ich lege Berufung ein«) erläutert die dargestellte Szene.

Die Technik der Münzherstellung

Aus der Zeit Cäsars stammt eine interessante Münze seines Münzmeisters T. Carisius aus dem Jahr 45 v. Chr. Darauf sehen wir außer dem Kopf der Iuno Moneta das Gerät, mit dem damals gemünzt wurde: einen Amboß zwischen einer Zange und einem Hammer. Iuno Moneta (»die Mahnerin«) war die Schutzgöttin der Münzstätte Roms, die auf dem Capitol in einem zum Junotempel gehörenden Gebäude untergebracht war. Verantwortlich für die Münzungen waren drei Beamte, die *triumviri monetales.* Dieser Titel wurde gewöhnlich zu *III viri aaaff* abgekürzt. Die drei a beziehen sich auf die von ihnen ausgemünzten Metalle – *auro, argento* und *aere* (Gold, Silber, Bronze) –, die beiden f auf ihre Tätigkeit: *flando feriundo* (gießen und prägen). Das Amt des Münzmeisters war die unterste Stufe der politischen Karriere.
Manche Emissionen tragen die Buchstaben EX.S.C. oder S.C., was bedeutet, daß für diese Ausgabe eine Sondererlaubnis des Senats vorlag: *ex senatus consulto.* Andere Münzen weisen die Buchstaben EX.A.P. oder auch nur A.P. auf, ein Hinweis darauf, daß das Münzmetall für die Emission dem Staatsschatz entnommen *(ex argento publico)* und nicht, wie ansonsten üblich, von Beauftragten der Münzstätte auf dem freien Metallmarkt gekauft wurde.
Die eigentliche Arbeit in der Münzstätte, das Gießen der Schrötlinge und das Prägen der Münzen, wurde von Sklaven geleistet. Diese waren Staatseigentum und wurden von Freigelassenen beaufsichtigt. Die Stempel hingegen wurden von ausgebildeten Handwerkern geschnitten, in vielen Fällen von Griechen, die in dieser Kunst sehr bewandert waren.
Fälschungen waren im alten Rom ebenso ein Problem, wie sie es noch heute sind. Silbermünzen fälschte man, indem man einen entsprechend schweren Kupferkern mit einer dünnen Silberauflage versah. Wie Plinius berichtet, führte der Prätor M. Marius Gratidianus ein Verfahren ein, das es ermöglichte, durch Prägemarken derartige Fälschungen zu verhindern. Dennoch nahmen die Fälschungen im Lauf der Zeit so überhand, daß angrenzende Völker, besonders die Germanen und die Gallier, römisches Geld nur noch unwillig akzeptierten. Um Abhilfe zu schaffen, versah man die Denare mit einem gesägten oder gezähnten Rand, so daß es nicht mehr erforderlich war, jede einzelne Münze auf ihre Echtheit zu überprüfen.
Außer den regulären Emissionen, die nicht in jährlichen Abständen, sondern je nach Bedarf in Umlauf gebracht wurden, schlug man auch Sonderausgaben, wenn für bestimmte Zwecke, etwa für Spiele oder in Notfällen, mehr Geld gebraucht wurde. Als Rom sein Herrschaftsgebiet über die Apenninenhalbinsel hinaus ausweitete, benötigte man Geld, um die Kriege zu finanzieren. In solchen Fällen ließen oft Feldherren oder ihre Legaten in den dem Kriegsschauplatz nächstgelegenen Provinzen Münzen prägen. Besonders in der spätrepublikanischen Zeit wurde in zahlreichen im ganzen Mittelmeergebiet verstreuten Orten gemünzt.

Bauwerke und Denkmäler auf Münzen

Auf den Münzen der republikanischen Zeit finden wir auch Wiedergaben von manchen Bauwerken, die das antike Rom schmückten. Einer der prächtigsten Tempel im ganzen Römerreich war der Jupitertempel, der höchste Verehrung genoß: Er ist auf zwei republikanischen Denaren zu sehen. Ein Denar des M. Volteius von 76 v. Chr. zeigt den alten

Tempel aus der Etruskerzeit mit seinen vier dorischen Säulen, der wenig später einem Brand zum Opfer fiel; den neuen Tempel, der 69 v. Chr. in seiner ganzen Pracht wiederaufgebaut wurde, finden wir auf dem Denar des Petillius Capitolinus von 37 v. Chr. Ein weiteres Bauwerk, dessen Aussehen wir durch einen Denar von 66 v. Chr. kennen, ist die Basilica Aemilia, die als Gerichtshof, aber auch als Versammlungsstätte der Kaufleute diente.

Eine bedeutende Rolle im politischen Leben Roms spielte die Rostra auf dem Forum, eine Plattform, auf der alle öffentlichen Reden gehalten wurden. Oft stellte man dort Statuen bedeutender Persönlichkeiten auf. Eine 47 v. Chr. von Lollius Pelikanus ausgegebene Münze trägt auf dem Revers eine Darstellung der Rostra mit einem Stuhl, dem *subsellium*.

Durch die Münzbilder der republikanischen Zeit kennen wir auch einige der Denkmäler, die einst Rom verschönerten; viele dieser Denkmäler waren als Kriegsbeute aus Griechenland hergebracht worden. So berichtet Plinius von einem Gemälde des berühmten griechischen Malers Nikomarchos, das L. Munatius Plancus, ein Freund Cäsars, in Griechenland erbeutet und danach im Kapitol ausgestellt hatte. Die herrliche Darstellung der die Rennquadriga des Sonnengottes Sol lenkenden Göttin Aurora auf einem Denar, der 47 v. Chr. von L. Plautius Plancus ausgegeben wurde, geht sehr wahrscheinlich auf dieses griechische Gemälde zurück.

Obgleich die Römer die wunderschönen griechischen Porträtmünzen kannten, zeigten sie auf ihren Münzen ausschließlich Bildnisse von Gottheiten; erst im Laufe der Zeit räumte man idealisierten Ahnenporträts den Ehrenplatz auf den Münzen ein. Diese Darstellungen entsprachen der uralten Tradition der römischen Adelsfamilien, im Atrium ihrer Häuser sogenannte *imagines maiorum* aufzustellen, bemalte Wachsmasken als Bildnisse der Vorfahren. Der Verzicht auf die Darstellung von Zeitgenossen auf den Münzen hatte zur Folge, daß wir zwar durch die Denare der republikanischen Zeit viele hochinteressante Einblicke in das Leben der Römer erhalten, jedoch, von wenigen Ausnahmen abgesehen, das tatsächliche Aussehen zahlreicher führender Persönlichkeiten jener Zeit nicht kennen. Münzbildern, die man als echte Porträts bezeichnen kann, begegnen wir erst auf Emissionen seit der Zeit der Bürgerkriege. Die lebensechtesten Porträts sind vermutlich die Darstellungen Pompeius' des Großen und des Marcus Antonius. Weniger Glück bei den Stempelschneidern hatte Cäsar, der als erster Römer noch zu Lebzeiten offiziell das Recht erhielt, sein Porträt auf Münzen prägen zu lassen. Solche Münzen wurden in den letzten Monaten seines Lebens und kurz nach seiner Ermordung ausgegeben, aber das hagere Antlitz mit dem langen, faltigen Hals vermittelt uns keinen Eindruck von der Ausstrahlungskraft dieser außergewöhnlichen Persönlichkeit, sondern wirkt eher wie eine Karikatur.

Vom Triumvirat zum Prinzipat

Der Kampf um die Macht, den einige der bedeutendsten Persönlichkeiten der ganzen Menschheitsgeschichte austrugen, führte 49 v. Chr. zu einem Bürgerkrieg, der auch numismatisch insofern spürbar ist, als dadurch das römische Münzwesen gewaltig bereichert wurde. Die Widersacher in dem gigantischen Ringen mußten Münzen schlagen lassen, um ihre Truppen besolden zu können, und das geschah häufig weitab von Rom, wo immer die Erfordernisse des Krieges es verlangten. Zudem setzte man nun Münzen ganz massiv als Propagandamittel ein; das tat jede Partei durch aussagekräftige, sorgfältig durchgestaltete Münzbilder, die sich besonders an die Soldaten wandten. Aus diesen Gegebenheiten heraus entstand eine der faszinierendsten Münzserien aller Zeiten.

Die Protagonisten in diesem historischen Ringen waren Gnaeus Pompeius Magnus (»der Große«), seine beiden Söhne Gnaeus und Sextus Pompeius, Cäsar, Marcus Aemilius Lepidus, Marcus Antonius, Marcus Iunius Brutus, sein Bruder Decimus, S. Casca Longus und Octavianus.

Cäsar war mit Recht auf seine in Gallien errungenen Siege stolz, und so ließ er viele Münzen mit Bildern prägen, die sich unmittelbar auf seine militärischen Erfolge bezogen. Auf einer 54–51 v. Chr. vermutlich in Gallien ausgegebenen Münze sehen wir einen Elefanten, der einen Drachen zertrampelt – eine Anspielung auf Cäsar, der seine Feinde unter seinen Füßen zertritt. Interessant ist auch eine Münze, die Cäsar in der Provinz Africa kurz nach der Entscheidungsschlacht gegen Pompeius bei Tharsus schlagen ließ: Sie zeigt als Bild die priesterlichen Insignien, die Cäsar als *pontifex maximus* zustanden, und dazu einen kleinen Buchstaben, entweder ein D oder ein M. D steht für *donativum* (»Geldgeschenk«) und M für *munus* (»Belohnung«). Daraus ist zu schließen, daß Cäsar mit dieser Emission seine Soldaten für ihren Sieg belohnte.

Cäsar wurden zahlreiche Ehren zuteil, die auch auf den von ihm ausgegebenen Münzen ihren Niederschlag fanden. Viele Münzbilder beziehen sich auf sein Ehrenamt des *pontifex maximus*, des Inhabers des obersten Priesteramtes, den ihm zu Beginn des Jahres 44 v. Chr. verliehenen Ehrentitel

eines *dictator perpetuus,* eines Diktators auf Lebenszeit, enthalten zahlreiche Inschriften auf Münzen, die sein Bildnis tragen.
Cäsars große Gegenspieler, der mächtige Pompeius, den seine Anhänger als den »Hannibal der Neuzeit« bezeichneten, war ein glänzender Stratege. Das Porträt des großen Feldherrn schmückt eine der schönsten Münzen der republikanischen Zeit.
»An den Iden des März habe ich mein Leben meinem Vaterland geweiht und seither ein neues, freies und ruhmreiches Leben gelebt.« Diese Äußerung, die Brutus nach Cäsars Ermordung gemacht haben soll, hat uns Plutarch überliefert. Brutus war der festen Überzeugung, durch die Ermordung Cäsars dem Vaterland einen unschätzbaren Dienst geleistet zu haben, und so zeigte er stolz die todbringenden Dolche auf einer Münze, die er fast zwei Jahre später in Griechenland prägen ließ; dort sammelte er damals Truppen, um sich Marcus Antonius zu stellen, der geschworen hatte, Cäsars Tod zu rächen. Der Avers trägt das Bildnis des Brutus; auf dem Revers sehen wir zwei der schicksalhaften Dolche neben einer Freiheitsmütze und darunter die Inschrift *eid(ibus) mar(tiis)* (»Iden des März«). Die stolzen, hageren, aber ziemlich groben Gesichtszüge auf der Münze zeigen ihn offenbar so, wie er tatsächlich ausgesehen hat, sprechen doch auch manche Geschichtsschreiber von seinem blassen und ausgezehrten Antlitz.
Die Aufgabe, Cäsars Tod zu rächen, hatte, wie schon gesagt, Marcus Antonius übernommen. Er war eine der führenden Gestalten im gigantischen Machtkampf. Sein energisches, fast ein wenig gewöhnliches, aber durch seine Sorglosigkeit irgendwie einnehmendes Gesicht können wir auf zahlreichen Porträtmünzen finden, die von ihm ausgegeben wurden. Auf einem Denar von 44 v. Chr. sehen wir sein Haupt mit Schleier und kurzem Bart, beides Zeichen der Trauer um Cäsar – nicht anders hat ihn vielleicht das Volk von Rom gesehen, als er auf dem Forum neben Cäsars Bahre stand und seine berühmte Leichenrede hielt.
Seine Rachefeldzüge führten ihn nach Ägypten, wo er Kleopatras Reizen erlag. Seine Emissionen, auf denen er viele seiner Taten verewigen ließ, berichten auch hierüber. Ein in Kleinasien geschlagener Denar trägt auf der einen Seite das Bildnis des Marcus Antonius und auf der anderen das Porträt der schönen Kleopatra.
Eine große Gruppe der von Marcus Antonius ausgegebenen Münzen bezieht sich auf das letzte Kapitel seines Lebens, das mit der entscheidenden Seeschlacht bei Aktium 31 v. Chr. abschloß. Um eine möglichst starke Streitmacht zusammenziehen zu können, ließ er riesige Geldmengen prägen, die sogenannten Legionsdenare. Sie tragen als Bilder auf der einen Seite die Darstellung eines Kriegsschiffes und auf der anderen drei römische Standarten sowie die Namen und Kennzahlen seiner Legionen. Aber den Sieg vermochte er sich durch dieses Geld nicht zu sichern. Durch den Sieg bei Aktium konnte Octavianus sich endgültig gegen alle Widersacher durchsetzen, durch diesen Sieg erhielt aber auch das Römerreich wieder einen starken Herrscher.

Das römische Kaiserreich

Das Münzwesen der römischen Kaiserzeit entwickelte sich organisch aus den Emissionen der republikanischen Zeit; eine Zwischenstufe stellten die Ausgaben der Bürgerkriegszeit dar, als die sich gegenüberstehenden Feldherren aufgrund der militärischen Vollmachten, die sie besaßen oder sich aneigneten, fernab von Rom Silber und sogar Gold ausmünzen ließen.
Systematisch baute Augustus (diesen Ehrennamen erhielt Octavianus 27 v. Chr. durch den Senat verliehen) eine starke Zentralgewalt auf: In seiner Hand vereinigten sich der Oberbefehl über das Heer, die Leitung der Außenpolitik, die tribunizische Gewalt, die konsularische Gewalt, die Finanzverwaltung und die meisten sonstigen wichtigen Staatsbefugnisse. Entsprechend zentralisierte er auch das Geldwesen, wodurch freilich die Vollmachten des Senats, der bis dahin die Ausmünzungen kontrolliert hatte, berührt wurden. Zwar tragen die in der Kaiserzeit von Augustus bis Gallienus ausgegebenen Münzen auf dem Revers weiterhin die Buchstaben S.C. *(senatus consulto),* doch für die Prägung von Gold- und Silbermünzen richtete Augustus kurzerhand Münzstätten außerhalb der Hauptstadt ein, um mit dem Senat nicht in Konflikt zu geraten. Manche dieser Münzorte lagen in Kleinasien, andere in Spanien oder – so Lugdunum, das heutige Lyon, und Nemausis, das heutige Nîmes – in Gallien, wo Münzen in großen Mengen geschlagen wurden. Im wesentlichen wurde das von Augustus entwickelte System auch von seinen Nachfolgern fast unverändert beibehalten. Wenige Jahrzehnte nach seinem Tod (14 n. Chr.) wurde die kaiserliche Münze nach Rom verlegt; dort wurden fortan die meisten Münzen geprägt.
Die meisten Arbeiten an den Münzstätten lagen in den Händen von Sklaven und Freigelassenen. Diese ungelernten Arbeiter schmolzen das Münzmetall aus, schnitten die Schrötlinge, hielten die Prägestempel und führten die Prägung aus. Dazu kamen die Aufseher und ein für die ganze Tätigkeit der Münze verantwortlicher Oberaufseher. Ge-

lernte Kräfte waren die Stempelschneider und die Buchhalter. Besondere Staatsbeamte, die *nummularii*, hatten die Aufgabe, verrufene Münzen einzuziehen und die neuen Emissionen durch Banken *(mensae)* in Umlauf zu bringen.
In künstlerischer Hinsicht zeichnen sich die Münzen der römischen Kaiserzeit durch hervorragende Porträtdarstellungen aus. Zwar wurden die Stempel vermutlich größtenteils von griechischen Künstlern geschnitten, aber diese Bildnisse sind weit realistischer als alles, was in Griechenland geschaffen worden war.
Unter Augustus ließ die Münzkunst zunächst noch viel zu wünschen übrig, doch das änderte sich unter seinen Nachfolgern sehr rasch. Sicherlich ist es kein Zufall, daß die höchste Vollkommenheit unter Nero erreicht wurde, der Griechenland so uneingeschränkt bewunderte. Nach ihm erlangte die römische Münzkunst nie mehr ein so hohes Niveau, aber noch jahrhundertelang brachte sie immer wieder außergewöhnlich schöne und interessante Porträts hervor.
Gold und Silber waren die wichtigsten Münzmetalle während der ganzen römischen Kaiserzeit. Dazu kamen noch Scheidemünzen aus Bronze und Messing. Die Einheit des Münzsystems war eine Goldmünze, der etwa 7,96 g schwere und auf 25 Denare bewertete Aureus. Die zweite in Umlauf befindliche Goldmünze war der halbe Aureus oder *aureus quinarius* von 3,98 g Gewicht. Ausgemünzt wurde in großen Mengen fast reines Gold. Diese Goldmünzen wie auch die Silbermünzen Roms wurden zur Weltwährung. Der im Schnitt 3,99 g schwere Silberdenar und der halbe Denar, der Quinarius, hatten einen Wert von vier bzw. zwei Sesterzen. Als Bronze- und Messingmünzen gab es den auf vier Asse bewerteten Sesterz, den halben Sesterz oder Dupondius und den Viertelsesterz oder As. Gelegentlich gab man auch Stückelungen des Asses aus, die als Semis und Quadrans bezeichnet wurden.
Um mit der schleichenden Inflation Schritt zu halten, führte Nero 64 n. Chr. eine Münzreform durch. Dabei reduzierte er sowohl die Gewichte als auch den Feingehalt der Gold- und Silbermünzen. Das bedeutete beim Denar eine Abwertung um knapp 10 Prozent, aber unter seinen Nachfolgern ging die Münzverschlechterung weiter, so daß die Münzen an der Wende des zweiten Jahrhunderts bereits um 40 Prozent abgewertet waren. Schließlich war eine weitere Münzreform unumgänglich. Sie wurde von Kaiser Caracalla 215 n. Chr. angeordnet. Im Zuge dieser Reform wurde das Gewicht des Aureus weiter reduziert, und gleichzeitig führte man eine neue Silbermünze im Wert von zwei Denaren ein, die nach dem eigentlichen Namen des Kaisers (Antonius) Antoninian genannt wurde. Damit man Denar und Antoninian besser auseinanderhalten konnte, umgab man den Kopf des Kaisers auf dem Münzbild des Antoninian mit einem Strahlenkranz. Nach der Mitte des 3. Jahrhunderts wurde der Denar völlig durch den Antoninian verdrängt, der wie alle anderen Münzen fortwährend in Gewicht und Feingehalt reduziert wurde. Zur Zeit des Gallienus war der Silbergehalt so stark abgesunken, daß sich die Münze im Aussehen von den Kupfermünzen kaum noch unterschied.
Ursache für diese prekäre Finanzlage war neben der schleichenden Inflation die hemmungslose Verschwendungssucht der römischen Kaiser. Damit befriedigten sie freilich nicht nur persönliche Neigungen, sondern sie waren auch zu riesigen Ausgaben gezwungen, um durch großzügige Geschenke die Armee und die Bevölkerung bei der Stange zu halten. Der ständige Ruf der römischen Plebs nach *panem et circenses* (»Brot und Spiele«) brachte das Kaiserreich schließlich an den Rand des Bankrotts.

Der Kaiser und seine Familie

Zunächst ließ Augustus im Namen von Münzmeistern münzen, doch das war nur ein Übergang zu den eigentlichen kaiserlichen Emissionen. Allgemein war der Kaiser darauf bedacht, die Münzbilder so gestalten zu lassen, daß dadurch die Aufmerksamkeit auf ihn und seine Familie gelenkt wurde. Deshalb finden wir sein Porträt auf den meisten Gold- und Silbermünzen, die während seiner vierzigjährigen Regierung ausgegeben wurden. Auffällig ist, daß er auch noch auf seinen letzten Emissionen sehr jugendlich dargestellt ist; vielleicht wollten die Künstler ihm schmeicheln, aber möglicherweise hatte auch Augustus selbst angeordnet, ihm auf seinen Münzen das Aussehen ewiger Jugend zu verleihen. Bildnisse von Angehörigen seiner Familie hingegen treffen wir auf den Münzen nur selten an. Verewigt wurde auf einer 13 v. Chr. ausgegebenen Münze seine schöne, aber lasterhafte Tochter Julia, die er später vom Hof verbannte. Ihre beiden Söhne, Gaius Caesar und Lucius, die der Kaiser als seine Nachfolger vorgesehen hatte, wurden auf Münzen gezeigt, die in großen Mengen in Umlauf kamen, um dem römischen Volk die beiden Prinzen vorzustellen. Beide starben jedoch schon in jungen Jahren noch vor ihrem Großvater.
Unter den Nachfolgern des Augustus schmückte das Bildnis des Kaisers als Staatsoberhaupt praktisch jede in Rom ausgegebene Gold-, Silber- und Bronzemünze; nur einige kleine Bronzenominale machten eine Ausnahme. Manchmal wurde das Privileg, auf Münzen dargestellt zu werden,

auch auf Mitglieder der kaiserlichen Familie ausgedehnt, so auf die *augusta,* die Kaiserin, und vor allem auf als Mitherrscher oder Nachfolger ausersehene Söhne. Zu dem im Nominativ geschriebenen Namen traten häufig abgekürzte Titel: *augustus* als meistverwandter Ehrentitel des regierenden Kaisers, *imperator* als Hinweis auf seine Funktion als Oberbefehlshaber des Heeres, *pontifex maximus,* ein Titel, der dem Kaiser als Inhaber des höchsten Priesteramts zustand.
Augustus und seine Nachfolger gaben dem Münzwesen eine ganz neue Dimension dadurch, daß sie die Münzen gleichsam zu »Reichszeitungen« machten, durch die der Kaiser seinem Volk in Bildersprache mitteilen konnte, was es nach seinem Wunsch wissen, glauben oder erhoffen sollte.

Der Segen der Götter

Groß herausgestellt wurden auf den Münzen der römischen Kaiserzeit Götter und Göttinnen, aber auch göttliche Personifizierungen von Tugenden. Sie traten in mehr oder weniger stereotyper Ausformung an die Stelle des reichen Sagengutes, an dessen Darstellung man in der republikanischen Zeit mehr Freude gefunden und für das man sich damals stärker interessiert hatte.
Auch diese religiösen Münzbilder wurden keineswegs willkürlich gewählt, sondern entsprachen der neuen Aufgabe der Münzen, für das Kaiserhaus Propaganda zu machen. Die Darstellungen von Göttern und von personifizierten Tugenden wie Friede, Wohlfahrt, Vorsehung und Glück standen stets in Bezug zu Absichten oder Taten des Kaisers. Man zeigte die Tugenden gewöhnlich als stehende oder sitzende Frauengestalten mit entsprechenden Attributen (z. B. der Waage der Gerechtigkeit); in der Regel fanden sie als Reversbilder Verwendung. Auch Mitglieder der kaiserlichen Familie erhielten auf ihren Porträtmünzen solche Tugenden beigesellt, die ihre Rolle in der Kaiserfamilie und im Staat herausstellen sollten. Charaktereigenschaften, die man den hochgestellten Persönlichkeiten beimaß oder von ihnen erwartete, wurden durch allegorische Gestalten wie *hilaritas* (Heiterkeit), *pietas* (Frömmigkeit und Pflichtbewußtsein) oder *pudicitas* (Bescheidenheit und Sittlichkeit) verkörpert.
Verstorbene Mitglieder der Kaiserfamilie wurden auf postum zu ihren Ehren ausgegebenen Münzen dargestellt. Die Inschrift auf den Münzen verstorbener Kaiserinnen, *diva* (»die Vergöttlichte«), begleitet auf dem Revers von einer Symboldarstellung der *aeternitas* (»Ewigkeit«), sollten dem Glauben des trauernden Witwers Ausdruck verleihen, daß die Dahingeschiedene in die ewige Welt der unsterblichen Götter eingegangen war.
Für zahlreiche Römer erstarrte der überlieferte Glaube zur leeren Formalität, aber viele andere wandten sich neuen Gottheiten zu, die aus Asien und Ägypten stammten. Der Kult der phrygischen Göttin Kybele fand bereits in der republikanischen Zeit auf Münzen seinen Niederschlag. Die karthagische *dea caelestis* fand unter Septimius Severus Eingang in Rom. Der syrische Sonnengott Elagabalus wurde von seinem Hohenpriester, der unter dem gleichen Namen römischer Kaiser wurde, in die Hauptstadt verpflanzt. Zu einer der wichtigsten Gottheiten des 4. Jahrhunderts n. Chr. wurde *sol invictus* (»die unbesiegbare Sonne«) als Verkörperung der Macht des Römerreiches; auf zahlreichen Münzen der späten Kaiserzeit ist dieser Gott zu sehen.
Unter orientalischem Einfluß begann sich schon vor der Zeitenwende auch in Rom ein Herrscherkult auszubilden, der rasch eine ganz bestimmte Form annahm. Nachdem Augustus Alleinherrscher des Reiches geworden war, drang dieser Kult bald tief in das Denken und Fühlen aller Römer ein.

Die Pax Romana und die Ausweitung des Römerreiches

Die von Augustus eingeführte Praxis, durch seine Münzen das Volk über seine Pläne und Taten, aber auch über sein Privatleben zu unterrichten, wurde als ungeschriebene Regel während der ganzen Kaiserzeit beibehalten. Übliche Münzbilder waren fortan Darstellungen von Szenen aus dem offiziellen und privaten Leben des *princeps*: Wir sehen ihn, wie er als *pontifex maximus* opfert, wie er zu seinen Soldaten spricht, wie er milde Gaben an die Armen verteilt, einen auf dem Boden liegenden Feind durchbohrt oder auch seinen Thronfolger vorstellt. Vor allem feierte man auf den Münzen die Triumphe, die einem siegreichen Herrscher nach einem Feldzug oder Krieg zustanden; die Siegesparaden und -feiern gaben Anlaß zu unerhörter Prunkentfaltung. Am deutlichsten wurden Siege dem Volk dadurch veranschaulicht, daß man auf den Münzbildern Gefangene in ihrer typischen Landestracht zeigte: Daker mit weiten Hosen und Krummschwertern, Armenier und Parther mit ihren kegelförmigen Hüten oder Germanen und Gallier mit langen Bärten und wallendem Haupthaar.
Die zahlreichen Münzbilder, die Augustus für seine Emissionen wählte, stellen uns eine Reihe von wichtigen Ereignissen seiner Regierungszeit vor Augen. Wohl am meisten

Freude und Stolz weckte in Rom die von ihm mit dem Partherkönig getroffene Abmachung, durch die er erreichte, daß die von den Parthern 53 v. Chr. erbeuteten römischen Standarten, Zeugen einer der schmählichsten Niederlagen des Reiches, in die Hauptstadt zurückgebracht wurden.

Zu den prächtigsten Feierlichkeiten, die in Rom abgehalten wurden, gehörten die 17 v. Chr. von Augustus gegründeten *ludi saeculares,* die Säkularspiele, die nur alle hundertundzehn Jahre gefeiert wurden. Auf den Münzen des Augustus sind die wichtigsten Phasen der von ihm angeordneten Spiele getreulich festgehalten; so sehen wir darauf beispielsweise den Herold, der die Festlichkeiten eröffnete.

Interessante Aufschlüsse über das römische Steuerwesen gibt eine von Kaiser Caligula (37–41 n. Chr.) ausgegebene Münze. Die kleine Bronzemünze trägt die Buchstaben RCC als Abkürzung von *remissa ducentesima,* verkündete also die Abschaffung der bis dahin üblichen halbprozentigen Verkaufssteuer, die bei jedem Kauf erhoben wurde; bei einer Rechnungssumme von 200 Denaren beispielsweise machte sie einen Denar aus.

Nero (54–68 n. Chr.) war sich sehr wohl der Tatsache bewußt, daß durch Münzporträts seine Gesichtszüge der Mit- und Nachwelt überliefert wurden, und so achtete er auf sorgfältigste Ausführung dieser Porträts. Er war ein großer Ästhet, und das trug sicherlich dazu bei, daß seine Emissionen künstlerisch zu den besten aller römischen Prägungen zählen. Seine Münzen kombinierten außergewöhnlich qualitätvolle Porträts auf dem Avers mit nicht minder gekonnt gestalteten und geschnittenen Reversbildern. Auf einer Bronzemünze ist dargestellt, wie der in Pferde und Wagenrennen vernarrte Kaiser zu Pferd an Manövern der Prätorianergarde, der *decursio,* teilnimmt. Auf eine andere Leidenschaft des Kaisers spielen wunderschöne Bronzemünzen an, auf denen er als anmutiger Apoll zu sehen ist, der eine Leier schlägt. Die Friedensliebe des Kaisers würdigten in großen Mengen ausgegebene Bronzemünzen, die zeigen, wie nach dem großen Sieg über die Parther 64 n. Chr. die Tore des Janustempels zum Zeichen dafür geschlossen wurden, daß im ganzen Reich Friede herrschte.

Nach dem großen Brand, der am 19. Juli 64 ausbrach und eine volle Woche lang in den engen Straßen der dichtbebauten Hauptstadt wütete, lagen die meisten öffentlichen Gebäude und Tempel sowie zwei Drittel aller Wohnhäuser in Schutt und Asche. Neros Münzen gehen zwar auf diese Katastrophe nicht ein, aber sie zeigen eines der ersten großen Bauwerke, die nach dem Brand wieder errichtet wurden, ein anmutiges Vestaheiligtum in Form einer Rotunde.

Zu den eindrucksvollsten und schönsten Münzen der römischen Kaiserzeit zählt eine von Nero ausgegebene große Messingmünze, ein Sesterz, der auf dem Revers eine Ansicht des Hafens Ostia in Vogelperspektive trägt. (Der Hafen war schon von Claudius angelegt worden.) Wir erkennen auf dem Münzbild deutlich den Leuchtturm, die die Anlegeplätze säumenden Säulenhallen und Galerien, in den Hafen einlaufende Schiffe und eine Symbolfigur, die den Tiber repräsentiert, an dessen Mündung Ostia liegt.

Eine neue Dynastie gründete nach Neros Tod 69 n. Chr. der aus einfachen Verhältnissen stammende Flavius Vespasianus, ein fähiger Feldherr, der sich unter Nero durch die Niederschlagung eines Aufstands in Judäa ausgezeichnet hatte. Diesen Sieg verkündete Vespasian auf Münzen aus Gold, Silber und Bronze stolz der ganzen Welt. Außer den Inschriften *judaea devicta* (»Judäa ist besiegt«) und *judaea capta* (»Judäa ist gefangen«) tragen die meisten dieser Münzen als Bild eine Palme, darunter eine die Provinz Judäa symbolisierende jüdische Frau, sowie einen jüdischen Gefangenen, der trauernd neben einer aus erbeuteten jüdischen Waffen bestehenden Trophäe steht.

Titus herrschte nur wenige Jahre (79–81), konnte aber immerhin 80 n. Chr. das von Vespasian begonnene riesige Amphitheater, das Kolosseum, fertigstellen. Dies vermeldete er stolz auf einem Messingsesterz, auf dessen großem Bild das Kolosseum mit allen Einzelheiten dargestellt ist.

Einige besonders interessante Münzbilder stammen aus der Zeit Domitians (81–96). Anläßlich der 88 n. Chr. zum zweitenmal in der römischen Geschichte abgehaltenen *ludi saeculares* ließ er Münzen mit entsprechenden Szenen schlagen, beispielsweise mit einer Darstellung des feierlichen Opfers des Kaisers vor einem Tempel, mit dem die Spiele offiziell eröffnet wurden.

Einen ungewöhnlichen Einblick in die reichlich komplizierte römische Staatsmaschinerie gewähren uns zwei Münzen des Kaisers Nerva (96–98). Eine Messingmünze mit der Darstellung zweier grasenden Maultiere vermeldet durch die Inschrift, daß die Pflicht aller Gebiete des Römerreiches, den staatlichen Kurierdiensten Maultiere und Pferde zur Verfügung zu stellen, durch den Kaiser aufgehoben worden war. Eine andere Münze mit Palmen als Bild trägt eine lange Inschrift, der zu entnehmen ist, daß die falschen Anschuldigungen im Zusammenhang mit der Eintreibung jüdischer Steuern berichtigt und die Mißstände im Fiscus Iudaicus beseitigt wurden.

Die beiden folgenden Kaiser, Trajan (98–117) und Hadrian (117–138), leiteten eine der glanzvollsten Epochen der römischen Geschichte ein. Das fand in einem ungemein reichen und vielfältigen Münzwesen seinen Niederschlag. Für seine großen Verdienste um das Reich wurde Trajan vom Senat der einmalige Ehrentitel *optimus princeps* verliehen. Nachdem er die Daker besiegt hatte, zeigte er auf einer Münze eine die neu unterworfene Provinz symbolisierende Frauengestalt, die auf einer aus dakischen Waffen bestehenden Trophäe trauert. Auf einer anderen Münze finden wir die berühmte Trajanssäule mit vielen Szenen aus dem Dakerkrieg auf dem Reliefband, die zur Feier des Sieges in Rom aufgestellt wurde. Auch andere Denkmäler und öffentliche Bauten, die unter seiner Regierung errichtet wurden, sind auf faszinierenden Münzbildern verewigt, darunter das Trajansforum mit seinem prächtigen Portikus und dem von Statuen in Nischen flankierten Siegestor, auf dem ein Standbild des Kaisers in einer Quadriga zwischen Trophäen und weiteren Statuen zu sehen ist. Ein weiteres Münzbild zeigt die für Sitzungen des Senats und des obersten Gerichtshofes bestimmte Basilica Ulpia mit ihrem anmutigen, von acht Säulen getragenen Vorbau und dem reich skulptierten Fries. Eine Bronzemünze trägt die Darstellung eines anderen prächtigen Bauwerks, das unter Trajan entstanden ist: das Hippodrom (Circus Maximus) mit seinen durch Bogen abgestützten Umfassungsmauern, einem hohen Obelisken im Mittelpunkt der Rennbahn und den *metae,* den Wendesäulen. Schließlich berichten Münzen über die Erbauung der nach dem Kaiser benannten Via Traiani, der wichtigen Straße, die in Süditalien Beneventum mit Brundisium (Brindisi) verband. Als Bild diente hier eine Symbolfigur, eine gelagerte Frau mit einem Rad in der Hand.

In den Schatten gestellt wurde Trajan nur noch durch seinen Nachfolger, Hadrian. Dieser stand ihm als Herrscher und Feldherr in nichts nach, übertraf ihn jedoch durch seine ausgeprägte Geistigkeit und Menschlichkeit. Mehr als jedem anderen Kaiser lag ihm das Wohlergehen seiner Untertanen am Herzen. Er unternahm lange, anstrengende Reisen, um auch die abgelegensten Gebiete seines Reiches zu besuchen. Von diesen Reisen legen zahlreiche Münzen Zeugnis ab. Auf den meisten Emissionen stimmen die Bilder fast überein: Eine die jeweilige Provinz symbolisierende, dem Kaiser die Reverenz erweisende Gestalt wird vom Kaiser entweder emporgehoben, oder er reicht ihr die Hand. Auf die Reisen beziehen sich auch Münzen mit dem Bild einer Galeere oder der Symbolfigur eines Flusses wie *nilus.* Auf einer anderen Münze wird Hadrian als *restitutor orbis terrarum* (»Erneuerer des Erdenrunds«) gefeiert.

Würdige Nachfolger fand Hadrian in Antoninus Pius (138–161) und Marcus Aurelius (161–180). Ihre Münzprägungen weisen neben den üblichen zahlreichen Siegesmünzen zwei interessante neue Aspekte auf: Emissionen zum Gedächtnis von Gemahlinnen, die vor ihnen starben, und zu deren Vergöttlichung nach dem Tod. Schon im dritten Jahr seiner Regierung starb die Frau des Antoninus, Faustina die Ältere (105–141). Der Kaiser erhob sie in den Rang einer Göttin und ließ zu Ehren der *diva,* der »Vergöttlichten«, einen Tempel errichten. Münzen berichten von dessen Erbauung und tragen Symboldarstellungen der unsterblichen Tugenden, die ihr als Göttin eigen waren. Das gleiche Schicksal widerfuhr ihrer Tochter (?–175), die ebenfalls Faustina hieß und mit Marcus Aurelius verheiratet war; auch sie starb vor ihrem Gemahl und wurde nach ihrem Tod vergöttlicht.

Ab dieser Zeit wurde es üblich, hochgestellte Verstorbene zu Göttern zu erheben. Das geschah durch ein feierliches Zeremoniell, dessen Symbolik auf manchen Münzen dargestellt ist; durch sie wissen wir, wie in der römischen Kaiserzeit solche religiösen Zeremonien abliefern. So sehen wir auf entsprechenden Münzen einen Adler, der oft den toten Herrscher durch die Lüfte trägt: Bei der Vergöttlichungsfeier wurde eine solcher Adler vom brennenden Scheiterhaufen aus freigelassen. Auch den Scheiterhaufen selbst sehen wir auf vielen Konsekrationsmünzen. Er ist dreigeschossig und mit Statuen geschmückt.

Eine neue Zeit der Wirren begann mit der Thronbesteigung Caracallas (198–217); von da an waren grausame, oft psychomane Kaiser keine Seltenheit mehr. Kennzeichnend für seine Regierungszeit waren die von ihm in Umlauf gebrachten riesigen Münzmengen. Im Zuge seiner Münzreform von 215 n. Chr. wurde erstmals eine neue Münze ausgegeben, der zunächst auf zwei Denare bewertete Antoninian. Eine bemerkenswerte Praxis zu Caracallas Zeit war die *damnatio memoriae,* die ewige Verbannung einer jeden Erinnerung, die mit großem Fleiß gegenüber Münzen mit dem Bildnis des Geta gehandhabt wurde. Alle diese Münzen ließ Caracalla nach der Ermordung seines Bruders einziehen.

Ein Vetter Caracallas brachte einen neuen Sonnengottkult nach Rom. Dieser Vetter war mit dreizehn Jahren nach Syrien gekommen und dort Priester des Elagabal von Emesa geworden, eines als Heliogabal weithin im Orient verehrten Sonnengottes. Von den syrischen Legionen zum Kaiser ausgerufen, zog er mit vierzehn Jahren in einem von schneeweißen Pferden gezogenen Wagen mit dem heiligen Stein von Emesa in der Hauptstadt des Römerreiches ein, wo er dann vier Jahre lang unter dem Namen Elagabal herrschte. Den angeblich »vom Himmel gefallenen« konischen heiligen Stein, der in einem prächtigen Tempel auf dem Palatin zur Schau gestellt wurde, sehen wir auf den

Münzen dieses Kaisers ebenso wie ihn selbst im Priestergewand, wie er vor einem Altar opfert.
Bald nach Elagabals Ermordung wurde die Gefahr, die dem Römerreich durch aufsässige Völker an seinen Grenzen drohte, immer deutlicher sichtbar. Germanen, Sarmaten und Perser konnten nur noch mit Mühe gebändigt werden. Die gefährlichsten Feinde waren die Sassanidenherrscher, die in Persien an die Macht gelangt waren. Für Rom brach nun die Zeit der Soldatenkaiser an. Man nennt sie so, weil sie großenteils aus den Reihen des Militärs kamen. Die zu Kaiser gewordenen Generale trugen viel dazu bei, das Bild der Münzprägungen jener Jahre zu beleben.
Eine interessante Gruppe von Münzen gab Philippus I. Arabs (244–249) anläßlich der Tausendjahrfeier der Gründung Roms 248 n. Chr. aus. Bei dieser Gelegenheit wurden im Circus Maximus prunkvolle *ludi saeculares* abgehalten, die ebenso wie das neue Jahrhundert auf den Münzen gebührend gefeiert wurden.

Die späte Kaiserzeit

Die nahezu katastrophale Lage des römischen Münzwesens gegen Ende des 3. Jahrhunderts veranlaßte den Kaiser Diokletian (284–305), durch einen einschneidenden Eingriff das gesamte System umzustellen. Dazu gehörte auch seine berühmte Höchstpreisverfügung *(de maximis pretiis)* von 301, die dem verheerenden Anstieg der Lebenshaltungskosten Einhalt gebieten sollte. Zunächst führte er 295 eine durchgreifende Münzreform durch. Sein Ziel war es, das gesamte Geldwesen unter der straffen Kontrolle einer pyramidenförmig aufgebauten Verwaltung, an deren Spitze der Kaiser als Alleinherrscher stand, zu vereinheitlichen. Der Senat wurde gänzlich ausgeschlossen. Über das ganze Reichsgebiet verteilte Münzstätten hatten im Namen des Kaisers einheitliche Münzen zu schlagen, wobei jeder Münzort die jeweiligen Ausgaben durch den (oder die) Anfangsbuchstaben des Ortsnamens zu kennzeichnen hatte, etwa durch ein L für Londinium (London), ein R für Roma und später durch CONS für Constantinopolis (Konstantinopel). Später kamen weitere Abkürzungen dazu, beispielsweise OB – *obryziacum* – für »reines Gold« und PS – *pusulatum* – für »reines Silber«. Die Münzstätten waren gut durchorganisiert; man münzte jeweils in mehreren Werkstätten *(officinae)*, die auf den Münzen ebenfalls meist genannt sind.
Durch Diokletians Reform wurde eine vollgewichtige Münze aus reinem Gold im Wert von 25 Silbermünzen eingeführt, ferner eine Münze aus massivem Silber, der Argenteus (später in Siliqua umbenannt), sowie Bronzemünzen in drei Nominalen, von denen die größte, der Follis, einen Durchmesser von etwa 2,4 cm hatte. Abgewandelt wurde das neue Münzsystem nur wenige Jahrzehnte später (312 n. Chr.) von Konstantin I.: Er schuf eine leichtere Goldmünze, den Solidus, der viele Krisen überdauern sollte und dann vom Byzantinischen Reich übernommen wurde. Außer dem auf 24 silberne Siliquen bewerteten Goldsolidus gab es den halben Solidus (Semis) und den Drittelsolidus (Triens). Im 4. Jahrhundert tauchte eine neue Silbermünze auf. Sie hatte vermutlich einen Wert von zwei Siliquen und wird gewöhnlich als Miliarense bezeichnet. Leichter wurden auch die Bronzemünzen, die meist nur noch in zwei Größen und Nominalen in Umlauf waren. Interessant ist die Feststellung, daß im Verlauf des 4. Jahrhunderts Gold- und Silbermünzen regelmäßiger und in größeren Mengen ausgegeben wurden; dazu trugen sicherlich die Edelmetallmengen bei, die durch die Auflösung der heidnischen Tempelschätze verfügbar wurden.
Unter den ständigen Schlägen der unaufhörlich an die Grenzen anbrandenden Feinde zerbrach allmählich das Riesenreich in ein Westreich mit der Hauptstadt Rom und ein Ostreich mit der »zweiten« Hauptstadt Konstantinopel, die Konstantin der Große auf den Mauern des alten Byzanz am Bosporus gründete. Zunächst unterschieden sich die Münzen der beiden Reichsteile kaum voneinander, aber nachdem 395 die Teilung unter Arcadius und Honorius besiegelt wurde, traten die Unterschiede deutlicher hervor.
Die spätrömischen Münzen sind in Konzeption und Aussehen ganz anders als alle früheren Ausgaben. Neue religiöse Glaubensvorstellungen, eine neue Auffassung von der Beziehung zwischen dem Kaiser und seinen Untertanen, eine neue Einstellung zur Geschichte und neue künstlerische Auffassungen veränderten das Münzwesen grundlegend. Man betitelte den Kaiser auf den Münzen nunmehr als *d(ominus) n(oster)* (»unser Herr«) und bezeichnete ihn häufig als *p(ius) f(elix)* (»fromm und glücklich«); der traditionelle Augustus-Titel wurde natürlich beibehalten. Zwar blieben auf den Aversen die Kaiserbildnisse, aber sie wurden jetzt vereinheitlicht.
Hochinteressant sind neben den Titulaturen auch Inschriften auf den Reversen, die sich auf die Bestrebungen oder Taten der römischen Kaiser beziehen. Oft geben sie Aufschluß darüber, was den Römern jener Zeit am Herzen lag. An erster Stelle waren sie offenbar auf die Sicherung und Rettung des Reiches bedacht. Inschriften wie *beata tranquillitas* (»selige Ruhe«) und *fel. temp. reparatio* (»Wiederherstel-

lung glücklicher Zeiten«) verraten die wehmütige Sehnsucht nach einem Frieden, den Rom nicht mehr kannte. So ist auf den Münzbildern auch der Kampf gegen die vordringenden Barbaren allgegenwärtig; man feierte die Kaiser als *triumphator gentium barbarorum* (»Sieger über die Barbarenvölker«) oder als »Retter« und zeigte sie häufig, wie sie auf einen am Boden liegenden Gefangenen den Fuß setzen. Die erstrebenswertesten Ziele waren Sieg und Ruhm. So verlieh man auf den Münzen dem Kaiser oft hochtrabende Titel wie *victor omnium gentium* (»Sieger über alle Völker«) oder *victor totius orbis* (»Sieger über das ganze Erdenrund«) und bildete dazu die Siegesgöttin Victoria ab. Unter dem Einfluß des Christentums wurde aus der Siegesgöttin dann ein Siegesengel, der auf den Münzbildern oft ein Kreuz in der Hand hält.

Großer Verehrung erfreute sich der Schutzgeist *(genius)* des Kaisers oder des römischen Volkes, aber auch der aus dem Orient stammende Kult des Sonnengottes *Sol* oder *Sol invictus* fand zahlreiche Anhänger; er leitete sich vom monotheistischen Mithraskult her und ging auf den Münzen den ersten christlichen Äußerungen voraus.

Entsprechend der Vision, die Konstantin im Herbst 312 an der Milvischen Brücke in Rom hatte, befahl er seinen Soldaten, ihre Schilde mit dem Christusmonogramm, den griechischen Buchstaben X *(chi)* und P *(rho)*, zu kennzeichnen. Er erklärte seine neue Hauptstadt am Bosporus, das alte Byzanz, zum »zweiten Rom« und verlagerte einen Großteil der Pracht der alten Hauptstadt nach Konstantinopel, wie Byzanz fortan nach ihm genannt wurde. Wenig später wurde das Christentum zur Staatsreligion des Römerreichs erhoben; alle heidnischen Kulte wurden verboten.

Viele Münzen aus dieser Zeit tragen Gepräge mit der bekränzten oder behelmten Büste Konstantins, die bezeugen, daß der Kaiser offenbar zunächst dem Sol-Kult zuneigte. Durch Bildnisse sind auch seine Angehörigen auf den Münzen vertreten: seine Mutter Helena, die zum Christentum übertrat, seine Gemahlin Fausta, die der Kaiser ermorden ließ, und sein Sohn Crispus, der ebenfalls auf Veranlassung Konstantins getötet wurde.

Roms Macht schwand immer mehr dahin, aber Roms Ruhm blieb noch viele Jahrhunderte lang lebendig. Wie stark römische Traditionen allenthalben verwurzelt waren, bezeugen sogar die Münzausgaben jener Völker, die gekommen waren, um das Reich zu zerstören oder zu erobern.

Die Randzonen des Römerreiches

Das riesige Römerreich wurde von vielen Völkern gesäumt – von Galliern, Germanen, Sarmaten, Parthern, Persern, Juden, Afrikanern, um nur einige zu nennen. Deren Herrscher unterstellten sich fast allesamt römischer Schutzherrschaft und wurden dadurch von Rom mehr oder weniger abhängig. In großen Gebieten waren jenseits der Reichsgrenzen römische Gold- und Silbermünzen in Umlauf. Horte mit Münzen aus der Zeit des Augustus und des Tiberius hat man an so fernen Orten wie Maisur oder Trawankur in Indien gefunden, von wo die luxusliebenden Römer Schmucksteine (Beryll) und Gewürze, hauptsächlich Pfeffer, importierten. Die Iberische Halbinsel und Britannien, die reiche Bodenschätze zu bieten hatten, reizten die Römer schon früh, sich dort festzusetzen. So kamen in diesen Regionen sehr viele Münzen in Umlauf, nicht nur römische Prägungen, sondern auch lokale Nachprägungen römischer Münzen und bald auch eigenständige Ausgaben.

Auf der Iberischen Halbinsel kursierten solche Ausgaben mit Inschriften in der Landessprache. In Gallien und den von Kelten bevölkerten mittel- und osteuropäischen Gebieten prägte man zunächst vor allem griechische Münzen nach; die oft bizarren Gepräge sind Zeugnisse einer zwar primitiven, aber einfallsreichen Kunst. Nachgeprägt wurden dann von verschiedenen Völkern und Stämmen auch römische Münzen hauptsächlich aus der republikanischen Zeit; diese »barbarisierten« Ausgaben sind sowohl für Münzforscher als auch für Sammler hochinteressante Kostbarkeiten.

Als Cäsar nach Britannien übersetzte, waren dort bereits Goldmünzen und Eisenbarren als Zahlungsmittel üblich; viele auf der Insel ansässige Stämme und Häuptlinge stellten Münzen in unterschiedlichsten Ausformungen her.

Im Osten, in Kleinasien und Asien, waren viele Völker und Staaten römische Vasallen, erfreuten sich also einer gewissen Selbständigkeit. Das bezeugten die Herrscher dadurch, daß sie auf die Reverse der von ihnen ausgegebenen Münzen ihr eigenes Bildnis prägen ließen, während der Avers das Porträt des römischen Kaisers trug. Das Recht, Gold auszumünzen, wurde freilich nur den Herrschern des Bosporanischen Reiches zuerkannt; ihre Goldmünzen waren die einzigen, die damals neben dem Aureus in der antiken Welt kursierten.

1 Die Sage von Romulus und Remus, den Gründern Roms, auf einem Denarius des Münzmeisters Sextus Popeius Fostulus, um 137 v. Chr.

2 Die Sage von der verräterischen Tarpeia, die unter feindlichen Schilden begraben wird, auf einem Denarius des L. Titurius Sabinus, um 89 v. Chr.

3–4 Der edel geformte Kopf Apollons, des Förderers und Beschützers der Künste, und Urania, die Muse der Sternenkunde, auf einem Denarius des Q. Pomponius Musa, 66 v. Chr.

5 Das furchterregende Antlitz der Medusa, die durch ihren Blick alles versteinerte, wurde auf diesem Denarius des L. Plautius Plancus (um 47 v. Chr.) eindrucksvoll wiedergegeben.

6 Der von seinem Hunde Argos begrüßte heimkehrende Odysseus auf einem Denarius des C. Mamilius Limetanus, um 82 v. Chr.

7 Mit Siegespalme und losen Lederriemen sehen wir den siegreichen Athleten auf einem Denarius des L. Plaetorius, um 74 v. Chr.

8 Der gewandte Desultor, der sich während des Rennens von einem Pferd aufs andere schwingen konnte, auf einem Denarius des C. Marcius Censorinus, um 88 v. Chr.

9 Zange, Amboß und Hammer waren die Werkzeuge des Münzers, wie sie T. Carisius auf seinem Denarius darstellte (um 45 v. Chr.).

10 Die Villa Publica, das Gästehaus für fremde Gesandte in Rom, auf einem Denarius des P. Fonteius Capito, um 61 v. Chr.

11 Ansicht des Comitiums mit Bürgern, die ihre Stimmtafeln (»tabellae«) in eine Urne (»cista«) einwerfen, auf einem Denarius des P. Licinius Nerva, um 113 v. Chr.

12 Römischer Bürger, der ein Täfelchen mit einem V (für »uti rogas« = zustimmen) in eine Urne wirft, auf einem Denarius des L. Cassius Longinus, um 63 v. Chr.

13 Kopf eines gallischen Kriegers, vermutlich des Arvernerfürsten Vercingetorix, Cäsars gefürchteter Gegner, auf einem Denarius des L. Hostilius Saserna, um 48 v. Chr.

14 Gallier und Gallierin unter einem Tropaion, das dem Volke Cäsars Siege verkünden sollte, auf einem Denarius, von Cäsar um 46–45 v. Chr. ausgegeben.

15 Lorbeerbekränztes Bildnis Cäsars auf einem Denarius, der kurz nach seinem Tode 44 v. Chr. von P. Sepullius Macer geprägt wurde.

16 Durch die Inschrift »EID(ibus) MAR(tiis)« und der Darstellung der Freiheitsmütze zwischen zwei Dolchen auf einem Denarius von 43 v. Chr. wollte Brutus aller Welt seine Tat verkünden.

17 Bildnis eines der mächtigsten Gegner Cäsars, Cn. Pompeius Magnus, mit Delphinen und Dreizack als Sinnbild seiner Seemacht auf einem Denarius des Q. Nasidius, um 43 v. Chr.

18 Die etwas derben Züge des berühmten Triumvirs Marcus Antonius auf einem Denarius, den er gemeinsam mit seinem Bruder Lucius in Ephesus um 41 v. Chr. ausgab.

19 Die Bildnisse des jugendlichen Kaisers Nero (54–68 n. Chr.) und seiner Mutter Agrippina d. J. auf einem Aureus, der im ersten Jahre seiner Regierung geprägt wurde.

20 Der lorbeerbekränzte Kopf des Kaisers Nero auf einem Denarius, der zehn Jahre später in Rom ausgegeben wurde.

21 Das edle Profil des Augustus auf einem Denarius, der während seiner Alleinherrschaft als Octavianus um 31–29 v. Chr. geprägt wurde.

22 An einen Baum gekettetes Krokodil auf einer Bronzemünze, die im Namen von Augustus und Agrippa in Nemausus (Nîmes) 10 v. Chr. geschlagen wurde.

23 Ein eindrucksvolles Bildnis des Kaisers Vespasianus (69–79 n. Chr.) mit Strahlenkrone auf einem Dupondius, 73 n. Chr.

24 Siegesgöttin hängt ein Schild an eine Trophäe, zu deren Füßen die trauernde Figur der Judaea victa sitzt, auf einem Denarius, der 80–81 n. Chr. von Titus zu Ehren seines verstorbenen und vergöttlichten Vaters Vespasian ausgegeben wurde.

25 Bildnis des Kaisers Trajan mit Strahlenkrone auf einem Dupondius, um 98–99 n. Chr.

26 Gefangener Daker neben einem Haufen von Waffen auf einem Denarius, der nach der Eroberung Dakiens von Kaiser Trajan 107–111 n. Chr. ausgegeben wurde.

27 Rhinozerus auf einem Quadrans (kleine Kupfermünze), ausgegeben von Domitian (81–96 n. Chr.), der diese Tiere erstmals in Rom zeigen ließ.

28 Kaiser Marcus Aurelius (161–180 n. Chr.) hebt die kniende Italia empor und läßt sich nach den Kriegen mit den Germanen als Wiedererbauer (»restitutor«) Italiens preisen: Sestertius, um 172/173 n. Chr.

29 Agrippina die Jüngere (15–59 n. Chr.), die Gemahlin des Kaisers Claudius und Mutter Neros, auf einem Denarius, unter Claudius um 50–54 n. Chr. in Rom geprägt.

30 Faustina die Ältere, die Gemahlin des Antoninus Pius, die 141 n. Chr. starb und von ihrem Gemahl unter die Götter erhoben wurde, auf einem nach ihrem Tode ausgegebenen Denarius.

31 Julia Domna aus Syrien (167–217 n. Chr.), die Gemahlin des Kaisers Septimius Severus; ihr Bildnis ziert viele Münzen, die ihr Gemahl und ihr Sohn Caracalla prägen ließen.

32 Julia Mamaea, die Schwester Julia Domnas, wurde von ihrem Enkel, dem Kaiser Elagabalus (218–222 n. Chr.), auf Aurei und Denaren abgebildet.

33 Helena (257–337 n. Chr.), die Mutter des Kaisers Konstantin d. Gr., auf einer kleinen Kupfermünze Konstantins; stark stilisiertes Bildnis mit sehr ausführlich gezeichneter Haartracht.

34 Anmutiges Bildnis der frommen, gebildeten, als Schriftstellerin bekannten Kaiserin Eudokia († 460 n. Chr.), der Gemahlin des Kaisers Theodosius II., auf einem kleinen Gold-Tremissis.

35 Knabenbildnis des zehnjährigen Geta (189–212 n. Chr.), Mitregent seines Bruders Caracalla, der später von ihm ermordet wurde; Denarius, 198 n. Chr. von seinem Vater Septimius Severus ausgegeben.

36 Der Sohn Konstantins des Großen, der als Konstantin II. 337–340 regierte, wird von der Victoria, die er auf einer Erdkugel hält, bekränzt: kleine Bronzemünze, in Trier 320 n. Chr. geprägt.

37 Das stark stilisierte, doch fein geschnittene Porträt Konstantins des Großen (307–337 n. Chr.) auf einer kleinen Bronzemünze aus Trier.

38 Das mit einem Perlendiadem geschmückte Haupt des Kaisers Konstantius II. (337–361 n. Chr.) auf einem Gold-Solidus aus Antiocheia.

39 Die Personifizierung der Provinz Dakien mit einem in einem Eselskopf endenden Stab auf einem Antoninianus des Kaisers Traianus Decius (248–251 n. Chr.).

40 Anläßlich des tausendjährigem Bestehens Roms ließ Kaiser Philippus I. (244–249 n. Chr.) Spiele veranstalten und viele Tiere nach Rom bringen: Antilope auf einem Antoninianus, 248 n. Chr.

41 Hier wird der spätrömische Herrscherkult durch den Genius des Kaisers versinnbildlicht, der ein Füllhorn und einen Serapiskopf hält: kleine Bronzemünze des Kaisers Maximinus II. (309–313 n. Chr.) aus Antiocheia.

42 Konstantin der Große verehrte den Sonnengott Sol, der hier mit Strahlenkrone und Erdkugel dargestellt ist: kleine Bronzemünze aus Trier.

Kunst und Geschichte im Spiegel der römischen Münze

BYZANZ UND DIE SUCHE NACH DER STADT GOTTES

Oben links: Wenn die Siegesgöttin mit einem langschäftigen Kreuz auf dieser Münze des Anastasios nach links schreitet, wird der Unterschied zum römischen Vorbild vor allem in der zweidimensionalen Art der Darstellung deutlich. Thessalonike, Goldsolidus, 491–514 n. Chr.

Oben Mitte: Eduard III. von England (1327–1377) begann 1337 den sogenannten »Hundertjährigen Krieg« mit Frankreich. Die Vorderseite dieses Nobels zeigt König Richard als gewappnete Halbfigur in einem Schiff, noch mit dem Titel »König von Frankreich«. London, Nobel, 1356–1361.

Oben rechts: Für den kunstsinnigen Hohenstaufenkaiser Friedrich II. dienten die Münzen der römischen Kaiserzeit in Stil und Technik (Hochrelief) als unmittelbare Anregung. Brindisi, Augustalis, 1231.

Unten links: Ab Konstantin dem Großen, d. h. vom 5. bis zum 15. Jahrhundert, war das oströmische Reich vom Christentum geprägt, dessen Symbole auf allen byzantinischen Münzen zu finden sind. Konstans II. (641–668), Goldsolidus, 647 n. Chr.

Unten Mitte: Der venezianische Dukaten, auf italienisch »zecchino« (Zechine) nach dem Wort für Münze »zeccha« genannt, wurde vom Ende der Kreuzzüge bis zum Ersten Weltkrieg geprägt und tausendfach bis nach Indien nachgeahmt. Links der heilige Markus, vor dem rechts der Doge kniet. Venedig, Dukaten, 1312–1328.

Unten rechts: Etwas respektlos als »Goldhammel« bezeichneten die Franzosen die 25 Schillingen entsprechende Goldmünze König Johanns II., des Guten, deren Rückseite die Inschrift trägt: »O Du Lamm Gottes, der Du trägst die Sünde der Welt, erbarm Dich unser!« Frankreich, Mouton d'or, 1355.

Münzen des Mittelalters – Werte und Nominale

1 Das M bezeichnete den Wert 40 (Nummia) auf byzantinischen Kupfermünzen: Follis oder 40-Nummia-Stück von Tiberius II. Konstantin (578–582 n. Chr.) aus Antiocheia.

2 Büste des Kaisers Justinian I. (527–565 n. Chr.) auf einem großen kupfernen 40-Nummia-Stück, 539/540 in Nikomedien geschlagen.

3 Gold-Nomisma mit den Büsten des byzantinischen Kaisers Michael III. und seiner Mutter Theodora (842–867 n. Chr.).

4 Dieser Tremissis des Kaisers Anastasios I. (491–518 n. Chr.) entsprach im Wert dem dritten Teil eines Gold-Solidus.

5 Dicker Semissis im Wert eines halben Gold-Solidus, in Sizilien im Namen Michaels II. und seines Sohnes Theophilos (820–842 n. Chr.) ausgegeben.

6 Diese schüsselförmige Elektronmünze (Trachy Aspron) wurde von Isaak II. Angelos (1185–1195) geprägt und zeigt die Krönung des Kaisers durch den heiligen Michael.

7 Die Ostgoten ahmten römische Münzbilder nach: Victoria auf einem Gold-Solidus den Athalarik (526–534 n. Chr.) in Ravenna schlagen ließ.

8 Eine völlig barbarisierte Zeichnung der Herrscherbüste auf einem Gold-Tremissis, der von dem Langobardenfürsten Perktarit (672–688 n. Chr.) geprägt wurde.

9 Stark stilisierte Büste des wandalischen Fürsten und Herzogs von Benevent Sikardus (832–839 n. Chr.) auf einem Gold-Tremissis.

10 Ankerkreuz auf einem Gold-Triens der Merowinger, der in Paris im 7. Jh. geprägt wurde.

11 Der arabische Einfluß auf Sizilien zeigt sich im Namen dieser kleinen Goldmünze, eines 2-Tari-Stückes, das Friedrich II. von Hohenstaufen (1197–1250) für Sizilien prägen ließ.

12 Monogramm Karls des Großen im Zentrum dieses in Mailand nach 790 n. Chr. geprägten Denars.

13 Die Inschrift »Christiana Religio« und eine tempelartige Kirchendarstellung, die seit Karl dem Großen als Sinnbild der christlichen Kirche auf Münzen erscheint, auf einem Denar, der unter Ludwig dem Frommen (814–840 n. Chr.) und später noch bis ins 10. Jh. hinein geprägt wurde.

14 Das Kreuz als zentrales Motiv auf einer schöngezeichneten Münze der Kreuzfahrer: Gros d'argent des Bohemund VI. (1268–1274), Graf von Tripolis.

15 Von Türmen umgebenes Stadttor auf einem Gros d'argent Bohemunds VII. (1274–1287) von Tripolis.

16 Kreuzfahrer ließen Kopien arabischer Goldmünzen prägen: Besant, um 1124–1127 von Balduin II. du Bourg in Syrien in Nachahmung eines fatimidischen Dinars geprägt.

17 Die fränkischen Fürsten von Syrien ließen um 1251 und später Gold-Besanten (Byzantiner) mit christlichen Inschriften, aber arabischen Schriftzeichen in Akkon prägen.

18 Die italienische Stadt Bologna gab während der republikanischen Zeit (1191–1337) diesen Silber-Grosso (Bolognino) aus.

19 Obol, eine kleine Silbermünze, aus Brescia (Norditalien, 1186–1254).

20 Die Republik Florenz begann 1252 eine der frühesten und wichtigsten Goldprägungen, den Fiorino d'oro: Florentiner Lilie und der heilige Johannes wurden für viele Jahrhunderte das ständige Münzbild dieser Prägung.

21 Die Silberprägung von Florenz, der Fiorino d'argento, ging der Goldprägung um etwa 20 Jahre voraus: Lilie und Büste des hl. Johannes.

22 Stark stilisierte Darstellung des heiligen Moritz auf einem der ältesten Brakteaten, dem sogenannten Moritzpfennig, der im Erzbistum Magdeburg von Adelgod (1107–1109) oder Rudgar (1119–1125) geprägt wurde.

23 Büste des heiligen Stephanus auf einem Brakteat aus Halberstadt, vermutlich unter Bischof Gero von Schermbke (1160–1177) geprägt.

24 Venedig folgte dem Beispiel von Florenz und prägte seit 1284 den Dukaten oder Zecchino mit dem vor dem heiligen Markus knienden Dogen und mit Christus in einer Mandorla: Dukaten des Dogen Pietro Gradenigo (1289–1311).

25 Venezianischer Silber-Grosso (Matapan) des Dogen Pietro Gradenigo (1289–1311).

26 Profilbüste auf einem silbernen Penny des angelsächsischen Königs Eduard des Bekenners (1042–1066).

27 Goldgulden, in Bonn vom Kölner Erzbischof Dietrich von Mörs (1414–1463) in Nachahmung der Florentiner Goldmünzen geprägt (1414–1419).

28 Der in Schweden von Erich III. von Pommern (1396–1439) in Nachahmung des englischen Penny geprägte Örtug.

29 Nach der stilisierten Zeichnung des Schlosses von Tours (in der Mitte der Münze) wurde dieses Silberstück Gros tournois (Turnos) genannt, es wurde erstmals von Ludwig IX. von Frankreich (1226–1270) geprägt.

30 Gekrönte Königsbüste auf einem »long-cross-penny«, von Eduard I. von England in London (1278–1307) geprägt.

31 Groat oder Silbergroschen, im Namen Eduards III. (1327–1377) ausgegeben.

32 Ein dem französischen Turnosen nachgeprägter Silbergroschen des Kölner Erzbischofs Walram von Jülich (1332–1349).

33 Der böhmische Löwe, auf dem von Johann von Luxemburg (1310–1346) ausgegebenen Prager Groschen.

34 Der weitverbreitete ungarische Dukaten des Königs Matthias Corvinus (1458–1490).

35 Der vielgesuchte Meißener- oder Fürstengroschen, von Friedrich I. dem Streitbaren von Sachsen-Meißen (1382–1428) ausgegeben.

36 Der sogenannte Judenkopfgroschen, von Wilhelm III. dem Tapferen von Sachsen-Meißen (1428–1482) geprägt.

Das Byzantinische Reich

Es sollte lange, sehr lange dauern, bis Ruhm und Glanz des altehrwürdigen Römerreiches erloschen waren. Während der Westteil des Reiches unter dem Ansturm der Völkerwanderung eine lange, schmerzhafte Agonie durchmachte, bildete sich im Osten ein neues Reich mit der Hauptstadt Konstantinopel aus, das bald zur beherrschenden Macht im Mittelmeerraum wurde. Dieses Oströmische Reich, das nach der alten Griechenstadt Byzantion, auf deren Grundmauern die neue Hauptstadt Konstantinopel errichtet worden war, auch Byzantinisches Reich genannt wurde, bewahrte das kulturelle Erbe Roms, freilich nicht ohne es zu verwandeln. Dies machen die Emissionen der ersten oströmischen Kaiser ganz deutlich: Nur allmählich wichen die lateinischen Inschriften und spätrömischen Bilder griechischen Legenden und Darstellungen, doch auch dann bezeichneten sich die Kaiser noch häufig als *basileus romaion*, als »König der Römer«.

Ab der Zeit Konstantins des Großen wirkte sich im Oströmischen Reich ein neues, mächtiges Element aus – das Christentum, das immer stärker wurde, bis es schließlich, zur beherrschenden Kraft geworden, dem ganzen Reich seinen Stempel aufdrückte. Mehr als tausend Jahre lang, vom 5. bis 15. Jahrhundert, sollte das Byzantinische Reich Bestand haben. Auf dem Höhepunkt seiner Macht, im 6. und 7. Jahrhundert, reichte es von den Gestaden Spaniens bis in die Ebenen des Zweistromlandes und von der Küste Nordafrikas bis zum Schwarzen Meer. Eingeschlossen waren auch Teile Süd- und Mittelitaliens mit der alten Hauptstadt Rom.

Der *basileus* oder *despotes*, wie der oströmische Kaiser später betitelt wurde, galt als Stellvertreter Gottes auf Erden. Er war ein unumschränkter Alleinherrscher, ein Autokrat – dieser Titel findet sich oft auf Münzen. Beschützt und unterstützt bei seiner Mission wurde er durch Christus, die Gottesmutter Maria und die Heiligen. Manche Kaiser bezeichneten sich als »Diener Gottes« oder trugen, wie wir auf Münzen sehen können, in der linken Hand einen mit Sand oder Erde gefüllten purpurnen Beutel – *akakia* – als Memento mori, als Erinnerung an die Vergänglichkeit alles Irdischen. Der Kaiser war die zentrale Figur bei vielen Staatszeremonien, die in Byzanz sehr häufig stattfanden. Ein wesentliches Element des Kaiserkults war die Aufrechterhaltung einer pompösen Fassade, bei der Kleidung und alle anderen wichtigen Elemente bis ins kleinste Detail hinein genau vorgeschrieben waren. Es galt, zahlreiche Regeln und Vorschriften gewissenhaft zu beachten, was im Lauf der Zeit zu einer gestelzt-feierlichen Erstarrung führte, die bald auch auf die Kunst übergriff. Auf den byzantinischen Münzen ist sie nur allzu deutlich.

Das Byzantinische Reich hat ein umfangreiches numismatisches Erbe hinterlassen: eine Fülle von Ausgaben in den drei Metallen Gold, Silber und Bronze. Bedenkt man jedoch, wie wechselvoll und wie reich an großen Ereignissen die byzantinische Geschichte war, so stellt das Münzwesen lediglich einen schwachen Abglanz dieser bewegten tausend Jahre dar. Mit wenigen Ausnahmen trugen die Münzen stets die Büste oder Ganzfigur des Kaisers, begleitet manchmal von der Darstellung eines Angehörigen seiner Familie.

Solche Porträtmünzen hätten eine wertvolle Dokumentation sein können, wenn die byzantinischen Stempelschneider je nach dem Beispiel ihrer römischen Vorgänger versucht hätten, die Bildnisse lebensecht zu gestalten. Aber sie beschränkten sich von Anfang an auf die konventionelle Wiedergabe einer Symbolfigur, bei der nur ganz augenfällige persönliche Kennzeichen berücksichtigt wurden, etwa das Alter oder die Haartracht. Im Grund genommen sind die byzantinischen Münzbilder zweidimensional; oft ist das Gesicht nur durch eine einfache Linie umrissen, sind die Augen nur als Kugeln aufgesetzt. Um den Symbolismus dieser Darstellung des die oberste Macht in Händen haltenden Mannes deutlich zu machen, mußte man die Regalien und Insignien des Kaisertums zeigen. In dieser Hinsicht sind die byzantinischen Münzen allerdings Dokumente von unschätzbarem Wert, waren doch die Stempelschneider bemüht, bei Kleidung und Attributen auch die kleinsten Einzelheiten exakt wiederzugeben.

Während das westliche Europa unter einer akuten Goldknappheit litt, wurde im Byzantinischen Reich Gold in großen Mengen ausgemünzt. Als Einheit übernahmen die Byzantiner den spätrömischen Goldsolidus von rund 4,5 g. Sie behielten Modul und Form bei, nannten die Münze jedoch Nomisma. Durch die Kreuzfahrer gelangte sie in großer Zahl ins Abendland, wo man sie nach der Herkunft als Besam oder Byzantiner bezeichnete. In der Frühzeit gab man auch Stückelungen des Solidus aus, den halben Solidus oder Semissis und den Drittelsolidus oder Tremissis. Der hohe Feingoldgehalt des Solidus blieb bis zum 11. Jahrhundert unverändert; dann aber wurde die Münze stark verschlechtert, bis sie schließlich aus Elektron bestand. Ebenfalls im 11. Jahrhundert tauchten im Byzantinischen Reich sehr eigenartig geformte Goldmünzen auf: Sie waren dünn und becherförmig. Man nennt sie Skyphate (Schüsselmünzen).

Silber wurde in Byzanz nur wenig ausgemünzt. Zunächst übernahm man von den Römern die rund 1,8 g schwere Siliqua, die halbe Siliqua und vor allem das etwa 4,55 g schwere Miliaresion. Kaiser Herakleios (610–641) führte eine neue schwere Silbermünze ein, das rund 6,82 g schwere Hexagramm. Es kam in großen Mengen in Umlauf, konnte sich aber nur etwa ein halbes Jahrhundert lang halten und wurde dann durch leichtere und dünnere Münzen ersetzt. Die letzten Emissionen des Byzantinischen Reiches bestanden nur noch aus sehr plump gestalteten Silber- und Bronzemünzen.

In den ersten drei Jahrhunderten des Reiches ließen die Kaiser für zeremonielle Zwecke oder als Geschenke für fremde Potentaten nicht selten besondere Gold- und Silbermünzen prägen, die keine regulären Zahlungsmittel waren.

Sehr vielgestaltig und zahlreich waren die Bronzeausmünzungen. Eine der bedeutungsvollsten Münzreformen führte 498 Kaiser Anastasios I. durch: Er ordnete an, daß die Bronzemünzen fortan genaue Wertangaben tragen müßten. Die höchste Nominale in Bronze, die unter ihm ausgegeben wurde, war der Follis im Wert von 40 Nummia; dieser Wert war auf dem Revers in Form eines großen M aufgeprägt. Der halbe Follis trug als Markierung ein K (Wert von 20 Nummia), der Viertelfollis ein I (Wert von 10 Nummia). Diese Wertangaben wurden während der nächste 300 Jahre auf allen Kupfermünzen beibehalten, wenn auch Modul und Gewicht dieser Münzen ständig reduziert wurden. Seit dem 9. Jahrhundert verzichtete man dann auf die Angabe des Wertes. Das Gepräge der Bronzemünzen wechselte häufig, und während des 12. und 13. Jahrhunderts wurde auch sehr minderwertiges Billon zu Skyphaten geschlagen.

Um die reibungslose Versorgung aller Reichsgebiete mit Münzen zu sichern, mußten auch außerhalb der Hauptstadt Münzstätten betrieben werden. Zur Zeit seiner größten Ausdehnung waren im Byzantinischen Reich zahlreiche Prägestätten in Betrieb, im Osten beispielsweise in Kyzikos, Nikomedeia, Antiochia, in Nordafrika in Alexandria und Karthago, im Westen in Rom, Catania, Syrakus und Ravenna. Bis zum frühen 8. Jahrhundert wurde dem Revers der Münzstättenname in einer abgekürzten Form aufgeprägt.

Vom 7. Jahrhundert ab verringerte sich die Zahl der Prägestätten fortlaufend. In den letzten vierhundert Jahren des Byzantinischen Reiches wurde fast nur noch in Konstantinopel gemünzt.

Manche byzantinischen Münzen tragen eine Fülle von Angaben, zum Teil sogar das Ausgabejahr, was bei antiken und mittelalterlichen Münzen eine Seltenheit ist. Diese ohne erkennbare Regel von verschiedenen Münzstätten geübte Praxis verschwand im frühen 8. Jahrhundert.

Die byzantinischen Kaiser und ihre Münzen

Wenn wir uns die verschiedenen Phasen des byzantinischen Münzwesens einmal genauer ansehen, entdecken wir zahlreiche faszinierende Aspekte.

Wir setzen den Beginn der byzantinischen Serie in die Regierungszeit des Kaisers Anastasios I. (491–518). Mit ihm nahm die oft wirre, manchmal grausame, stets aber hochinteressante Geschichte der Männer und Frauen auf dem byzantinischen Kaiserthron ihren eigentlichen Anfang. Anastasios, den wir auf vielen Gold- und Silbermünzen, gewappnet mit Helm oder Diadem, sehen, kommt das Verdienst zu, in einer Zeit, da die Hunnen im Abendland wüteten, seine Hauptstadt Konstantinopel zu der am stärksten befestigten Stadt der Welt gemacht zu haben. Einen Rekord in der Geschichte von Byzanz stellte er auch insofern auf, als er bei seinem Tod eine Schatzkammer hinterließ, in der Millionen von Goldstücken angehäuft waren.

Diese riesigen Summen setzte Justinian (527–565) ein, um große Gebiete im Westen zurückzuerobern, die sich in Afrika die Wandalen und in Italien die Goten angeeignet hatten. In Städten wie Alexandria, Karthago, Rom, Ravenna und Catania wurden kaiserliche Münzstätten eingerichtet. Auch die Hauptstadt selbst erlebte unter Justinian und seiner Gemahlin Theodora ihre wohl glorreichste und glanzvollste Zeit. Unter anderem ließen sie 537 mit nie zuvor gesehener Pracht die Hagia Sophia wiederaufbauen, die 523 bei einem Aufstand zerstört worden war. Neben der Kirche fand ein Reiterstandbild des Kaisers Aufstellung, das ihn gewappnet mit einem Federhelm auf dem Haupt zeigte. Vielleicht gehen auf diese Statue einige seiner Münzbilder zurück, beispielsweise Gold- und Bronzemünzen mit seiner Frontalbüste, die mit Brustpanzer und Federhelm ausgestattet ist; in der Hand hält der Kaiser den Reichsapfel.

Justinians unmittelbare Nachfolger waren teils schwach, teils aber auch vollkommen unfähig. Das Reich wurde in neue Kriege verwickelt: In Europa hatte man sich der Slawen, Awaren und Langobarden zu erwehren, in Asien der Sassaniden. Den Awaren mußte man Tribut zahlen, weitere Geldmittel flossen an die Franken ab, die man sich als Verbündete gegen die angreifenden Langobarden kaufte.

Nach Justinian gab es bei den Münzprägungen einige bemerkenswerte Veränderungen. So berichtet ein Chronist, Tiberios II. habe »dem Revers seiner Münzen ein Kreuz aufprägen lassen« – vermutlich eine Wiedergabe des über und über mit Gold und Edelsteinen geschmückten Kreuzes, das Theodosios II. im Jahr 420 auf Golgatha hatte errichten lassen und zu dem eine Treppe hinaufführte.

Auch Frauen aus der Kaiserfamilie wurden gelegentlich auf den Münzen abgebildet. Kaiser Maurikios Tiberios (582 bis 602) führte regelrechte »Familienbildnisse« ein: Manche in den Provinzen gemünzte Ausgaben zeigen ihn zusammen mit seiner Gemahlin und seinem Sohn. Eine andere interessante Neuerung war, daß man seit 578 unter Tiberios II. den Kaiser in dem aus Tunika und Loros (breite, lange Schärpe) bestehenden Konsulargewand darstellte. (Der Loros war aus den traditionellen, reich geschmückten *trabes* der Konsuln hervorgegangen, die um den Leib gebunden wurden.) Ferner hielt der Kaiser auf den Münzbildern nunmehr in der Linken das Konsulszepter mit Adler und Kreuz und in der Rechten die Mappa, ein gefaltetes weißes Tuch (man bezeichnete es auch als »Neros Serviette«, weil dieser Kaiser mit einem solchen Tuch einst das Zeichen zum Spielbeginn in der Arena gegeben hatte). Auf dem Haupt trug der Kaiser die reich mit Perlen und Edelsteinen besetzte Krone oder Stemma mit einem Kreuz darauf und zwei langen Gehängen (Pendilien) beidseits des Gesichts.

Die erste griechische Inschrift auf byzantinischen Münzen lautet *en touto nika* – »In diesem Zeichen siege!« Sie findet sich auf einer 641 in Konstantinopel ausgegebenen Bronzemünze. Langsam, aber stetig verdrängte die griechische Sprache das Latein in den Münzinschriften; in der Übergangszeit wurden zunächst häufig griechische und lateinische Buchstaben und Begriffe gemischt.

685 bestieg Justinian II. (685–695; 705–711) den Thron, aber seine Regierung endete tragisch: Zuerst wurde er nach zehn Jahren abgesetzt, und nachdem man ihm die Nase abgeschnitten hatte, schickte man ihn ins Exil. Zwar konnte er 705 noch einmal die Macht an sich reißen, aber sechs Jahre später wurde er nach grausamen Foltern geköpft. Seine Münzprägungen sind sehr interessant. Erstmals wurde nun Christus auf Münzen dargestellt, und zwar als Frontalbüste vor einem Kreuz mit dem Evangelienbuch in der Hand. Begleitet ist das Bild von der lateinischen Inschrift *rex regnantium* (»König der Könige«).

Mit dem aus Syrien stammenden Leon III. (717–741) kam eine neue Dynastie auf den Thron von Byzanz, die isaurische. Sie bewirkte eine Wiedererstarkung des Reiches. Unter dem Einfluß bilderfeindlicher östlicher Sekten kam es zum Bilderstreit: 726 befahl Leon, alle Ikonen und Heiligenbilder zu vernichten, und leitete damit den Bildersturm ein, der von der Armee getragen wurde, aber bei der Bevölkerung auf großen Widerstand stieß. Auf den Münzen spiegelte sich diese Entwicklung darin, daß man die erst vor kurzem eingeführte Christusdarstellung wieder aufgab. Statt dessen prägte man jetzt dem Avers die Büste des Kaisers und dem Revers die seines Sohnes Konstantin V. auf. Lediglich das Kreuz behielt man auf den Silbermünzen bei. Einer der letzten Isaurier war Konstantin VI. (780–797). Er regierte gemeinsam mit seiner Mutter, der schönen, aber gewissenlosen Eirene, die schließlich 797 ihren Sohn absetzen und blenden ließ, um selbst die Regierung zu übernehmen. Sie konnte zwar seit 787 zumindest zeitweise dem Bildersturm Einhalt gebieten, ließ aber ihre Münzen nicht entsprechend abändern. Ihre Goldsolidi tragen auf beiden Seiten ihre Büste in prächtig besticktem Gewand mit Krone und Zepter samt Reichsapfel. Letztlich verdankte ihr es Karl der Große, daß er am Weihnachtstag des Jahres 800 in Rom zum Kaiser der Römer gekrönt wurde: Papst Leo III. war mit einer Frau im Kaiserpurpur nicht einverstanden.

Die Christusbüste taucht erst wieder auf Münzen auf, die den Namen des Kaisers Michael III. (842–867) tragen. Dieser Kaiser, zu Recht »der Säufer« genannt, war ein übler Lüstling; Basileios ließ ihn ermorden und bestieg seinerseits den Thron. Damit kam eine der ruhmreichsten Dynastien in der byzantinischen Geschichte an die Macht, die Dynastie der Makedonier. Unter ihrer fast zweihundert Jahre (bis 1056) währenden Herrschaft erlebte das Reich den Höhepunkt seiner Machtentfaltung und eine großartige kulturelle Wiedergeburt.

Basileios I. (867–886) erwarb sich den Ruhm eines Reichserneuerers, der sich besonders um das Finanzwesen und um die Verteidigung der Reichsgrenzen kümmerte. Auf seinen Goldmünzen erscheint erstmals die majestätische Gestalt des thronenden Christus als »König der Könige«. Durch das einfache Gewand unterschied sich die Darstellung stark von den prächtig gewandeten Ganzfiguren des Basileios und seines Stiefsohnes auf dem Revers; bei deren Gewänder deutet ein sehr sorgfältig ausgeführtes Rautenmuster den reichen Besatz mit Gold, Perlen und Edelsteinen an.

Sein Sohn und Nachfolger, Leon VI. (886–912), »der Weise« oder auch »der Philosoph« genannt, sowie dessen Nachfolger, Konstantin VII. Porphyrogenitus (»der im Purpur Geborene«, 913–959), verdankten beide ihren Ruhm der Feder und nicht dem Schwert. Unter diesen hochgebildeten Herrschern erlebten die Künste eine Wiedergeburt, die sich auch auf den Münzen spiegelt. Auf diesen sind beide Kaiser in der ganzen Pracht des byzantinischen Herrscherkults abgebildet. Ein langer Bart umrahmt die würdevollen Gesichtszüge Leons VI. im prächtigen Purpurmantel; auf dem Haupt trägt er die massive Krone mit dem Kreuz obenauf (Stemma), in der rechten Hand den Reichsapfel mit einem Patriarchenkreuz. Den Loros, eine juwelenbesetzte, breite, etwa fünf Meter lange Schärpe, die obendrein reich bestickt war und um den Leib gewickelt und dann über den Unterarm geschlungen oder gelegt wurde, sehen wir sehr deutlich auf einer anderen Goldmünze, auf der Leon mit seinem Sohn Konstantin dargestellt ist.

Leon VI. führte auf seinen Goldmünzen die Frontalbüste der Muttergottes mit in typischer Bittgeste *(orans)* erhobenen Händen ein. Die einfache, aber sehr anmutige Figur in Mantel und einfachem syrischem Schleier ist eine Wiedergabe eines der populärsten Heiligenbilder in Konstantinopel, des Marienbildes, das von der ganzen Bevölkerung als Unterpfand für den himmlischen Schutz der Hauptstadt verehrt wurde und sich im Blachernäenpalast befand. Solche Darstellungen Christi, Mariens und verschiedener Heiliger, die den Kaiser krönen oder segnen, wurden von den Stempelschneidern aus der bildenden Kunst übernommen und finden sich von da an auf Münzen sehr häufig.

Auf die beiden Gelehrten auf dem Kaiserthron folgten einige Herrscher, unter denen das Byzantinische Reich den Höhepunkt seiner politischen Machtentfaltung erreichte: Nikephoros II. (963–969), Johannes I. Tzimiskes (969–976) und Basileios II. (976–1025). In Asien, Syrien und sogar in Armenien wurden große Gebiete zurückerobert, die in den vorangegangenen Jahrhunderten verlorengegangen waren.

»Glorreiche Muttergottes, wer auf Dich seine Hoffnung setzt, wird bei allem, was er tut, unweigerlich Erfolg haben.« Diese glühenden Dankesworte richtete Johannes Tzimiskes an die Himmelsmutter, nachdem er 972 einen glänzenden Sieg über die Russen errungen hatte. Dieselben Worte finden sich in Griechisch auf einer Silbermünze, die erstmals eine Frontalbüste der Muttergottes im Nimbus und mit dem Jesuskind auf den Armen trägt. Auf einer Goldmünze führte Johannes eine weitere Neuerung ein: Das Münzbild zeigt den von Maria gekrönten Kaiser, während vom Himmel herab eine *manus dei* (»Hand Gottes«) ihn segnet.

Im letzten Abschnitt der makedonischen Dynastie dominierten zwei ebenso interessante wie eigenwillige Prinzessinnen, Zoë und ihre Schwester Theodora, Töchter Konstantins VIII. Mit dem Tode Theodoras erlosch 1056 die ruhmreiche Dynastie.

Eine neue Dynastie, die der Komnenen, gründete ein Vertreter des reichen, mächtigen kleinasiatischen Adels, der sich 1057 des Throns bemächtigte: Isaak I. Komnenus (1057–1059). Auf seinen Münzen ließ er sich in Rüstung und mit einem großen Schwert darstellen. Das war den kriegerischen Zeiten durchaus angemessen, drängten doch nunmehr die seldschukischen Türken an die Reichsgrenzen in Kleinasien. Romanos IV. Diogenes (1067–1071) stellte sich ihnen in Armenien, aber die verheerende Niederlage bei Mantzikert (1071) versetzte dem Byzantinischen Reich einen grausamen Schlag: Der Kaiser fiel Alp Arslan in die Hände, wurde dann zwar wieder freigelassen, aber wenig später ermordet.

Die Niederlage bei Mantzikert hatte weitreichende Folgen. Nicht zuletzt wurden dadurch die Christen im Abendland auf die von den »Ungläubigen« drohende Gefahr aufmerksam. Der Papst versuchte, unter der Fahne des Kreuzes Könige und Fürsten zu sammeln, um das Christentum zu retten. Damit begann die Zeit der Kreuzzüge, die freilich Byzanz bald ebensoviel, wenn nicht mehr zu schaffen machten wie die von Osten her angreifenden Ungläubigen.

Der neu auf den Thron gelangte Alexios I. Komnenus (1081–1118) war ein geschickter Taktiker, der mit Hilfe seiner neuorganisierten Armee und einer klugen Außenpolitik die Reichsgrenzen zu verteidigen verstand. Um allen Erfordernissen gerecht zu werden, mußte er freilich eine rücksichtslose Finanzpolitik betreiben; um sich genügend Münzbronze zu beschaffen, ließ er öffentliche Denkmäler zerstören und einschmelzen, und gleichzeitig verschlechterte er das Geld.

An der Westgrenze des Reiches erhob sich ein gefährlicher Feind in Robert Guiscard, dem brillanten Normannenherrscher, der versuchte, sich durch umfangreiche Gebietseroberungen im Westen die Kaiserkrone zu sichern. Um seiner Herr zu werden, ging Alexios die Venezianer um Hilfe an, aber ausgerechnet von diesen Verbündeten drohte Byzanz fortan die größte Gefahr: Die venezianischen Schiffe wurden zu tödlichen Rivalen der byzantinischen Flotte.

Unter den Komnenenkaisern Johannes II. (1118–1143), Manuel I. (1143–1180) und Andronikos I. (1183–1185) zeigte man auf den Schüsselmünzen aus Gold, Elektron und Billon, den *nomismata,* auf der konvexen Seite den von Maria gekrönten Herrscher und auf der konkaven Seite den thronenden Christus. Die Stelle Mariens konnten auch andere Heilige einnehmen, etwa die Heiligen Georg, Theodor und Demetrius.

Ein schicksalhaftes Jahr für Byzanz war 1204. Kreuzfahrer, die aufgebrochen waren, um die Ungläubigen aus Ägypten zu verjagen, belagerten statt dessen Konstantinopel und nahmen es ein. Durch diesen unerwarteten Schlag zerbrach das Reich von Byzanz; kleine Teilreiche gruppierten sich um Zentren wie Nikaia in Kleinasien, Thessalonike in Nordgriechenland und Trapezunt am Schwarzen Meer. Sie waren die einzigen noch lebensfähigen Überreste des Reiches.

Ein Angehöriger des Geschlechts der Palaiologen aus Nikaia eroberte 1261 Konstantinopel zurück und erweckte das Byzantinische Reich zu neuem Leben: Michael VIII. (1261–1282). Mit ihm kam die letzte byzantinische Dynastie auf den Thron, die der Palaiologen. Trotz mancher großer Leistungen hat die Zeit der letzten elf Kaiser etwas Unheimliches an sich – im Grunde genommen war es nichts anderes als ein langsamer, aber unaufhaltsamer Todeskampf. Die Herrscher waren hauptsächlich darauf bedacht, ihre Hauptstadt neu zu befestigen und im Abendland Hilfe gegen die Türken zu finden, die in Kleinasien und auf dem Balkan immer näher rückten und den Ring um Konstantinopel immer enger schlossen. Aus den stolzen »Autokraten der Römer« waren tragische Gestalten geworden, die jede Demütigung auf sich nahmen, um von ihren christlichen Brüdern im Westen Unterstützung zu erlangen. Aber es war alles vergebens. Am 30. Mai 1453 zog Mehmed II. (1430–1481) als »Eroberer« in die Stadt und die Hagia Sophia ein, kurz nachdem der letzte Kaiser von Byzanz, Konstantin XI. (1449–1453), bei der Verteidigung der Hauptstadt mit vielen seiner Krieger den Tod gefunden hatte.

Die Emissionen der letzten Jahrhunderte des Byzantinischen Reiches machen deutlich, wie schlecht es um das Land bestellt war, dessen alter Glanz längst erloschen war. Das schüsselförmige *nomisma* war aus miserablem Gold recht plump gefertigt, und die Münzen aus Silber und Kupfer waren nicht besser. Zu manchen Zeiten waren Münzen so knapp, daß man sich mit venezianischen und Genoeser Münzen behelfen mußte, besonders mit venezianischen *mezzanini*. Die ständige Angst äußert sich auf den Münzen als christliche Demut: Auf den letzten byzantinischen »Gold«-Münzen knien sowohl Manuel VIII. (1261–1282) als auch Andronikos II. (1282–1328) vor Christus. Für die Münzrückseiten führte man ein völlig neues Bild ein: die Büste Mariens mit betend erhobenen Händen in den Mauern von Konstantinopel. Diese symbolische Darstellung sollte die Bevölkerung mit Mut und mit der Zuversicht erfüllen, daß ihre Stadt unter göttlichem Schutz stand.

Zwar setzte der 29. Mai 1453 einem alten, ruhmreichen Kaiserreich mit unerbittlicher Endgültigkeit einen Schlußstrich, aber dennoch vermochte dieser Tag das Vermächtnis Roms und Konstantins des Großen nicht völlig auszulöschen.

Die Kreuzzüge und der lateinische Orient

Die französischen Barone, die unter der Führung von Balduin von Flandern (1171–1205) zum vierten Kreuzzug aufgebrochen waren, kamen auf den venezianischen Schiffen des Dogen Enrico Dandolo vor die Mauern Konstantinopels. Dort mischten sie sich in dynastische Streitigkeiten ein, was schließlich damit endete, daß die Kreuzfahrer die Stadt stürmten. 1204 gründeten sie ein Lateinisches Kaiserreich unter Balduin, das sich jedoch in den Münzen nicht bemerkbar machte, da bis zur Rückeroberung der Stadt durch die Byzantiner im Jahr 1261 ausschließlich alte byzantinische Münzen und venezianische Silbermatapane den Münzbedarf deckten.

Aber zu jener Zeit waren abendländische Christen schon seit geraumer Zeit im östlichen Mittelmeerraum. Begonnen hatte es 1071 mit der Eroberung Jerusalems durch die Sarazenen: Als diese Kunde nach Westen drang, griffen Tausende von Rittern und ungezählte Gläubige im Abendland zu den Waffen, um das Heilige Land zu befreien und dem Kreuz zum Sieg zu verhelfen. Nach unsäglichen Leiden und Opfern gelangten sie schließlich vor die Tore Jerusalems, das sie nach erbitterten Kämpfen im Juni 1099 einnehmen konnten. Nun errichteten westliche Fürsten im östlichen Mittelmeergebiet neue Reiche: Edessa wurde 1097 dem Grafen Balduin von Bouillon als Beute zugesprochen, Antiocheia wurde 1098 zum Fürstentum unter Bohemund von Tarent ausgerufen, Gottfried von Bouillon schuf ein Königreich mit der Hauptstadt Jerusalem, und Tripolis fiel an den Grafen Bertrand von Toulouse. Den Nachfolgern dieser Fürsten gelang es, einige der Gebiete fast zweihundert Jahre lang gegen die unermüdlichen Angriffe der Sarazenen zu halten; dann jedoch verschwanden alle diese christlichen Reiche wieder von der Bildfläche.

Neben Bronzemünzen byzantinischer Art mit Christusbüste und Kreuz gab es kleine, anspruchslose, unterwertige Silbermünzen, Deniers und Obole, die sich an den französischen Münzausgaben orientierten und ein Kreuz mit einer umlaufenden Inschrift tragen. Die Emissionen der Grafen von Tripolis, der Fürsten von Antiocheia und der Könige von Jerusalem waren einander sehr ähnlich. Freilich weisen die Jerusalemer Münzen vielfältigere Darstellungen auf, und manche dieser Deniers und Obole aus schlechtem Silber sind sogar hochinteressant, auch wenn sie so berühmte Wahrzeichen wie die Grabeskirche, den Turm Davids oder den Jerusalemer Tempel nur in stark stilisierter Ausführung zeigen. Am reizvollsten sind die Groschen und halben Groschen aus gutem Silber, die der Normannenfürst Bohemund VI. (1268–1274) und sein Sohn Bohemund VII. (1275–1287) ausgaben; sie regierten ihr Fürstentum von Tripolis aus, nachdem unter dem Druck der Sarazenen 1268 Antiocheia hatte geräumt werden müssen. Die im Namen von Bohemund VI. geschlagenen Münzen tragen lateinisches Kreuz und Stern im Vierpaß und Bogenrand, das Bild der schönen Silbergroschen seines Sohnes Bohemund VII. stellt eine umwallte Festung mit drei Türmen im Bogenrand dar.

Unvollständig wäre dieser kurze Überblick ohne die Erwähnung der sogenannten sarazenischen Byzantiner (Besame, Besanten). Diese von den Kreuzfahrern in Syrien und Palästina geschlagenen Goldmünzen waren den arabischen Golddinaren und Silberdirhems nachgestaltet. Die christlichen Herrscher und besonders die Päpste entrüsteten sich über diese Münzen; Rom konnte sogar zumindest vorübergehend bewirken, daß diese Ausmünzungen eingestellt werden mußten. Aber nach der Mitte des 13. Jahrhunderts gingen dann die Venezianer dazu über, ähnliche Münzen zu prägen, weil sie für ihren Handel Geld brauchten, das auch von den Arabern angenommen wurde. Freilich trugen fortan diese silbernen Drachmen und goldenen Byzantiner ein christliches Glaubensbekenntnis, wenn auch weiterhin in arabischer Schrift. Manche zeigen in umlaufenden arabischen Legenden ein kleines Kreuz in der Mitte.

Im Schatten Roms

Als Romulus Augustulus, der letzte Herrscher auf dem weströmischen Kaiserthron, 476 n. Chr. durch Odowaker (434–493), einen Anführer der germanischen Heruler, abgesetzt wurde, brach im Abendland eine neue Zeit an. Nun überfluteten Westgoten, Wandalen, Ostgoten und Langobarden die Grenzen des Römerreiches und bemächtigten sich großer Gebiete in Italien und in anderen Teilen des Westreichs. Aber nachdem sie die Herrschaft an sich gerissen hatten, respektierten die Neuankömmlinge die künstlerischen wie die geldlichen Traditionen des eroberten Reiches. Beeinflußt durch das römische Münzsystem mit seiner Ikonographie, aber die Augen auch stets auf Byzanz gerichtet, schufen die Barbarenvölker Münzen, die spätrömische und byzantinische Gepräge nachahmten. Oft sind auf diesen Münzen Kaiser wie Valentinian III., Anastasios oder Justinian dargestellt und durch lateinische Inschriften gekennzeichnet. In der Regel fanden die Barbarenherrscher erst nach Jahrzehnten den Mut, ihre eigenen Namen – oft in der Form eines Monogramms – und Bildnisse auf die von ihnen ausgegebenen Münzen zu setzen. Die üblichen Nominale waren der römische Solidus und der Drittelsolidus, die Tremissis. Gold war damals in verhältnismäßig großen Mengen verfügbar.

Theoderich, der Große genannt (454–526), gründete 493 in Mittelitalien ein Ostgotenreich mit Ravenna als Hauptstadt. Obwohl er, der später zu einer legendären, mit dem Dietrich von Bern (= Verona) des Nibelungenliedes gleichgesetzten Gestalt wurde, einer der bedeutendsten Männer seiner Zeit war, setzte er auf die von ihm ausgegebenen kleinen Silbermünzen nur sein Monogramm; ansonsten trugen sie Bildnis und Namen der oströmischen Kaiser Anastasios oder Justin I. Lediglich dem aus besonderem Anlaß ausgegebenen dreifachen Solidus ließ Theoderich seine Frontalbüste aufprägen.

Die Geschichte des Ostgotenreiches, das sich nur knapp 60 Jahre lang halten konnte, ist reich an interessanten Gestalten und Ereignissen. Besonders faszinierend ist das Leben zweier Königinnen, Amalaswinthas, der Tochter des Theoderich, und ihrer Tochter Mathaswinta.

536 schickte sich der byzantinische Kaiser Justinian an, das Ostgotenreich zu zerschlagen; mit dieser Aufgabe betraute er zunächst Belisar und dann Narses. Belisar hatte bereits 533 dem im Jahr 429 von Genserich in Nordafrika errichteten Wandalenreich ein Ende bereitet; die Hauptstadt dieses Reiches war Karthago gewesen. Die Wandalenkönige hatten in der Hauptsache Nachprägungen römischer Solidi und vor allem Tremisses ausgegeben, aber ihren Silber- und Bronzemünzen die eigenen Bildnisse und Namen aufprägen lassen.

Aus dem Westgotenreich, das sich in Spanien fast dreihundert Jahre lang halten konnte, stammen kleine Goldtremisses mit den Namen des bedeutenden Königs Leowigild (572–586) und seiner Nachfolger. Üblichstes Münzbild ist ein beidseits aufgeprägter, stark stilisierter frontaler Kopf.

Stilistisch verwandt sind diesen Emissionen die Silber- und Goldmünzen der Langobarden. Diese waren zunächst von den Byzantinern nach Italien gerufen worden, um die Ostgoten in Schach zu halten, doch dann wurden sie ihrerseits zu einer großen Gefahr für das Byzantinische Reich. Unter Alboin (568–573) errichteten sie in Norditalien ein mächtiges Königreich mit der Hauptstadt Ticinum (Pavia). Wie alle anderen Barbarenherrscher zögerten die Langobardenkönige lange, ehe sie ihre Namen auf die Münzen brachten. Das Langobardenreich endete durch Karl den Großen, der 774 Pavia eroberte und König Desiderius in Gefangenschaft führte, um von da an selbst den Titel eines Königs der Langobarden zu tragen. Solidi mit geringem Feingoldgehalt und eindeutig byzantinischem Gepräge, aber in anderem Stil, wurden von den Langobardenherzögen und Herzogen von Benevent ausgegeben, die in Süditalien ein unabhängiges Herzogtum geschaffen hatten. Diese Münzen tragen auf dem Avers eine byzantinisch wirkende Frontalbüste mit den umlaufenden Namen der Herzöge (Grimuald, Sico, Sicardus usw.) und auf dem Revers ein ebenfalls byzantinisches Stufenkreuz.

Die Merowinger

»Und sie [die fränkischen Könige] veranstalteten in Arles Pferderennen und schlugen aus den Metallen der Bergwerke Galliens eine Goldmünze, bei der sie nicht, wie üblich, das Bildnis des römischen Kaisers, sondern das eigene Bildnis aufprägen ließen.« Diese Äußerung des byzantinischen Geschichtsschreibers Prokop bezog sich auf einen von dem Merowingerkönig Theudebert I. (534–548) ausgegebenen Goldsolidus. Nachdem Theudebert 539 in Italien eingefallen war, ließ er Goldmünzen schlagen, die sein Bildnis, seinen Namen und das stolze Epithet *victor* (»Sieger«) trugen. Das in Gallien gegründete Franken- oder Salierreich, das seit dem frühen 5. Jahrhundert von Königen aus dem Haus der Merowinger regiert wurde, brachte viele tapfere Herrscher hervor. Oft regierten mehrere Könige gleichzeitig über die verschiedenen Provinzen des Königtums. Von Zeit zu Zeit gelang es starken Herrschern, das Reich für einige Zeit zu einen, aber nach ihrem Tod wurde es immer wieder aufgeteilt (Gaukönigtum). Häufig wurde die Autorität der Könige durch Adel und Kirche, die immer mächtiger wurden, in Frage gestellt. Diese Zustände bereiteten nach und nach die Machtübernahme durch die Karolinger vor.

Die Merowinger folgten dem Beispiel der übrigen Barbarenherrscher und gründeten ihre Geldwirtschaft hauptsächlich auf Gold. In Nachahmung römisch-byzantinischer Münzen ließen sie Gold ausmünzen, in erster Linie zu Drittelsolidi (Trientes). Es waren kleine, bescheidene Stücke mit einfachen Bildern, entweder einer stark stilisierten, recht plumpen Profilbüste mit einer Victoria oder häufiger einem Kreuz, einem Stufenkreuz oder einem Kreuz auf einem Globus.

Im Laufe der Zeit entglitt den Königen das Münzrecht mehr und mehr; es wurde von den hohen weltlichen und geistlichen Würdenträgern übernommen. Das führte zu chaotischen Zuständen: Münzmeister, die in der Regel dem Stand der Goldschmiede entstammten, gingen dazu über, um des persönlichen Profits willen auf eigene Faust zu münzen, wann und wo immer Münzen benötigt wurden. Die kleinen Merowinger Goldtrientes liefern uns ein erstaunliches Namensgewirr von mehr als 900 Münzstätten und über 2000 Münzmeistern.

Im frühen 7. Jahrhundert erhielt das Merowingerreich mit König Dagobert I. (628–639) noch einmal einen außergewöhnlichen Herrscher. Er konnte das Gesamtreich wieder einigen, die Königsmacht stärken und freundschaftliche Beziehungen zu Byzanz herstellen. Wie er aussah, wissen wir zufällig durch ein einziges erhalten gebliebenes, in Limoges geschlagenes Medaillon: Es trägt die jugendliche, bartlose Büste des Königs, der als Zeichen seiner Würde ein Zepter hält. Vielleicht wurde die Medaille vom heiligen Eligius geschaffen, der nicht nur Bischof von Noyon, sondern auch Goldschmied war; als Oberaufseher des Münzwesens genoß er an Dagoberts Hof besondere Privilegien.

Nach Dagoberts Tod ging es mit dem Merowingerreich rasch bergab. Gegen Ende des 7. Jahrhunderts wurde das Gold allmählich durch das reichlicher verfügbare Silber verdrängt, besonders nachdem die großen Silberminen in Melle im westfranzösischen Poitou erschlossen worden waren. Gebräuchlichste Nominale wurde nunmehr der Denar, eine kleine Silbermünze; nach der *Lex Salica,* dem Gesetzeswerk der Franken, waren 40 Denare einen Solidus wert. Die Merowinger waren es also, die das Silber als Hauptmünzmetall des Mittelalters einführten. Damit nahm die traditionelle, auf Gold basierende römische Geldwirtschaft ihr Ende.

Die Karolinger

Ausgebaut wurde das unter den letzten Merowingern eingeführte Silbergeldsystem durch Pippin den Kurzen (751 bis 768), der 751 mit Billigung des Papstes den Merowingerkönig, Childerich III., absetzte und an seiner Stelle den Thron bestieg. Mit ihm kamen die Karolinger an die Macht. Pippin organisierte das gesamte Münzwesen völlig neu und brachte es vor allem wieder in die Gewalt der Krone. Eine grundlegende Neuerung war die Einführung einer neuen Münze, des *denarius argenteus* oder Silberpfennigs, der zur Grundlage des gesamten mittelalterlichen Münzwesens werden sollte. Nach dem Beispiel der Mauren und der Byzantiner zur Zeit des Bilderstreits benutzte Pippin auf seinen Münzen keine Bilder, sondern ließ lediglich Inschriften aufprägen. Die aus römischen Kapitalen geschmackvoll gestalteten Initialen als Abkürzungen von Pippins Namen und Titulatur verleihen seinen neuen, dünnen, aber sehr sorgfältig geschlagenen Münzen ein elegantes Aussehen.

Sein Sohn und Nachfolger, Karl der Große, führte glanzvoll weiter, was Pippin angebahnt hatte. Um die Wohlfahrt seines Reiches zu sichern, legte Karl auf gern genommenes Geld sehr großen Wert. In den Jahren 780–781 leitete er eine

Münzreform ein; 781 brachte er in Italien den Silberdenar in Umlauf. 12 Denare entsprachen im Wert einem Solidus aus Silber, 20 Solidi machten ein Pfund aus. Dieses Verhältnis von 12 Denaren oder Pfennigen zu einem Solidus oder Schilling und von 20 Schillingen zu einem Pfund hat sich in einem Teil Europas, in Großbritannien, fast anderthalb tausend Jahre lang gehalten; erst durch die Umstellung des britischen Münzwesens auf das Dezimalsystem fand es 1968 ein Ende.

Karl änderte auch das Gepräge. Hauptelemente seiner neuen Münzen waren sein Monogramm und ein Kreuz. Einen drastischen Wandel zog die Anerkennung Karls als Kaiser durch den Kaiser von Byzanz nach sich: Er ließ nun den Münzen seine Profilbüste aufprägen, die nach dem Vorbild römischer Kaiserporträts einen Lorbeerkranz trug; darum lief eine ebenfalls nach römischem Beispiel gestaltete Inschrift mit der Titulatur *imperator augustus.* Das bartlose Porträt ist dem Kopf einer aus Metz stammenden Reiterstatuette Karls des Großen recht ähnlich. Der Revers trägt eine aus einfachen Linien bestehende, wie ein heidnischer Tempel wirkende Kirche mit einem Kreuz in der Mitte und die Inschrift *christiana religio.* Wahrscheinlich soll das Bild die Peterskirche darstellen, in der Karl am Weihnachtstag des Jahres 800 vom Papst zum Kaiser gekrönt worden war. Die Inschrift bezieht sich darauf, daß diese Kirche in der Christenheit als Symbol des Christentums galt, als dessen Vorkämpfer Karl der Große sich allezeit verstand.

Wie riesig Karls Reich war, verraten uns die Namen der Münzstätten, die auf seinen Ausgaben zu finden sind: Mailand, Pavia, Trier, Mainz und viele andere. Generell betrachtete er das Münzrecht als königliches Privileg, und 808 wurde sogar ein Gesetz erlassen, nach dem nur »ad curtem«, also in der Kaiserpfalz, gemünzt werden durfte, aber er machte auch Ausnahmen, gewährte beispielsweise manchen Klöstern das Münzrecht. Spätere Herrscher verliehen dann das Münzregal auch an hohe kirchliche Würdenträger, um deren Unterstützung gegen den Adel zu gewinnen. Anfänglich blieben die Klöster und Bischöfe bei den Geprägen der kaiserlichen Ausgaben und fügten ihnen lediglich bestimmte Initialen oder Symbole bei, aber vom 10. Jahrhundert an wurden die Emissionen der geistlichen und weltlichen Fürsten von der Krone unabhängig und auch erheblich umfangreicher.

Nach Karls Tod waren die Tage der »karolingischen Renaissance« gezählt. Mit dem Schwinden der königlichen Autorität ging ein Absinken des Münzwesens Hand in Hand. Weiterhin benutzte man das Christiana-Religio-Gepräge und sogar das Monogramm Karls des Großen. 864 versuchte Karl der Kahle (840–877), durch das Edikt von Pîtres ein einheitliches Gepräge für die Denare durchzusetzen. Man ergänzte die Titulatur des Königs durch die Formel *gracia* [sic] *dei rex* (»König von Gottes Gnaden«), die bis in die Neuzeit hinein von vielen Herrschern verwendet wurde.

Frankreich im Mittelalter

Nach dem Tod Ludwigs des Frommen wurde das Frankenreich durch den Vertrag von Verdun (843) aufgeteilt. Das Westfrankenreich hatte lange unter Thronstreitigkeiten und blutigen Kriegen zu leiden. Aufsässige Adlige waren für die Königsmacht eine schwere Bedrohung. Nur allmählich besserte sich die Lage, nachdem 987 mit Hugo Capet eine neue Dynastie, die der Capetinger, auf den Thron gelangt war; sie konnte sich immerhin bis 1328 halten.

Die unübersichtliche politische Lage jener Zeit spiegelt sich sehr getreulich im komplexen, verwirrenden Münzwesen. Damals gaben Könige wie Adlige in Hunderten von verschiedenen Emissionen kleine, unansehnliche Silbermünzen aus, hauptsächlich Denare und halbe Denare (Obole). Die von Hugo Capet (987–996) eingeführten Denare, die seinen Namen und seine Titulatur und auf dem Revers den Münzstättennamen sowie ein Kreuz trugen, wurden von seinen Nachfolgern fast unverändert weiter geprägt.

Philipp II. gelang es, die Macht des Königtums zu stärken und Frankreich eine bedeutsame Rolle im Abendland zu sichern. Unter seiner Regierung nahmen Handel und Wirtschaft einen starken Aufschwung. Im Zuge seiner Münzreform brachte er zwei verschiedene Denare in Umlauf, den *denier parisis* (Pariser Denar) mit einer in zwei Zeilen über das Feld laufenden Inschrift und den *denier tournois* (Turnose) mit dem sogenannten *châtel tournois* (»Burg von Tours«) als Münzbild. Beide wurden zu den wichtigsten Münzen im ganzen Land.

Eine schwere Zeit war für Frankreich das 13. Jahrhundert. Die Schwierigkeiten begannen schon im 12. Jahrhundert unter Ludwig VII. (1137–1180), der wegen der englischen Gebiete auf französischem Boden einen Krieg vom Zaun brach; die Auseinandersetzungen mit England sollten sich über eine lange Zeit hinziehen. Krieg mit den Engländern führte wiederum Ludwig IX. (1226–1270); er wurde nach seinem Tod heiliggesprochen, »denn er war ein Kreuzfahrer, der das Kreuz trug, als er in Tunis den Tod fand«. 1254 führte er eine wichtige Münzreform durch. Für die neuen Handelsverbindungen, die durch die Kreuzzüge eröffnet worden waren, taugten die kaum im Binnenhandel ausreichenden kleinen Silbermünzen nicht im mindesten. Deshalb führte Ludwig 1266 eine schöne, 4,22 g schwere Silbermünze im Wert von 12 Deniers ein, den sogenannten *gros tournois* mit dem *châtel tournois* auf dem Revers; die Bezeichnung leitet sich von *denarius grossus* her, wie die Münze amtlich benannt wurde. Die tiefe Frömmigkeit des Königs äußert sich in der Inschrift *benedictus sit nomen domini dei jhesus christi* (»Gebenedeit sei der Name unseres Herrn und Gottes Jesus Christus«). Auch eine Goldmünze ließ der heilige Ludwig schlagen, den *denier d'or à l'écu*, so genannt nach dem Wappenschild *(écu)* mit Lilien, der die Münze schmückt. Nunmehr hatte Frankreich also wieder eine Goldmünze und eine brauchbare Silbermünze zur Verfügung.

Ludwigs Nachfolger, Philipp IV. (1285–1314), sah sich zu einer Geldentwertung gezwungen, um die hohen Kriegskosten bestreiten zu können. Er wurde deshalb von seinen Untertanen heftig kritisiert, und Dante verbannte ihn in der *Divina Commedia* gar als »Geldfälscher« ins Inferno. Anderseits entwickelte er die Goldausmünzungen weiter und ließ viele erlesene, mannigfache Gepräge herstellen, so daß eine der schönsten Münzserien entstand, die hinter den herrlichen Arbeiten der Elfenbeinschnitzer und Goldschmiede jener Zeit in nichts zurückstand. Ebenso vielfältig und anschaulich wie die Münzen selbst waren auch ihre Namen: *masse d'or* (»goldener Stab«), *chaise d'or* (»goldener Stuhl« oder »Thron«), *mouton d'or* oder *agnel d'or* (»goldenes Lamm«), *pavillon d'or* (»goldenes Zeltdach«). Philipps *masse d'or* zeigte frontal den thronenden König mit dem Stab (Zepter); auf dem *agnel d'or* oder *mouton d'or* ist das Agnus Dei (Lamm Gottes) dargestellt. Fortgesetzt wurde die Serie von Philipp VI. (1328–1350), dem ersten König aus dem Haus Valois; die schwierige Lage des Landes hielt ihn nicht davon ab, noch prächtigere Goldmünzen zu schaffen. Am herrlichsten ist ohne Zweifel sein *pavillon d'or*; wir sehen darauf den König unter einem prunkvollen Baldachin.

Philipps Sohn, Johann II. der Gute (1350–1364), wurde von den Engländern unter dem Schwarzen Prinzen gefangengenommen. Nach jahrelanger Gefangenschaft erlaubte man ihm die Rückkehr in die Heimat, nachdem er sich verpflichtet hatte, 3 Millionen Kronen Lösegeld zu zahlen. Für dieses Lösegeld schlug man 1360 eine neue, wunderschöne Goldmünze, den *franc d'or*. Darauf ist auf einem gewappneten Pferd der König in Rüstung und mit Schwert dargestellt. Das Münzmetall reichte jedoch nicht aus, um die volle vereinbarte Summe zu prägen, und so kehrte Johann freiwillig nach England zurück, wo er dann starb.

Deutschland

Das aus dem Ostfränkischen Königreich hervorgegangene Deutschland bietet im Mittelalter ein recht kompliziertes und oft verwirrendes Bild. Nacheinander regierten Könige und Kaiser aus sächsischem (919–1024), fränkischem (1024–1139) und hohenstaufischem Haus (1138–1254), aber sie alle, selbst die Hohenstaufer, sahen ihre Macht immer wieder durch einflußreiche weltliche und geistliche Fürsten bedroht. Seit der Zeit der Karolinger waren zahlreichen Fürsten und Prälaten Münzprivilegien verliehen worden, aber viele dieser Herren maßten sich auch kurzerhand solche Rechte auf eigene Faust an. So hatten die Fürsten im Laufe der Zeit ein eigenes, von der Krone unabhängiges Münzwesen geschaffen. Das hatte zur Folge, daß im Deutschen Reich an vielen Orten in großen Mengen sehr unterschiedliche Münzen geschlagen wurden, Pfennige und halbe Pfennige, deren Modul, Gewicht und Feingehalt ständig reduziert wurden.

Manche Städte entwickelten sich zu regen Handelszentren, und so wuchs in den betreffenden Gebieten der Geldbedarf. Um diesen zu befriedigen, verliehen die Kaiser vom 13. Jahrhundert an solchen Städten das Münzregal, erstmals 1226 an Lübeck. Schon vorher, seit dem 10. und 11. Jahrhundert, erfreuten sich manche lokalen Prägungen großer Beliebtheit und fanden in weiten Gebieten Verbreitung. Dazu gehörten der Kölner Pfennig mit dem Stadtnamen auf dem Revers, der im ganzen Rheinland und in Westfalen nachgeprägt wurde, der Regensburger Pfennig, der in Süddeutschland dominierte, die sächsischen oder Wendenpfennige mit dem »Holzkirchengepräge« und die Otto-Adelheid-Pfennige, die erstmals um 952 von Kaiser Otto und seiner Braut Adelheid ausgegeben und jahrhundertelang immer wieder nachgeprägt wurden.

Die Münzbilder dieser zahlreichen Emissionen weisen viele faszinierende, interessante Elemente auf, auch wenn sie oft in der Gestaltung naiv wirken und die Münzen schlecht geprägt sind. Neben den herkömmlichen Darstellungen der Münzherren – Könige, Bischöfe, Äbte, aber auch Gemahlinnen von Herrschern und Äbtissinnen – zeigte man eine Vielzahl von Heiligen oder auch religiöse Symbole. Große Sorgfalt verwandte man auf Architekturdarstellungen: Selbst kleine Münzen schmückte man häufig mit Wiedergaben tatsächlicher oder symbolischer Kirchen, Türme und Stadttore.

Wesentliche Veränderungen im deutschen Münzwesen brachte die Zeit der Hohenstaufer (1138–1254), eine Blütezeit mittelalterlicher Kultur und Kunst im Reich. Nunmehr entstanden Münzen, die zum Außergewöhnlichsten zählen, das je irgendwo geschaffen wurde – die Brakteaten. Der Pfennig erhielt ein neues Aussehen: Die Schrötlinge wurden sehr viel größer, aber auch erheblich dünner. Viele dieser sogenannten Dünnpfennige wurden in Niedersachsen, Hessen, Franken und Bayern geschlagen. Da auf den dünnen Schrötlingen Avers- und Reversgepräge sich gegenseitig zu stark beeinträchtigten, schlug man die Dünnpfennige bald nur noch mit einem Stempel, der auf der Rückseite der Münze ein vertieftes Relief entstehen ließ, weshalb man sie auch als Hohlpfennige bezeichnet. Der Ausdruck »Brakteaten« ist ein erst später aufgekommener Fachausdruck, abgeleitet vom lateinischen *bractea* (»Blatt«). Der größere Modul gab den Stempelschneidern die Möglichkeit, ihre Darstellungen besser und detailreicher auszuarbeiten, und so gehören zu dieser etwa 200 Jahre lang (Mitte des 12. bis Mitte des 14. Jahrhunderts) ausgegebenen Münzgruppe viele der schönsten Münzbilder aller Zeiten.

Brakteaten wurden in einem großen Gebiet geschlagen, das von Nord- und Mittel- bis Ostdeutschland reichte, aber auch Böhmen, Polen, Ungarn und Österreich gehörten dazu. Gemünzt wurde an zahlreichen Münzstätten im Namen des Kaisers, vieler Feudalherren, Bischöfe, Äbte und sogar Äbtissinnen. Hervorragende Stücke stammen aus Thüringen, Niedersachsen, Brandenburg und Franken. Auf einem Brakteat aus dem sächsischen Merseburg ist das Martyrium des heiligen Laurentius dargestellt: Wir sehen, wie der Heilige auf einem Rost verbrannt wird, neben dem zwei Henkersknechte stehen. Die Steinigung des heiligen Stefanus ist das Münzbild eines Brakteaten des Bischofs von Halberstadt (Niedersachsen). Andere Brakteaten zeigen die Burgtürme von Dankwarderode in Braunschweig und das Löwendenkmal, das der berühmte Sachsenherzog Heinrich der Löwe (1129–1195) dort aufstellen ließ. Die Ausgaben der Grafen von Falkenstein tragen entweder ihr Wappentier, einen Falken, oder auch Adam und Eva vor dem Baum der Erkenntnis.

In anderen Gebieten Deutschlands, im Rheinland und in Bayern etwa, wurden keine Brakteaten geschlagen, sondern man blieb dort bei den beidseitig geprägten Münzen, die dann im 14. Jahrhundert auch im übrigen Deutschland wieder eingeführt wurden.

Entsprechend ihrer wachsenden Wirtschaftskraft gewannen manche Städte und Gebiete einen starken Einfluß auf das Münzwesen des Reiches: Ihre Münzen wurden vielerorts akzeptiert und deshalb von anderen Münzherren nachgeprägt. Das geschah beispielsweise mit den kleinen, brakteatenähnlichen Wiener Pfennigen, mit den Regensburger Pfennigen, mit dem kleinen Heller aus Schwäbisch Hall und mit dem Wetterauer Pfennig aus der Gegend von Frankfurt, der als Bild ein dreitürmiges Bauwerk trug.

Aber der gewaltige Aufschwung von Wirtschaft und Handel, der im 14. Jahrhundert einsetzte, hatte zur Folge, daß man mit dem Pfennig nicht mehr auskam; man brauchte größere Nominale. Zunächst übernahm man im Rheinland die Florentiner Goldmünze, den Floren, der kurzerhand unverändert nachgeprägt wurde. 1386 schlossen die Kurfürsten von der Pfalz, von Trier, Mainz und Köln ein Münzabkommen, das den Wert des 3,5 g schweren Goldgulden auf 20 »Weißgroschen« festsetzte; diese Weißgroschen, auch Albus genannt, bestanden aus gutem Silber.

Schon vorher, im Jahre 1271, war der Tiroler Kreuzer eingeführt worden, um den Bedarf nach einer höheren Nominale als dem Pfennig zu befriedigen; die nach dem Münzbild, zwei Kreuzen, benannte Silbermünze war 4 Pfennig wert. Um 1300 begann man im Rheinland nach dem Vorbild des *gros tournois,* einer mittelgroßen Silbermünze, eigene Groschen zu schlagen. Die Groschen fanden bald weite Verbreitung und wurden in vielen Teilen Deutschlands mit unterschiedlichen Darstellungen in Umlauf gebracht. Eine der populärsten Münzen des Spätmittelalters war der Prager Groschen, den auch die Markgrafen von Meißen in Sachsen nachprägten (Meißner Groschen). Fast ebenso beliebt war in Norddeutschland der Sachsengroschen, der je nach dem Gepräge als Horngroschen, Engelsgroschen, Judenkopfgroschen usw. benannt wurde. Die fränkische Entsprechung zum Groschen war der Schilling. Dazu kamen nun mehr und mehr Goldmünzen, so daß die deutschen Staaten imstande waren, mit der raschen Ausweitung des Innen- und Außenhandels Schritt zu halten.

England im Mittelalter

Die Angelsachsen, die in Britannien eindrangen und sich dort niederließen, gingen nur allmählich dazu über, eigenes Geld auszugeben. Ihre *thrymsas* bestanden zunächst aus Gold, wurden aber rasch zu kleinen Silber- und später sogar zu Bronzemünzen verschlechtert. Sie bilden eine hochinteressante, künstlerisch reizvolle Serie; die Münzbilder vermitteln einen ausgezeichneten Eindruck von der eigentümlichen Kunst der Angelsachsen durch stilisierte, stets phantasievolle, manchmal sogar groteske Darstellungen.

Eine herausragende Persönlichkeit war König Offa von Mercia (757–796). Er ließ den Penny schlagen, eine nach dem Denar Karls des Großen gestaltete Silbermünze, aber auch eine Goldmünze, die einem Golddinar des Kalifen al-Mansur nachgebildet war.

Im 9. Jahrhundert fielen die dänischen und südnorwegischen Wikinger auf den Britischen Inseln ein und brachten Nordostengland in ihre Gewalt. Auch sie gaben Silberpfennige aus, die meist nur Inschriften tragen, nämlich die Namen von König und Münzmeister. Der stärkste Gegner der Wikinger war das angelsächsische Königreich Wessex. Alfred der Große (871–899) konnte London zurückerobern, und so tragen manche seiner Münzen den als Monogramm gestalteten Namen Londons neben seiner gekrönten Büste. Die Könige von Wessex ließen an vielen Münzorten prägen und hatten zahlreiche Münzmeister in ihren Diensten. Entsprechend vielfältig sind ihre Ausgaben gestaltet. Man münzte riesige Silbermengen aus, um das »Danegeld« bezahlen zu können, den von König Ethelred mit den Dänen vereinbarten Tribut, der diese von einer Eroberung der ganzen Insel abhalten sollte. Dennoch konnten die Tributzahlungen die Eroberung Englands durch den Dänenkönig Knut II. (1016–1035) nicht verhindern. Auf seinen Ausgaben ließ dieser sich mit Diadem, Krone oder spitzem Helm darstellen.

Noch vielfältigere Gepräge verdanken wir dem ebenso tüchtigen wie frommen König Eduard dem Bekenner (1042–1066). Er führte als erster König die Sitte ein, ein königliches Gepräge durch Berührung als Heilmittel gegen Skrofulose zu nützen *(touch piece)*. Sein Nachfolger, Harold II. (1066), mußte erneut gegen einen Eindringling antreten, gegen Wilhelm den Eroberer; in der Schlacht von Hastings verlor er den Thron und das Leben.

Wilhelm, der Herzog der Normannen, die sich in der nach ihnen benannten Normandie in Frankreich niedergelassen hatten, ließ sich nach dem Sieg bei Hastings in Westminster zum König (1066–1087) krönen. Er und seine Nachfolger behielten die englischen Pennies bei. Als Münzbilder verwandte man auf dem Avers die Büste des Königs mit Zepter oder Schwert und auf dem Revers ein verschiedenartig gestaltetes Kreuzmotiv. Die letzten Jahre der Normannenkönige waren von Auseinandersetzungen der Krone mit dem Hochadel erfüllt. Schließlich wurden sie von einer neuen Dynastie abgelöst, dem Haus Anjou-Plantagenet (1154–1399).

Der erste Plantagenet, Heinrich II. (1154–1189), wurde vor allem durch die von ihm veranlaßte Ermordung seines Kanzlers, des Erzbischofs von Canterbury Thomas Bekkett, bekannt. Er führte 1180 eine Münzreform durch. Dabei wurde eine neue Münze eingeführt, der sogenannte *short-cross-penny* (»Kurzkreuzpfennig«) mit dem von vorn wiedergegebenen Königskopf auf dem Avers und einem kurzarmigen Kreuz in einer umlaufenden Inschrift auf dem Revers. Dieses Gepräge ermöglichte jedoch das betrügerische Beschneiden (»Klippen«) der Münzen, was sich schließlich so verheerend auswirkte, daß man es 1247 durch das *long-cross*-(»Langkreuz«-)Gepräge ablöste. Bei diesem reichten die Arme des Kreuzes bis an den Rand, so daß beschnittene Münzen leichter auffielen. Heinrich III. (1216 bis 1272), der diese Neuerung einführte, brachte wenige Jahre später auch die erste englische Goldmünze heraus, die dem Floren, der Florentiner Goldmünze, nachgebildet war. William, der berühmte Goldschmied des Königs, schuf das Münzbild, das den thronenden König zeigt. Die Münze kam allerdings nicht an, da sie im Verhältnis zu festländischen Goldmünzen unterbewertet war. Es dauerte noch einmal fast hundert Jahre, bis eine erfolgreichere Goldmünzenserie ausgegeben wurde. Die drei Nominale in Gold, die 1344 unter Eduard III. (1327–1377) geschlagen wurden, waren ein Gulden im Wert von 6 Schilling, ein halber und ein Viertelgulden, die sich mit ihren schönen Bildern durchaus mit den französischen Goldmünzen jener Zeit messen konnten. Der große Seesieg, den die Engländer im Verlauf des Hundertjährigen Kriegs bei Sluys gegen die Franzosen errangen, war für Eduard der Anlaß, eine neue Goldmünze einzuführen, die eine der berühmtesten Münzen aller Zeiten werden sollte. Dieser Goldnobel hatte einen Wert von 6 Schilling 8 Pfennig und trägt ein wunderschönes Bild, das den König auf einem Schiff stehend zeigt. Der Nobel wurde, wie Shakespeare verschiedentlich erwähnt, in den Niederlanden nachgeprägt.

Durch die Reform von 1351 erhielt England größere Silbermünzen, den *groat* (Groschen) und den halben *groat* im Wert von 4 bzw. 2 Pence. Auf dem Revers tragen die Groschen den religiösen Spruch *posui deum adiutorem meum* (»Ich habe Gott zu meinem Helfer gemacht«).

Durch die Rosenkriege (1455–1485) der Häuser Lancaster und York kam zunächst das Haus York auf den Thron. So trug der Goldnobel Eduards IV. (1461–1470, 1471–1483) die weiße Rose dieses Hauses als Bild; entsprechend wurde er auch Rosennobel genannt. Ergänzt wurde die prächtige Serie in Gold durch den nicht minder berühmten Angel (»Engel«), benannt nach der Darstellung des drachentötenden Erzengels Michael; die andere Münzseite zeigt ein Schiff mit einem Kreuz darüber.

Italien

Kein anderes Gebiet des Abendlandes erlebte im Mittelalter eine wechselvollere Geschichte als Italien. Immer wieder mußte es Einfälle der Normannen und Araber über sich ergehen lassen und stand unter dem beherrschenden Einfluß zunächst von Byzanz und dann des deutschen Kaisertums. Während der ganzen Zeit wurden in großen Mengen sehr vielfältig gestaltete Münzen ausgegeben. Auf ihnen spiegelt sich die unendlich wirre Lage, spiegelt sich aber auch ein wirtschaftliches und kulturelles Erwachen, das dem Aufstieg anderer Länder des Abendlandes in beiden Bereichen voranging.

Von den Karolingern bis zu den Hohenstaufen gaben zahlreiche norditalienische Städte wie Mailand, Verona, Lucca und Pavia unter kaiserlicher Oberhoheit Silbermünzen aus. Kleine Münzen des Denarsystems tragen einfache Motive, meist ein Kreuz und den Namen des Kaisers und der Stadt. Aber erstklassige Stempelschneider verstanden es, selbst aus so einfachen Elementen ausgesucht schöne Münzbilder zu schaffen.

Nur wenige Städte bevorzugten für ihre kleinen Silbermünzen illustrativere Gepräge, so etwa Lucca, wo man als Münzbild die Legende vom Schweißtuch der heiligen Veronika wählte. Viele Gepräge wurden jahrhundertelang unverändert beibehalten, beispielsweise das stilisierte Stadttor *(janua)* und der Name der Stadt auf den Ausgaben von Genua, das 1139 von Kaiser Konrad III. das Münzrecht erhielt. Eine bedeutsame Rolle im gesamten abendländischen Wirtschaftsleben spielte die mächtige Genueser Banco di San Giorgio, und so wurde 1252 in Genua die erste Goldmünze des Mittelalters ausgegeben, der *genovino d'oro.*

Sehr wichtig für die Entwicklung des europäischen Geldwesens wurde Genuas großer Rivale, Venedig. 1202 wurde dort unter dem berühmten Dogen Enrico Dandolo (1192–1205) die erste mittelgroße Silbermünze geschlagen, der *grossus* oder *ducatus venetianus,* später Matapan genannt, der 2,17 g Silber enthielt und 26, später 20 oder 24 Denare wert war. Es ist eine herrliche Münze. Die eine Seite zeigt den thronenden Christus, während auf der anderen Venedig stolz seine Unabhängigkeit betonte: Wir sehen darauf, wie der Doge vom heiligen Markus die Insignien seiner Herrscherwürde erhält. Bald war der Matapan in weiten Gebieten in Umlauf und wurde sowohl in Byzanz als auch bei den slawischen Völkern auf dem Balkan nachgeprägt. Am 31. Oktober 1284 beschloß der Große Rat von Venedig die Ausgabe einer Goldmünze. Als Bild zeigt sie die Verherrlichung Christi. Als Dukaten bezeichnete man sie nach dem letzten Wort der lateinischen Inschrift: *sit tibi christe datus quem tu regis iste ducatus* (»Dir, Christus, sei dieses Herzogtum geweiht, das Du regierst«). Der venezianische Dukaten, auf italienisch *zecchino* (Zechine) nach dem Wort für »Münze« *(zecca)* genannt, wurde zum längstlebigen aller Münznominale: Seine Zeit reicht vom Ende der Kreuzzüge bis zum Ersten Weltkrieg. Obendrein war es die meistnachgeahmte Münze: Sogar im fernen Indien wurde sie nachgeprägt.

Die Münze, die die Venezianer auszustechen versuchten, war der seit 1252 in Florenz ausgegebene *fiorino d'oro.* Das Gepräge zeigte Johannes den Täufer und das Wahrzeichen der Stadt, die Lilie, nach der die Münze benannt wurde; ihr hatte bereits die seit den dreißiger Jahren des 13. Jahrhunderts geschlagene schöne Florentiner Silbermünze, der *fiorino d'argento,* ihren Namen verdankt. Der Goldfloren, die Antwort der Florentiner auf die veränderte Wirtschaftslage, die die Kreuzzüge im Abendland bewirkt hatten, hatte dem Handel neue Impulse gegeben. Gleichzeitig begann mit ihm ein neuer Abschnitt in der Geschichte des europäischen Geldwesens. Er wurde vielfach nachgeprägt oder nachgeahmt; insgesamt kennen wir mehr als hundert solcher Nachahmungen. In Deutschland beispielsweise tauchte der Floren als Gulden auf.

Während die Päpste im frühmittelalterlichen Münzwesen keine sonderlich bedeutsame Rolle spielten, gab der Senat von Rom *grossi* mit der alten römischen Formel *senatus populusque romanus* sowie der stolzen Devise *roma caput mundi* (»Rom, das Haupt der Welt«) aus.

Erst im 15. Jahrhundert fügten die Päpste ihren *denarii papali* und *grossi papali* (Pfennigen und Groschen) zwei neue Goldmünzen hinzu: den *ducato papale* mit dem Bild des stehenden heiligen Petrus und den *fiorino di camera,* auf dem der heilige Petrus in einem Boot zu sehen ist. Auf dem Avers zeigten diese von vielen Päpsten ausgegebenen Goldmünzen das Wappen des jeweiligen Papstes.

Ein sehr buntes Bild bieten die süditalienischen Münzen. Nachdem die Araber im 9. Jahrhundert fast ganz Sizilien erobert hatten und ständig Orte im Süden der Apenninenhalbinsel heimsuchten, kamen im 11. Jahrhundert die Normannen, die in Apulien und auf Sizilien Fürstentümer gründeten. Die kleinen Goldmünzen der Araber, die *tari,* wurden auch von den christlichen Herrschern bis ins 13. Jahrhundert hinein mitsamt ihren arabischen Inschriften weitergeführt; der ebenfalls kursierende *follaro* aus Bronze hingegen trägt griechische Inschriften und verrät deutlich seine Herkunft aus Byzanz.

Zu einer wesentlichen Veränderung kam es, als nach dem

Erlöschen des normannischen Herrscherhauses Kaiser Friedrich II. (1198–1250) aus dem Hause Hohenstaufen sich auf Sizilien niederließ. Seine Idealvorstellungen von der klassischen Antike spiegeln sich in der von ihm eingeführten Goldmünze, dem Augustalis. Er ließ sich darauf im altrömischen Kaiserornat darstellen und der Münze die Titulatur *Caesar Augustus Imperator Romanorum* aufprägen. Nicht minder sorgfältig wurde der Revers mit dem kaiserlichen Adler gestaltet.

Nach Friedrich II. herrschten Könige aus dem französischen Haus Anjou über Sizilien und Süditalien, aber am Ostermontag des Jahres 1282 fand die französische Herrschaft mit dem Blutbad der »Sizilianischen Vesper« (so benannt nach der Tageszeit des Gemetzels) ein jähes Ende. Das geschah auf Betreiben der Spanier, doch anstatt den Sizilianern die erstrebte Selbständigkeit zu gewähren, übernahmen sie nun ihrerseits die Regierung.

In Neapel, wo das Haus Anjou bis 1504 an der Macht blieb, wurden unter Karl I. (1266–1285) und Karl II. (1285–1309) zwei herrliche Goldmünzen ausgegeben. Der goldene *saluto d'oro* und der silberne *saluto d'argento* kamen 1273 in Umlauf; beide tragen eine ausgesucht schöne Darstellung der Heimsuchung Mariä. 1304 folgte eine mittelgroße Silbermünze, die nach den vier das Kreuz auf dem Revers schmückenden Lilien *gigliato* genannt wurde.

Die Iberische Halbinsel

Die während des Mittelalters in Spanien ausgegebenen Münzen spiegeln die damalige politische Lage: Während sich der Süden der Iberischen Halbinsel fast völlig in den Händen der Araber befand, rüsteten sich im Norden die christlichen Staaten León, Kastilien und Aragon zur *reconquista*, zur Rückeroberung. Der weiterlebende Einfluß Karls des Großen zeigte sich noch lange in den in Kastilien und Aragon ausgegebenen kleinen *dineros* aus Silber. Dazu traten ab dem späten 13. Jahrhundert in Kastilien und León Goldmünzen in großer Zahl. Die Dobla, eine 4,6 g schwere Goldmünze, zeigte in schöner Ausführung die Wappen von Kastilien und León; zwei der prächtigsten Münzen des ganzen Mittelalters sind das Zehndoblastück Peters I. des Grausamen mit einer Profilbüste dieses Königs und vor allem die Fünfzig-Enriques-Stücke Heinrichs IV. (1454 bis 1474), die nicht weniger als 229 g wogen und den thronenden König in Frontalansicht zeigen – ein wunderschönes Meisterwerk spanischer Gotik.

Eine schicksalhafte Wende nahm das Geschick Spaniens durch die Vereinigung der beiden Königreiche Kastilien und Aragon, als Ferdinand II. von Aragon 1469 Isabella von Kastilien heiratete. Die gekrönten Büsten des Herrscherpaars schmücken die von ihnen ausgegebenen Goldmünzen. Sie verewigen den größten Sieg, der Spanien und der gesamten Christenheit im Kampf mit den mohammedanischen Arabern beschieden war: die Eroberung Granadas, der letzten Bastion der Mauren auf der Iberischen Halbinsel, im Jahre 1492. Zu Ehren dieses Ereignisses erhielt die im Zug der Münzreform von 1497 neugeschaffene Goldeinheit den Namen *excelente de la Granada.*

Die im Juni 1497 durchgeführte Reform veränderte das gesamte spanische Währungswesen. Der 3,52 g schwere *excelente* aus Gold wurde hauptsächlich als Doppel-*excelente* geschlagen. Die riesigen Goldmengen, die aus der Neuen Welt nach Spanien flossen, ermöglichten die Ausgabe riesiger Münzmengen, so daß das Zwei-*excelente*-Stück zu einer der häufigsten Goldmünzen auf den Weltmärkten wurde. Reformiert wurden auch die Silbermünzen. Fortan gab es den Real und Vielfache im Wert von zwei, vier und acht Reales. Diese Silbermünzen wurden zum besten spanischen Geld und fanden im Gefolge der Conquista auch in der Neuen Welt weite Verbreitung.

Ost- und Südosteuropa

In diesen Teilen des Abendlandes entwickelte sich das Münzwesen im Mittelalter ebenso komplex wie faszinierend; die Münzen verraten uns, welch starke Wechselwirkungen damals zwischen West und Ost bestanden. In Böhmen, Polen, Ungarn, Rußland, Bulgarien und Serbien kreuzten sich Handelswege und Einflüsse aus den verschiedensten Teilen der Welt, von den Angelsachsen und späteren Engländern über die Franzosen und Italiener bis zu den Byzantinern und Arabern. Dominierend war natürlich der deutsche Einfluß, war doch Deutschland diesen Ländern am nächsten.

Mehr als in anderen Gebieten des Abendlandes war hier die Münze ein Mittel zur Verkündigung des Christentums: Die neue Religion und die Münzen fanden gemeinsam in diese Länder Eingang. Münzen trugen und symbolisierten die Ausbreitung des Christentums. In Böhmen und Polen wurden sie unter deutschem Einfluß im 10. Jahrhundert eingeführt; als Vorbild für die ersten Prägungen diente der Regensburger Pfennig. Später schuf man jedoch vieles, was dieses Vorbild bei weitem übertraf: Aus Böhmen, Ungarn und Polen stammen einige der interessantesten und künstlerisch bedeutendsten Münzen des ganzen Mittelalters.

In Böhmen wurde der Modul des Denars oder Pfennigs im späten 11. und im 12. Jahrhundert wiederholt reduziert. Man prägte den Münzen sehr viele verschiedene Bilder auf, die nicht nur sehr gut durchgestaltet sind, sondern auch wertvolle Aufschlüsse über das religiöse und geistige Leben jener Zeit vermitteln. Unter den Bildern finden wir einen Engel, der ein Kind auf den Armen trägt, oder auch unterschiedliche Jagdszenen mit wilden Tieren.

Einen wichtigen Meilenstein in der böhmischen Münzgeschichte stellt das Jahr 1300 dar. In diesem Jahr führte König Wenzel II. (1278–1308) eine Münzreform durch und gab erstmals den Prager Groschen aus, der zu einer der weitestverbreiteten Münzen des späten Mittelalters werden sollte. Dazu trug sicherlich auch sein schönes Gepräge bei: eine Krone mit dem böhmischen Löwen, eingefaßt von einer in drei Zeilen umlaufenden Inschrift.

Eine ähnliche Entwicklung wie in Böhmen vollzog sich in Polen, wo man im 10. Jahrhundert Denare oder Pfennige zu münzen begann. Ihr Modul entsprach dem der deutschen Pfennige oder war kleiner. Die sehr vielfältigen Münzbilder wirken zum Teil recht exotisch: So sehen wir einen Kentauren oder auch eine Kampfszene mit einem Löwen. Einige zwischen 1181 und 1202 ausgegebene Münzen tragen Inschriften in hebräischer Schrift; die Münzmeister waren großenteils Juden, wie ihre den Münzen aufgeprägten Namen verraten. König Mieszko III. (1173–1202) war von jüdischen Geldgebern gegen aufsässige Adelige unterstützt worden, worauf er viele seiner Verbündeten zu Münzmeistern machte und ihnen große Freiheiten gewährte.

Nach dem Beispiel des Prager Groschens wurde 1338 der Krakauer Groschen eingeführt; später kam noch ein halber Groschen dazu. Gold kam sowohl in Böhmen als auch in Polen im 14. Jahrhundert in Umlauf, wobei man sich für den Gulden nach dem Florentiner Floren richtete; im 15. Jahrhundert übernahm man dann den ungarischen Dukaten, änderte ihn jedoch ab.

Nicht viel anders entfaltete sich das Münzwesen in Ungarn. Im 11. und 12. Jahrhundert und besonders unter König Bela II. (1131–1141) gab man kleine Münzen aus, deren geometrische Gepräge mit großer Sorgfalt durchgestaltet sind – es sind regelrechte Schmuckstücke. Ungewöhnlich sind die Bronzemünzen, die König Bela III. (1172–1196) schlagen ließ; Bronze wurde damals nur ganz selten ausgemünzt. Man kopierte hierfür – ziemlich plump – byzantinische Münzbilder. Ursache für diese eigenartige Emission war die Tatsache, daß der König eine Zeitlang am byzantinischen Hof gelebt hatte und seinen Gastgebern nacheifern wollte. Nachdem die Dynastie der Arpaden erloschen war, kamen Könige aus dem Haus Anjou und mit ihnen italienische Einflüsse ins Land. Infolgedessen hielt man sich, als man 1329 den Groschen einführte, nicht an das naheliegende Prager Vorbild, sondern übernahm den neapolitanischen *grosso*. Auch als man Gold auszumünzen begann, richtete man sich nach einem italienischen Vorbild, nämlich nach dem Florentiner Floren, der zunächst getreulich kopiert wurde. König Ludwig I. (1342–1382) wählte dann als neue Bilder eine Darstellung des heiliggesprochenen ungarischen Königs Ladislaus und das Wappen von Ungarn. Gold lieferten die transsilvanischen und slowakischen Bergwerke reichlich, so daß man Goldgulden in Mengen schlagen konnte. So wurden die ungarischen Prägungen zu einer der führenden Goldmünzen in ganz Ost- und Südosteuropa und beeinflußten sowohl die polnischen als auch die böhmischen Gulden. Im Zuge seiner 1467 angeordneten Münzreform führte Ungarns großer König Matthias I. Corvinus (1458–1490) ein neues Münzbild ein, eine Darstellung der Muttergottes mit dem Jesuskind. Dieses Bild wurde auf den ungarischen Münzen in den darauffolgenden Jahrhunderten beibehalten.

Da Ungarn den Goldhandel nach Rußland im 15. Jahrhundert weitgehend beherrschte, wurde die Bezeichnung des ungarischen Dukaten, *ugorsky*, in Rußland fast zum Synonym für »Goldmünze«. Bis zum 14. Jahrhundert hatte man dort als Zahlungsmittel Silberbarren benutzt; die ersten kleinen Silbermünzen, die dann ausgegeben wurden, hießen nach einem Tartarenwort *denga*. Sie kamen im 14. und 15. Jahrhundert in den Fürstentümern Moskau, Susdal-Nischnij-Nowgorod, Pleskau und anderen in Umlauf. Die unregelmäßig geformten Münzen waren so klein, daß man, wie man sagte, mühelos fünfzig davon im Mund mit sich tragen konnte.

Die Bilder waren vielgestaltig und oft fremdartig. Neben dem auf einem Pferd reitenden Herrscher zeigte man Kentauren, Drachen, einen Münzarbeiter beim Prägen, Vögel, Blumen, Löwen, Bogenschützen oder auch eine Teufelsfigur mit Hörnern und Schwanz. Oft bezeichnet man die *denga* als »Drahtgeld«. Die Bezeichnung bezieht sich auf die Herstellungstechnik: Man formte das Silber zu einem dicken Draht und schnitt davon Stücke im richtigen Gewicht ab, die dann mit dem Hammer zu Schrötlingen flachgeschlagen und zum Schluß geprägt wurden.

Obwohl die südslawische Welt ganz eindeutig unter russischem Einfluß stand, wandten sich die Bulgaren und Serben, als sie ihrerseits Münzen einführten, nicht nach Rußland, sondern suchten ihre Vorbilder in Byzanz und besonders auch in Venedig.

Fassen wir zusammen: Im Mittelalter machte das sich rasch verbreitende Münzwesen mit seiner Fülle von Emissionen einen geradezu chaotischen Eindruck. Silber war praktisch das einzige Münzmetall; der Pfennig (Denar, Denier, Penny) und der Groschen (Grosso, Gros, Groat) waren die wichtigsten, im ganzen Abendland verbreiteten Nominale. Allmählich zeigte sich jedoch, daß der Silbermonometallismus für die Erfordernisse der anbrechenden Neuzeit nicht mehr ausreichte, und so bildete sich im späten Mittelalter das Bimetallsystem aus.

1 Christusbüste mit Glorienschein und dem Evangelium auf einem byzantinischen Gold-Solidus, der von Kaiser Konstantin VII. und seinem Sohn Romanus II. (945–959 n. Chr.) in Konstantinopel geprägt wurde.

2 Die stehende Figur des Heilands mit dem Evangelium in der Hand, angeblich dem Denkmal des Heilands von Chalce nachgebildet, auf einem Gold-Histamenon der byzantinischen Kaiserin Theodora (1055–1056).

3 Die heilige Jungfrau hält auf diesem Gold-Histamenon segnend ihre Hand über das Haupt des in Prunkgewänder gekleideten byzantinischen Romanus III. Argyrus (1028–1034).

4 Büste der heiligen Jungfrau Maria, der Panagia Blachernitissa, mit betend erhobenen Händen auf einem Gold-Tetarteron des Kaisers Michael VI. (1056–1057) von Byzanz.

5 Der heilige Eugenius zu Pferd mit einem Kreuz über der Schulter auf einer Silber-Asper des Kaisers Alexius II. (1297–1330) von Trapezunt.

6 Die Inschrift: ROMA CAPUT MUNDI (Rom die Herrscherin der Welt) bezeugt Roms Stolz auch während des Mittelalters: Silber-Grosso des Senators Brancaleone d'Andolo (1253–1256).

7 Madonna mit Kind auf einem Silber-Grosso der Republik Pisa (1150–1312).

8 Das Antlitz des Heilands auf einem Silber-Grosso, der im Namen Kaiser Ottos IV. von der Republik Lucca im 13. Jh. geprägt wurde.

9 Der Bischof Ambrosius, der Schutzheilige Mailands, auf einem von der Mailänder Republik (1250–1310) ausgegebenen Ambrosino.

10 Thronender Patriarch auf schüsselförmigem Denar, der vom Patriarchen Volcher von Leubrechtskirchen (1204–1218) in Aquileia (Nordostitalien) geprägt wurde.

11 Bischofsbüste mit Krummstab auf einem Silber-Grosso des Bischofs Federigo Wanga (1207–1218) von Trient.

12 Adler im Vierpaß auf einem Silber-Pierreale, der von Peter III. von Aragon und seiner Frau Konstanze (1282–1285) in Messina für Sizilien ausgegeben wurde.

13 Die Verkündung Mariens war eine der reizvollsten religiösen Darstellungen auf Münzen, die diesem Stück auch seinen Namen gab: Saluto d'argento, von Karl I. von Anjou (1266–1278) in Neapel geprägt.

14 Die erhabene Würde des im römischen Stil gehaltenen Kaiserbildnisses und des Adlers zeichnete den Augustalis aus, den Friedrich II. von Hohenstaufen (1211–1250) für Sizilien schlagen ließ.

15 Stadtansicht, im Hintergrund Monstranz mit dem Blut des Heilands, auf einem Silber-Grosso des Giovanni Francesco Gonzaga (1432–1444) von Mantua.

16 Der heilige Terentius mit dem Modell der Stadt Pesaro auf einem Drittel-Grosso des Costanzo Sforza (1473–1483) von Pesaro.

17 Geflügelter Löwe mit gekröntem Königshaupt auf einem Brakteat der Stadt Überlingen (1230–1250).

18 Der welfische Löwe in einem von Turmkuppeln geschmückten Bogen auf einem Brakteat Heinrichs III. des Löwen von Braunschweig, der Herzog von Sachsen und Bayern war (1139–1180).

19 Der Falke unter einem Bogen mit Kuppeltürmen, den dieser Brakteat darstellt, war der Wappenvogel des Grafen Burkhard II. (1142–1174) von Falkenstein.

20 Bischof mit Krummstab und Kreuz, im Dreipaß sitzend, auf einem Brakteat des Bischofs Adelhog (1170–1190) von Hildesheim.

21 Lamm Gottes mit Krummstab und Fahne auf einem Brakteat des Klosters St. Gallen (nach 1295).

22 Gekrönter König mit Lilienschild auf reichverziertem Thron: Écu d'or des Königs Philipp VI. (1328–1350) von Frankreich.

23 Die Masse d'or (goldene Keule), die König Philipp IV. (1285–1314) der Schöne seit 1296 prägen ließ, zeichnete sich durch die auserlesene Eleganz der Zeichnung aus.

24 König mit langem Zepter in ornamentiertem Architekturrahmen auf einem Royal d'or des Königs Philipp VI. von Frankreich.

25 Eine primitive, aber kraftvolle Darstellung des thronenden Herzogs auf einem Denar des böhmischen Herzogs Udalrich (1012–1037).

26 Marder auf einem Banaldenar, der zur Zeit König Belas IV. von Ungarn (1235–1270) vom Ban Stefan Gutkeled (1248–1260) für Slawonien geprägt wurde.

27 Großfürst und Bittsteller auf Denga (Kopeke) des Fürstentums Nowgorod (1420–1478).

28 Stark stilisierter Kopf auf einem zierlichen Silber-Denar des ungarischen Königs Bela II. (1131–1141).

29 Thronende Königsfigur auf einem kleinen Brakteaten des Königs Bela IV. (1235–1270) von Ungarn.

30 Der geflügelte Erzengel Michael im Kampf mit dem Drachen gab dieser von König Eduard IV. (1461–1483) von England geprägten Münze ihren Namen Angel (Engel).

31 Der vor einem Kreuz kniende Großmeister des Johanniterordens auf einem Silber-Gigliato des Roger de Pins, des Großmeisters der Johanniter auf Rhodos (1355–1365).

32 Kreuzritter in Harnisch und mit Schwert auf einem silbernen Gros au cavalier, der in Valenciennes von Margaret von Konstantinopel und Hennegau (1244–1260) geprägt wurde.

33 Bewaffneter König mit Schild und Schwert in Schiff auf hoher See auf einem Gold-Nobel oder Schiffsnobel Heinrichs VI. (1422–1461) von England.

34 Gekrönte Königsbüste auf einem Billon-Coronado des Königs Sacho IV. (1284–1295) von Kastilien und León.

35 Stilisiertes Königsbildnis auf einem silbernen Real aus Valencia, von Alfons V. (1416–1458) von Aragon ausgegeben.

Kunst und Geschichte im Spiegel der Münzen des Mittelalters

RÈGNE DE LA LOI.
1793.

HONI SOIT QUI MAL Y PENSE

NAPOLEON III EMPEREUR
BARRE

CAROLUS VII DEI GRACIA
1874

ENTDECKUNG DER WELT – RENAISSANCE, BAROCK UND NEUZEIT

Links oben: Den Anbruch einer neuen Zeit signalisiert die erste Münze der Französischen Republik: »Herrschaft des Gesetzes« statt »Von Gottes Gnaden«. In der Mitte schreibt der Genius der Freiheit die Verfassung auf eine Tafel. Links ein Liktorenbündel, rechts der gallische Hahn. Paris, Ecu, 1793.

Oben Mitte: Das Selbstbewußtsein des weltumspannenden Britischen Empire findet einen adäquaten Ausdruck in der von dem Londoner Medailleur Pistrucci geschaffenen Darstellung St. Georgs als Drachentöter. London, Crown, 1818.

Oben rechts: Wie die Herzöge von Braunschweig und Lüneburg prägten viele deutsche Fürsten seit der Renaissance Silbertaler und Golddukaten als Gedenk- und Schaumünzen zu Geburten, Hochzeiten, Krönungen und Begräbnissen. Braunschweig-Wolfenbüttel, 10 Taler, 1829.

Unten links: Beispielgebend für das Währungswesen nicht nur Europas, sondern der ganzen Welt war Frankreich durch die wohldurchdachten Reformen und das dezimale Geldsystem geworden, das 1865 von den Staaten der sogenannten »Lateinischen Währungsunion« übernommen wurde. Paris, 100 Francs, 1862–1870.

Unten Mitte: Hatten die spanischen Silberflotten zu Beginn der Neuzeit eine Flut von Edelmetallen nach Europa geschafft, wo dieser unerwarteten Geldmenge kein entsprechendes Warenangebot gegenüberstand, so traf der Verlust seiner amerikanischen Kolonien Spanien im 19. Jahrhundert bis ins Mark. Spanien, 5 Pesetas, 1874 (Don Carlos, Kronprätendent im Dritten Karlistenkrieg).

Unten rechts: Der Sieg über Frankreich von 1871 und die Gründung des Deutschen Reichs beendete auch die »gute, alte Zeit« der Taler, Gulden, Kronen und Schillinge zugunsten des Marksystems (1 Mark = 100 Pfennig). Sachsen, Siegestaler, 1871.

Kunst und Geschichte im Spiegel der Münzen der Neuzeit

1 Die Lira Tron im Werte von 20 Soldi, die erste große Silbermünze, die auf die kleinen mittelalterlichen Münzen folgte und nach dem venezianischen Dogen Nicolo Tron (1471–1474) benannt wurde.

2 Das gekrönte Haupt Franz I. von Frankreich (1515–1547) auf einem Teston aus Lyon (um 1529–1538).

3 Während der Renaissance ließen auch kleine italienische Fürstentümer schöne Münzen prägen: Testone mit dem Bildnis Giuglielmos II. Paleologo von Casale (1494–1518).

4 Die erste Porträtmünze der Päpste: Bildnis des Erbauers der Sixtinischen Kapelle, des Papstes Sixtus IV. (1471–1484), auf einem Silbergroschen ohne Jahresausgabe, vermutlich ein Meisterwerk Emiliano Orfinis.

5 Pfundner oder silbernes 12-Kreuzer-Stück des Erzherzogs Sigismund »des Münzreichen« von Tirol (1483–1496), ein Werk des Haller Stempelschneiders Kroendl.

6 Guldengroschen oder Guldiner, die erste talergroße Silbermünze, die Sigismund von Tirol erstmals 1486 schlagen ließ.

7 Das halbe Stück (Halbguldiner) mit der Büste Sigismunds (1484).

8 Joachimstaler von 1526, der dem Taler den Namen gab, eine Prägung der Grafen von Schlick (Böhmen) in Joachimstal.

9 Die heilige Elisabeth mit dem Modell der Marburger Kirche auf einem Vierteltaler, von Wilhelm II. (1493–1509) von Hessen 1502 geprägt.

10 Der erste englische Taler (Crown), 1551 in Southwark von Eduard VI. (1547–1553) ausgegeben.

11 Stilistische Bildnisse des spanischen Herscherpaars Ferdinand II. von Aragon und Isabella von Kastilien (1474–1516) auf einem Doppelexcelente aus Toledo.

12 Gekrönte Rose auf einer Goldkrone (Crown) Heinrichs VIII. (1509–1547) von England.

13 Bildnis des Papstes Alexander VIII. (1689–1691) auf einer breiten Gold-Quadrupla (4-Scudi-Stück), 1690.

14 Der von Ludwig XIII. (1610–1643) eingeführte Louis d'or (1641).

15 Die vereinten Wappen von Kastilien und León ergaben ein sehr eindrucksvolles Münzbild: silbernes 8-Realen-Stück Philipps III. von Spanien (1620).

16 Die erhöhten Buchstaben der Inschrift auf diesem Nürnberger Dukaten ergeben in Chronogramm das Prägejahr 1640.

17 Eine der kleinsten Goldmünzen, der 1/32-Dukaten, der um 1717 in Regensburg im Namen des Kaisers Josef II. geprägt wurde.

18 Madonna über der Stadtansicht von München schwebend auf einem breiten 5-Dukaten-Stück Maximilians I. von Bayern (1640).

19 Der Genius des neuen, revolutionären Frankreich, ein Werk von A. Dupré, wurde von der Ersten (1793–1804), Zweiten (1848–1852) und Dritten (1870–1940) Republik als Bild für Goldmünzen benützt: 100-Franken-Stück von 1878.

20 Der Stern des hessischen Ordens vom Goldenen Löwen ziert die Rückseite dieser Goldpistole Friedrichs II. von Hessen-Kassel (1783).

21 Der drachentötende heilige Georg, ein Meisterwerk Benedetto Pistruccis, wirkt wie eine feinmodellierte Kamee: 2-Pfund-Goldstück, 1823 von Georg IV. von England ausgegeben.

22 Die populärste Goldmünze der letzten zwei Jahrhunderte, der Napoleon (20-Franken-Stück), 1811 in Paris von Kaiser Napoleon I. ausgegeben.

23 Zum Gedenken der für die Verteidigung des Vaterlandes Gefallenen prägte Italien 1925 diese von A. Mistruzzi geschaffene 100-Lire-Goldmünze.

Italien in der Renaissance

Mit der Renaissance brach in Europa ein neues Zeitalter an, ein Goldenes Zeitalter des Geisteslebens und der Künste. Neue Hoffnung erfüllte die Herzen der Menschen; mit neuer Zuversicht glaubten sie an die schöpferischen Kräfte des Menschen und an sein Vermögen, sein Schicksal selbst zu meistern. Voller Unternehmungsgeist und Tatkraft suchte man nach einem Vorbild, an dem man sich orientieren konnte. Nirgendwo ließen sich bessere Beispiele finden als in der wiederentdeckten Antike, und so wurde das antike Rom zum leuchtenden Ideal, dem man nachzueifern bemüht war. Dem unzähmbaren Forscherdrang wurde alles zum Studienobjekt, nicht zuletzt der Mensch selbst, und so gewann das Bildnis in der darstellenden Kunst neue Bedeutung. Fortan sollte das Porträt nicht mehr nur eine Idee oder eine Institution symbolisieren, sondern sollte den Menschen so wiedergeben, wie er war.

Alle diese Elemente fanden in die Münzprägungen jener Zeit Eingang. Das führte sowohl formal wie in der Auffassung zu einer grundlegenden Änderung gegenüber dem Mittelalter. Venedig, die »Serenissima«, die reiche, mächtige Herrin der Meere, gab 1472 eine 6,52 g schwere große Münze aus gutem Silber aus, die zu Ehren des Dogen Nicolo Tron (1471–1474) *lira tron* genannt wurde. Den Avers schmückt die Profilbüste des alten Staatsmanns, den Revers der Löwe von San Marco. Aber das Porträt widersprach den strengen Auffassungen, die in der Republik herrschten, und so wurde das Gepräge bald abgeändert. Während der langen, reichen Münzgeschichte enthielt sich Venedig fortan der Wiedergabe von wirklichkeitsgetreuen Bildnissen auf seinen Münzen.

Ebenso verhielt man sich in dem mit Venedig rivalisierenden Genua, einem der großen Wirtschafts- und Finanzzentren auf italienischem Boden, und auch in Florenz. Dort trugen die Medici als großzügige Förderer der Künste viel zum Glanz der italienischen Renaissance bei und machten die Stadt zu einem der bedeutendsten Mittelpunkte von Kunst und Kultur in ganz Europa. Um so mehr ist zu bedauern, daß die meisten wichtigen Ereignisse in der Geschichte der Medici auf ihren Münzen keinerlei Niederschlag fanden; die Prägung blieb indifferent.

Andere italienische Fürsten und vor allem die Condottieri, die sich ihre Macht mit dem Schwert erkämpft hatten, zeigten sich weniger zurückhaltend. Sie regierten als unumschränkte Alleinherrscher und benutzten jede sich ihnen bietende Gelegenheit, um ihre Herrschaft zu demonstrieren und zu untermauern. Dazu gehörte auch, daß sie ihren Münzen ihre Porträts aufprägen ließen. Man schlug entsprechend dem wachsenden Geldbedarf im Gefolge des wirtschaftlichen Aufschwungs nunmehr größere Silbermünzen, was den Künstlern die Möglichkeit gab, die Münzbilder weiter auszugestalten. Die neue, 9,65 g schwere Silbermünze mit Porträt, der sogenannte *testone* (von italienisch *testa* = Kopf), wurde rasch zur weitestverbreiteten Münze in Italien. Von dort gelangte sie nach Portugal, Frankreich und Deutschland, wo sie unter den Bezeichnungen *tostaos, testons* und *Dicke* ebenfalls sehr populär wurde. Zu den ersten Herrschern, die *testoni* einführten, gehörten die Sforza in Mailand, und Francesco Sforza (1450–1466) war sogar einer der ersten Fürsten seiner Zeit, die ihren Münzen ein lebensechtes Porträt aufprägen ließen. Seinem Beispiel folgte sein Sohn Galeazzo Maria (1444–1476), dessen Profilbüste wir sowohl auf seinen Goldmünzen als auch auf den von ihm 1474 erstmals in Umlauf gebrachten *testoni* sehen. Die schlaffen, ziemlich gewöhnlichen Gesichtszüge geben vermutlich das Aussehen dieses sittenlosen, eitlen Herrschers sehr treffend wieder.

Die Münzen der folgenden Jahre bieten uns eine regelrechte Porträtgalerie. Die Testonen zeigen uns sowohl Bona von Savoyen, die Witwe von Galeazzo Maria, als auch ihren kleinen Sohn Gian Galeazzo, für den sie als Regentin die Regierungsgeschäfte leitete. Das zarte Profil des glücklosen Knaben schmückt einige der schönsten Porträtmünzen der ganzen Renaissance. Sowohl auf den Porträts als auch in Wirklichkeit war Gian Galeazzo ein vollkommener Gegensatz zu seinem Onkel Ludovico Maria (1481–1499), il Moro (»der Mohr«) genannt, dessen Gesichtszüge Tatkraft und Geist verraten. Die meisterhaften Porträts für die Gold- und Silbermünzen der Sforza schuf Cristofano Foppa, Caradosso genannt, der mit Bramante befreundete Gemmenschneider und Goldschmied des Mailänder Herrscherhauses.

1499 verlor Ludovico il Moro seinen Thron an Ludwig XII. von Frankreich und verbrachte den Rest seines Lebens als Gefangener im französischen Schloß Loches. Mehr als ein Jahrzehnt lang trugen die Mailänder Gold- und Silbermünzen Bildnis und Namen des Franzosenkönigs. Damit begann eine lange Serie von Münzen, die in Mailand im Namen fremder Herrscher geschlagen wurden – im Namen Karls V., Philipps II. und der vielen Habsburger bis hin zu Franz Joseph zu Beginn des 20. Jahrhunderts.

Ein weiteres bedeutsames Zentrum der Künste und Wissenschaften war das Herzogtum Ferrara, wo die Familie Este regierte. Die Este gaben eine eindrucksvolle Reihe herrlicher Porträtmünzen aus. Den Anfang machte ein Golddukaten mit der meisterlichen Büste von Borso d'Este (1450–1471), vermutlich das Werk eines Florentiner Künstlers namens Petrecini. Einige Testonen tragen die energischen Gesichtszüge des Herzogs Ercole d'Este (1431–1505) und auf dem Revers ein wunderschönes Reiterbildnis, das vermutlich auf Leonardos Reiterstatue des Francesco Sforza zurückgeht; die Münzbilder schuf der begabte Stempelschneider Gian Francesco Parmense, genannt Enzola. Aus den vielen qualitätvollen Porträts der Familie Este ragt das Bildnis von Alfonso I. d'Este (1505–1534), Gemahl der berühmt-berüchtigten Lucrezia Borgia, mit seinen edlen, kraftvollen Zügen heraus.

Mit den Este in Ferrara wetteiferten als Förderer der Künste und Wissenschaften die Gonzaga in Mantua, die viele der größten Künstler ihrer Zeit an ihren Hof holten. Ein Meisterwerk der Münzkunst ist bereits ein Groschen aus dem frühen 15. Jahrhundert mit einer allegorischen Darstellung des mittelalterlichen Mantua samt dem Reliquiar, das die hochverehrte Reliquie dieser Stadt barg – ein angeblich mit Christi Blut getränktes Stück Schwamm. Als erster Gonzaga ließ der Marchese Ludovico II. seinen Golddukaten und Silbertestonen sein Bildnis aufprägen. Seinem Beispiel folgten seine Nachfolger, Francesco II. (1474–1519), der Gemahl der geistvollen Isabella d'Este, und Federico II. (1519–1540). Die Münzbilder spiegeln den Einfluß der am Hof von Mantua tätigen großen Maler und Bildhauer, besonders Mantegnas und Giulio Romanos.

Herrliche Münzen wurden erstaunlicherweise auch von winzigen Fürstentümern in Norditalien ausgegeben, beispielsweise von Carmagnola in Piemont und auch in Casale, wo eine Nebenlinie der byzantinischen Paläologen herrschte. Von eindrucksvollem Adel ist die Porträtbüste von Giovanni Bentivoglio (1443–1508), Signore von Bologna und hartnäckigster Rivale von Cesare Borgia, der sich als großzügiger Mäzen der Künste einen Namen machte.

Mit diesen Porträtmünzen stillten die Herrscher der Kleinstaaten das, was Machiavelli als »Begierde, den Namen zu verewigen« bezeichnet hat. Ohne sie wären sie längst ebenso vergessen wie ihre bedeutungslosen »Fürstentümer«.

Rom verdankte es einigen hervorragenden Päpsten, daß es in der Welt der Künste wieder sehr große Bedeutung erlangte. Sixtus IV. (1471–1484) mischte sich nicht nur unaufhörlich in das politische Geschehen in ganz Italien ein, sondern betätigte sich auch als großzügiger Bauherr und war einer der glänzendsten Förderer der Künste; sein Name ist durch die Sixtinische Kapelle verewigt. Er ließ auch umfangreiche Arbeiten zur Erhaltung und Wiederherstellung des alten Roms durchführen; auf diese Arbeiten bezieht sich die Inschrift *publicae utilitati* (»zum Nutzen der Allgemeinheit«) auf seinen Silbermünzen. Für die silbernen Groschen und Doppelgroschen schuf sein Münzmeister, Emiliano Orfini, ein sehr eindrucksvolles Bildnis des alten Papstes. Sixtus war übrigens der erste Papst, der römischen Münzen sein Porträt aufprägen ließ.

Der berüchtigte Borgia-Papst Alexander VI. (1492–1503) hat keine Porträtmünze hinterlassen, aber sein kriegerischer Nachfolger, Julius II. (1503–1513), schmückte mit seinem Bildnis sowohl seine Golddukaten als auch seine silbernen *giulii,* nach ihm benannte mittelgroße Silbermünzen; freilich hat das glattrasierte Gesicht auf den Münzen wenig Ähnlichkeit mit dem bärtigen Greis, den wir auf Raffaels berühmtem Porträt sehen. Leo X. (1513–1521), ein Sohn von Lorenzo de Medici, hatte zwei sehr begabte Stempelschneider in seinen Diensten, Piermaria Serabaldi und vor allem Vittore Camelio. Sie schufen das Porträt für seine Gold- und Silbermünzen, das sich von Raffaels herrlichem Bildnis kaum unterscheidet (Leo förderte sowohl Raffael als auch Bramante). Auf Veranlassung des Papstes wurden einige außergewöhnlich schöne Münzen geschlagen; sie tragen auf dem Revers oft kompliziert aufgebaute Szenen wie die Anbetung der Heiligen Drei Könige, ein Werk von Serabaldi, oder auch eine ausgezeichnet durchgestaltete Segnung der knienden Apostel durch Christus.

Einer der größten Künstler der Renaissance, der berühmte Florentiner Goldschmied und Bildhauer Benvenuto Cellini (1500–1571), arbeitete an der römischen Münze für Papst Klemens VII.: Er schuf für einen *giulio* und einen halben *giulio* ein treffendes Bildnis des alten Papstes. Rivalitäten waren und sind in der Welt der Künstler nichts Außergewöhnliches, aber wohl selten haben sich zwei Künstler mehr gehaßt als Cellini und Leone Leoni. Dieser hochbegabte Mann (1509–1590) war nur knapp drei Jahre lang (1537–1540) an der römischen Münze tätig; von ihm stammt das Porträt Papst Pauls III. (1534–1559), das eine der sicherlich eindrucksvollsten Münzen der Renaissance schmückt. Aus päpstlichen Diensten wechselte Leoni in die Dienste des allmächtigen Karl V. über, der damals auch Signore von Mailand war. Er erfreute sich des vollen Vertrauens und der Hochachtung des Kaisers und leitete viele Jahre lang die Mailänder Münzstätte. Das wirkte sich auf die künstlerische Qualität der Mailänder Münzserien sehr stark aus. Der 1551 in Mailand ausgegebene große, 33,5 g schwere *ducatone* oder *scudo d'argento* war wohl die erste talergroße Silbermünze auf italienischem Boden; sie wurde von Karl V. im Bestreben eingeführt, die unterschiedlichen Münzsysteme der vielen seiner Herrschaft unterstehenden Länder zu ver-

einheitlichen. Die eindrucksvollsten Mailänder Münzen aus jener Zeit waren jedoch Testonen mit einem herrlichen Bildnis Karls V.
Kaum minder prächtige Silber- und Goldmünzen wurden in Neapel und Sizilien im Namen Karls V. und Philipps II. geschlagen. Beide Herrscher gaben neben goldenen *scudi d'oro* große Silbermünzen aus, den talergroßen ganzen und den halben *ducato* (Dukaten).

Die Länder nördlich der Alpen

In der Münzgeschichte vollzog sich der Bruch zwischen dem Mittelalter und der Neuzeit auf Habsburger Gebiet, in Tirol, durch das die große Handelsstraße zwischen Deutschland und Italien führte. Mit dem Aufschwung des Handels wuchs der Geldbedarf. Erzherzog Sigismund (1439–1496) begnügte sich zunächst damit, ungarische und italienische Dukaten in Goldgulden mit eigener Prägung umzumünzen. 1476 wurde die Münzstätte von Meran nach Hall am Inn verlegt, denn inzwischen hatte man begonnen, die großen Silberlager bei Schwaz zu erschließen, und Erzherzog Sigismund hatte den Plan gefaßt, die Goldmünzen durch gleichwertige und entsprechend große Silbermünzen zu ersetzen. Als Münzfachmann nahm er den erfahrenen Venezianer Antonio de Caballis in Dienst, dessen Name in Tirol zu Anthonis vom Roß eingedeutscht wurde. Auf seinen Rat hin gab Sigismund zuerst den 6,39 g schweren Pfundner im Wert von 12 Kreuzer und dann den Sechser im Wert von 6 Kreuzer aus. Beide Münzen trugen, wie es damals üblich war, die gekrönte Büste des Erzherzogs als Aversbild. 1484 folgte der 15,92 g schwere Halbguldiner im Wert von 30 Kreuzer und zwei Jahre später die Guldiner zu 60 Kreuzer, auch *uncialis* genannt, da die Silbermünze etwa eine Unze schwer war. Diese erste talergroße Münze, die je geschlagen wurde, war sehr ansprechend gestaltet. Den auf dem Avers in seiner ganzen Herrscherpracht wiedergegebenen Erzherzog stellte man auf dem Revers gewappnet auf galoppierendem Pferd dar, umgeben von einem aus den 16 Wappen der Habsburger Lande gebildeten Kreis. Allerdings war der großen Silbermünze, die den Goldgulden ersetzen sollte, kein sofortiger Erfolg beschieden; die Herstellung einer so großen Münze warf technische Probleme auf, so daß man nur kleine Stückzahlen in Umlauf bringen konnte, und obendrein waren den Leuten Goldmünzen lieber. Die kunstvolle Silbermünze galt eher als ein prächtiges Schaustück, als ein ideales Geschenk aus der Hand eines Königs, mit dem er Dank und Anerkennung äußerte.
Schaumünzen gab die Münzstätte in Hall auch unter Kaiser Maximilian I. (1493–1519) aus; dazu gehört eine der schönsten frühen Münzen in Kronengröße. Dieser Schautaler wurde 1506 zur Erinnerung an die Heirat Maximilians mit Maria von Burgund (1479) geschlagen. Da Maria bereits 1482 gestorben war, beauftragte Maximilian einen in Hall tätigen Künstler aus Mantua, Gian Marco Cavalli, für das Münzbild ein Medaillon von Giovanni Candida (um 1450–um 1504) zu kopieren; Candida hatte das Herrscherpaar am burgundischen Hof porträtiert. Diese herrliche Schaumünze leitet die prächtige Serie der Habsburger Taler ein.
Schautaler kamen nördlich der Alpen ebenso rasch in Mode, wie ein halbes Jahrhundert früher der Testone sich in Italien ausgebreitet hatte. In Ungarn gab Wladislaw II. (1490–1516) zwischen 1499 und 1506 ein ausgesucht schönes großes Silbergepräge aus; dargestellt ist darauf der heilige Ladislaus, der mit erhobener Axt auf seinem Pferd in die Schlacht sprengt. In Polen setzte sich die große Silbermünze erst etwas später durch: 1533 ließ der fähige König Sigismund I. (1506–1548) solchen Münzen sein im Renaissance-Stil gehaltenes Porträt aufprägen. Was im 16. und 17. Jahrhundert an polnischen Münzstätten wie Krakau, Wilna, Thorn, Danzig oder Elbing ausgegeben wurde, konnte sich mit den schönsten Münzschöpfungen der führenden europäischen Mächte in jeder Hinsicht durchaus messen.
In nur wenigen Jahrzehnten wurde der Taler zur anspruchsvollsten Münze. Als solche betrachtete ihn auch ein aus Samos stammender griechischer Abenteurer, Johannes Heraklides, der im damals unter türkischer Oberherrschaft stehenden rumänischen Fürstentum Moldau regierte. Er ließ zunächst Golddukaten schlagen und 1561 auch einen Silbertaler mit seiner gekrönten Porträtbüste. Mit diesem machte er sich nicht nur die Türken zu Feinden, sondern auch seine rumänischen Untertanen, mußten sie doch mangels Münzsilber ihre silbernen Sakralgefäße aus den Kirchen beisteuern.
Zwar fand die große Silbermünze zunächst bei der Mehrzahl der Menschen keinen Anklang, aber doch sollte sie zur führenden Münze der Neuzeit werden. Die Hauptursache dafür war der große Silberreichtum jener Zeit: Silber kam nicht nur aus der Neuen Welt nach Europa, sondern wurde auch in der Alten Welt, vor allem in Deutschland, Böhmen und Ungarn, in gewaltigen Mengen gewonnen. Eines der silberreichsten Länder war Sachsen mit seinen Silberbergwerken Schneeberg und Schreckenberg. Um das Edelmetall zu nutzen, ordnete Friedrich III. der Weise (1486–1526) im

Jahr 1500 an, nach dem Beispiel Sigismunds von Tirol einen Guldiner zu münzen. Als Münzbild wählte man die Porträts des Kurfürsten, seines Bruders Johann und seines Vetters Albrecht. Nach den Klappmützen, mit denen sie dargestellt sind, bezeichnete man die Münze als Klappmützentaler.

Friedrich der Weise, einer der bedeutendsten Fürsten der deutschen Geschichte, der sich als Förderer Luthers und der Reformation sowie als großer Gönner der Künste auszeichnete, nahm an seinen Münzausgaben ein ungewöhnlich starkes Interesse. In seinen Diensten standen einige der großen Künstler seiner Zeit, beispielsweise Lucas Cranach (1472–1553), Hans Krug d. Ä. und Hans Kraft, Nürnberger Goldschmiede, die auch als Stempelschneider tätig waren. Das wunderschöne Bildnis Friedrichs mit eng anliegender Mütze wurde 1507 für einen Taler verwandt, für den Hans Krug die Stempel schnitt.

Außergewöhnlich kunstvoll gestaltete Taler stammen aus etlichen Schweizer Städten. Eine ausgezeichnete Münze von 1496 zeigt Karl den Großen, der dem Bischof von Sitten (Wallis) ein Schwert überreicht; weitere herausragende Beispiele sind der Basler Dickguldiner von 1499 mit einem Madonnenbild und die Züricher Taler von 1512 mit einer mittelalterlich wirkenden Darstellung der Enthauptung der Patrone der Stadt, der Heiligen Felix, Regula und Exuperantius. Im gleichen Jahr wurden in Köln ähnliche Schaumünzen ausgegeben, die im Gewicht ein oder zwei Talern entsprachen; als Münzbilder sehen wir die Heiligen Drei Könige und die zur Reise aufbrechende heilige Ursula.

In den ersten Jahrzehnten des 16. Jahrhunderts begannen auch die Erzbischöfe von Salzburg ihre reichen Silberminen zu nutzen und ließen große Silbermünzen prägen, als erstes den sogenannten Rübentaler mit der Rübe als Emblem des Erzbischofs Leonhard von Keutschach. Darauf folgte eine außergewöhnlich umfangreiche Serie von ausgezeichnet gearbeiteten Talern. Die unter dem kunstsinnigen Erzbischof Matthäus Lang (1519–1540) geschlagenen Schaumünzen, etwa der Doppeltaler mit der Darstellung der von Wölfen angefallenen heiligen Radiana, zählen zu den schönsten Schöpfungen deutscher Münzkunst.

Eine andere Silbermünze ist ein hochinteressantes Zeitdokument über eine faszinierende religiöse Bewegung, die um 1534 ein Holländer, Johann von Leiden, in Münster gründete: Er rief dort ein Königreich Zion aus und machte sich zu dessen König. Für diese Wiedertäufer schuf der Goldschmied Johann Tausendschuer 1534 einen großen Doppeltaler mit Bibelzitaten als Gepräge.

Zahlreiche deutsche Fürsten ahmten das gelungene Beispiel der Kurfürsten von Sachsen nach und gaben ebenfalls Guldiner aus. 1521 ließen die Grafen von Mansfeld, die im Harz über reiche Silberminen verfügten, Münzen mit der Darstellung des drachentötenden Georg nachprägen.

Der Name, unter dem die populäre neue Münze später bekannt wurde, lautet jedoch nicht »Guldiner«, sondern »Taler«. Er geht auf Joachimsthal im böhmischen Erzgebirge zurück, wo 1516 riesige Silberminen entdeckt wurden. 1520 ließen die Grafen von Schlick, denen dieses Gebiet gehörte, »Großgroschen« (Guldiner) schlagen; das Münzbild zeigte den heiligen Joachim, den Schutzheiligen des Bergbaugebiets. Die Fördermengen waren so enorm, daß man in einem Zeitraum von nur acht Jahren, bis 1528, mehr als zwei Millionen Münzen schlagen konnte. Nach dem Herkunftsort bezeichnete man sie zunächst als »Joachimsthaler« und später nur noch als »Thaler«. Dieser Name setzte sich international durch: Taler, *talar, tallero, daalder,* und selbst das amerikanische »Dollar« leitet sich davon her. Bei den Russen wurde aus »Joachim« die Bezeichnung *jefimki* für alle ausländischen Silbertaler.

Wie schon kurz erwähnt, beabsichtigte Karl V. eine Vereinheitlichung der sehr unterschiedlichen Münzsysteme, die sich in den vielen Ländern seines Riesenreiches ausgebildet hatten. Diesem Ziel diente das Eßlinger Münzdekret von 1521: Als Gewichtsstandard der Krone wurde die Kölner Mark von 233,80 g festgesetzt. Wenn auch diese Verordnung nicht allgemein anerkannt wurde, war sie doch für die weitere Entwicklung des europäischen Münzwesens von grundlegender Bedeutung.

Kaum waren die französischen Truppen in Mailand eingerückt, als auch schon eine Wanderung von Kunstschätzen und Künstlern aus Italien nach Frankreich einsetzte, die sich auf die französischen Münzen jener Zeit stark auswirken sollte. Ludwig XII. hatte bereits in seiner Eigenschaft als Herzog von Mailand Testonen mit seinem Bildnis ausgeben lassen; diese Neuerung übertrug er gegen Ende seiner Regierung (1513) auch auf das französische Münzwesen – er führte in Frankreich einen Testone mit seinem Porträt ein. Dank der traditionellen Eleganz der französischen Stempelschneidekunst wurde diese Münze außergewöhnlich schön.

Unter Franz I. (1515–1547), dem prachtliebenden Renaissanceherrscher auf dem französischen Thron, erlebten Kunst und Literatur eine großartige Blüte. Daran hatten auch die Münzen dieses Königs teil, eine lange Serie von Testonen und halben Testonen, die uns sein Antlitz zu verschiedenen Zeiten seines Lebens zeigen. Die riesigen Geldmengen, die damals in Umlauf waren, bezeugen ein interessantes volkswirtschaftliches Phänomen: Nur bedingt hoben die aus der Neuen Welt zufließenden Gold- und Silberströme den Lebensstandard; vielmehr bewirkten sie, besonders nach 1520, enorme Preissteigerungen, die zunächst in Spanien begannen, aber bald auch auf Frankreich übergriffen.

1540 versuchte man durch eine Münzreform, eine Vereinheitlichung des französischen Münzwesens zu erreichen: Die 27 Münzstätten des Landes mußten fortan ihren Ausgaben je einen bestimmten Kennbuchstaben aufprägen. Dieses System wurde bis zur Dritten Republik beibehalten, obwohl inzwischen die Zahl der Münzstätten viel kleiner geworden war.

Von den Silbermünzen, dem Testone und dem halben Testone, übernahm man das Herrscherporträt als Münzbild bald auch für die Goldmünzen. Unter Heinrich II. (1547 bis 1559) hieß die 3,6 g schwere Goldmünze *Henri d'or.*

Die Einführung großer Münzen warf eine ganze Reihe von technischen Problemen auf. Mit deren Lösung befaßten sich vor allem die Deutschen in Augsburg. Max Schwab entwikkelte dort Maschinen, die die Münzproduktion nicht nur erleichterten, sondern auch beschleunigten und verbilligten. Sie walzten das Münzmetall zu gleichmäßig dicken Strängen, die dann in Schrötlinge zerschnitten wurden. Übrigens hatte das neue Herstellungsverfahren den zusätzlichen, unschätzbaren Vorteil, daß dadurch das Beschneiden und Fälschen von Münzen, seit Jahrhunderten in allen Ländern eine üble Geißel des Geldwesens, durch die viel Münzmetall verlorenging, praktisch unmöglich gemacht wurde. Die Franzosen waren an dem neuen System stark interessiert und ließen aus Augsburg die notwendigen Maschinen kommen, die von Aubin Oliver (1550–1581) installiert wurden. Die Arbeiter der Pariser Münze fürchteten jedoch um ihre Arbeitsplätze und weigerten sich, die Maschinen zu bedienen. Die Behörden gaben schließlich nach und ordneten 1585 an, zur alten Methode des manuellen Ausmünzens zurückzukehren.

Um in das chaotische Münzwesen, das unter massiven Fälschungen schwer zu leiden hatte, etwas mehr Ordnung zu bringen, ersetzte Heinrich III. (1574–1589) den Testone durch eine schwerere Silbermünze, den 14,188 g schweren Franc. Münzmetall war damals zeitweise so knapp, daß man Tafelsilber aus Privatbesitz aufkaufen und einschmelzen mußte. Um die gleiche Zeit wurden erstmals die aus stark verschlechtertem (»schwarzem«) Silber geschlagenen niederen Silbernominale durch Münzen aus reinem Kupfer ersetzt. Dies waren die ersten Scheidemünzen, deren Nennwert über dem Metallwert lag. Die Ausgabe der großen Silbermünze, des Franc, wurde zwar bald wieder eingestellt, doch sie beweist, daß man damals auch in Frankreich eine dem deutschen Taler entsprechende große Silbermünze brauchte.

Auch im englischen Münzwesen gab es in jener Zeit interessante Veränderungen. Den Übergang vom Mittelalter zur Neuzeit markieren die Münzen Heinrichs VII. (1485 bis 1509). Sein 1489 eingeführter, 15,55 g schwerer Sovereign im Wert von 20 Schilling war die schönste Goldmünze, die damals in Europa kursierte. Auf dem Avers war der thronende König dargestellt. Gegen Ende seiner Regierung ließ Heinrich VII. auch einen *testoon* und einen Groschen mit seiner Profilbüste schlagen; das Münzbild schuf der deutsche Künstler Alexander Brugsal.

Durch seine kluge Finanzpolitik konnte Heinrich VII. den Kronschatz reichlich mehren. Diesen Reichtum erbte Heinrich VIII. (1509–1547), aber erst, als er ihn verschleudert hatte, griff er zu Münzreformen, um die Finanzlage der Krone zu bessern. Freilich begnügte er sich im wesentlichen damit, das in seinem Reich umlaufende Geld zu verschlechtern. Zunächst reduzierte er 1526 den Feingehalt der Goldmünzen und ersetzte auf ihnen das Porträt seines Vaters durch seine eigene bartlose Profilbüste. Auf die vollständige Leere der Schatzkammern reagierte er 1543 dadurch, daß er für seine Silbermünzen eine Legierung ausmünzen ließ, die nur noch zu einem knappen Drittel aus Silber bestand. 1544 ließ er sich auf den Münzen mit Bart zeigen; die Münzbilder sind zeitgenössischen gemalten und gestochenen Porträts sehr ähnlich.

Eduard VI. (1547–1553), der Sohn Heinrichs VIII. und Jane Seymours, war erst zehn Jahre alt, als er den Thron bestieg. Seine ebenso kurze wie glücklose Regierung brachte immerhin etliche schöne Münzen hervor. Auf vielen Silbermünzen sehen wir die zerbrechlich wirkenden Gesichtszüge des Knaben auf dem Herrscherthron, der mit 16 Jahren an der Schwindsucht starb. In den letzten drei Jahren seiner Amtszeit (1551–1553) wurde die erste englische Münze mit aufgeprägtem Ausgabedatum ausgegeben, eine 31,014 g schwere Silbermünze, die den talergroßen Münzen in anderen europäischen Ländern entsprach.

Spanien und dem Deutschen Reich brachten die riesigen Gold- und Silbermengen aus der Neuen Welt nur wenig Gewinn. Die ehrgeizigen Pläne und großangelegten Kriege Karls V. und Philipps II. (1556–1598) leerten die Staatskassen; die Masse des spanischen Silbers floß in die Niederlande ab. Dort ließ Philipp II. schwere Silbermünzen schlagen, den Philippusdaalder mit dem Porträt des Königs und den Andreasdaalder mit dem Andreaskreuz. Philipps Versuch, die Niederlande ganz auf spanische Verhältnisse umzustellen, war eine der Ursachen für den Aufstand von 1568, mit dem die lange Zeit der Freiheitskriege anbrach. Zahlreiche Münzen legen von den erbitterten Kämpfen zwischen den freiheitsliebenden Niederländern und den spanischen Armeen unter so berühmten Feldherren wie dem Herzog von Alba, Don Juan d'Austria oder dem Herzog Alessandro Farnese Zeugnis ab. In Umlauf kamen Münzen aus allen möglichen Metallen (Silber, Gold, aber auch Zinn und Blei) und in den unterschiedlichsten Formen (rund, viereckig, einseitig ausgeprägt). In äußersten Notsituationen schmolz man häufig Gefäße, Statuen oder Kirchenleuchter ein, um Münzmetall zu gewinnen; dies tat man besonders in belagerten Städten, die oft lange verzweifelten Widerstand leisteten. Auf den Münzen, die in den Jahren der erbittertsten Kämpfe, 1572–1581, geschlagen wurden, finden wir die Namen von Städten wie Haarlem, Middelburg, Groningen, Amsterdam, Maestricht und Campen. Nachdem die nördlichen Provinzen endlich unabhängig geworden waren, prägte man dort neue, interessante Münzen, unter denen der *leeuwendaalder* (Löwentaler) mit dem Bild eines aufgerichteten Löwen im internationalen Handel zu großem Ansehen gelangte.

Schöne Münzen aus der Zeit des Freiheitskampfes tragen das Porträt Wilhelms des Schweigsamen aus dem Haus Oranien, der 1581 die Unabhängigkeit der sieben Nordprovinzen vom spanischen »Tyrannen und Rechtsbrecher« verkündete. Nach seiner Ermordung (1584) wurde Robert Dudley, Graf von Leicester und langjähriger Favorit der Königin Elisabeth I. von England, Generalgouverneur der Niederlande. Während seiner kurzen Regierung machte man einen ernsthaften Versuch, die Münzen der sieben Provinzen zu vereinheitlichen. Der damals eingeführte Golddukat mit dem Bild eines Ritters wurde zu einer der angesehensten niederländischen Münzen; als Handelsmünze wurde sie bis in unsere Zeit hinein ausgegeben.

Vom Barock bis zur Französischen Revolution

Im 17. Jahrhundert begann der Zufluß von Edelmetallen aus der Neuen in die Alte Welt zu versiegen, nachdem er noch im letzten Jahrzehnt des 16. Jahrhunderts mit einer Jahreseinfuhr von 10 bis 12 Millionen Pesos einen sagenhaften Höhepunkt erreicht hatte. Zwar erlangten nur wenige nationale Münzausgaben auch internationale Bedeutung, aber in jedem Land wuchs die Menge der umlaufenden Münzen ganz beträchtlich. Ausgemünzt wurden in erster Linie Gold, Silber und Kupfer. Man verwandte eine Vielzahl von sehr unterschiedlichen Geprägen. Allenthalben waren die Herrscher darauf bedacht, auf ihren Münzserien religiöse und politische Glaubensbekenntnisse zu propagieren, für sich und ihre Dynastie Propaganda zu machen, sich selbst zu verherrlichen. Porträts behielten als Münzbilder ihre große Bedeutung bei; berühmte Künstler wurden damit beauftragt, Kaiser und Könige auf den Münzen zu verewigen.

Italien hatte zwar längst den Zenit seines Glanzes und Reichtums überschritten, aber immer noch gaben zahlreiche dortige Fürstenhäuser prächtige Gold- und Silbermünzen aus. In Mailand, Neapel und Messina, wo die spanischen Habsburger regierten, trugen große Silbermünzen, *filippo, ducato d'argento* und *scudo,* weiterhin die Bildnisse Philipps II. und seiner Nachfolger. In Genua schlug man eine große Goldmünze, die 33,5 g schwere fünffache *doppie,* sowie massive Silbermünzen, große *scudi* oder bis zu 90 g schwere dreifache *scudi* mit schönen Darstellungen der Muttergottes mit dem Jesuskind auf den Armen. Venedigs fortwährender Reichtum offenbarte sich in riesigen Gold- und Silberausmünzungen. Vom *zecchino* (Zechine), immer noch eine der führenden Goldmünzen der Welt, wurden jetzt auch Vielfache ausgegeben, zehn-, zwanzig-, fünfzig- und sogar hundertfache Zechinen, die bis zu 367 g schwer waren. Talergroße Silbermünzen waren der *ducato d'argento* mit dem heiligen Markus und dem Dogen sowie dem Markuslöwen als Bilder, der *scudo della croce,* benannt nach dem blumengeschmückten Kreuz auf dem Revers, und die *giustina* mit dem Bild der Märtyrerin Justina. Eigens für den Levantehandel wurde unter dem Dogen Francesco Morosini (1688–1694) eine Münze ausgegeben, der nach dem Münzbild, einem Löwen, benannte *leone Morosini.*

Erstmals im 16. Jahrhundert wurden in Venedig wunderschöne silberne Schaumünzen geschlagen, die vom Dogen als Neujahrsgeschenke verteilt wurden. Man nannte sie *oselle* nach den bis dahin als Neujahrsgeschenke üblichen Vögeln *(uccelli).* Die mittelgroßen, 9,8 g schweren Silbermünzen tragen eine Vielzahl von hochinteressanten Darstellungen.

Die Medici in Florenz blieben der Tradition ihres Geschlechtes treu und sorgten dafür, daß ihre Stadt auch weiterhin eines der bedeutendsten Zentren von Kunst und Kultur blieb. Für ihre Münzen zogen sie die besten Künstler ihrer Zeit heran. Für die Münzen von Alessandro I. Medici (1533–1536) schuf Benvenuto Cellini ein hervorragendes Porträt, das den Fürsten in jungen Jahren zeigt. Eine wunderschöne Darstellung Johannes des Täufers auf der *piastra* (talergroße Silbermünze) Cosimos I. (1537–1574) stammt von Pietro Romano und Domenico Poggini.

In Parma und Piacenza ließen Ottavio Farnese (1551–1585) und vor allem sein Sohn Alessandro (1586–1592), einer der größten Feldherren seiner Zeit, ihre großen Silberdukaten und die goldenen *quadruplas* mit ihren Bildnissen schmükken.
Viele Gold- und Silbermünzen wurden auf Malta ausgegeben, das vom Großmeister des Johanniterordens regiert wurde, und zwar Zechinen und ihre Vielfachen sowie *scudi* im Wert von 12 *tari*. Das Gepräge zeigt Johannes den Täufer. Sehr eindrucksvoll ist das Bild des silbernen vierfachen *tari* – das abgeschlagene Haupt des Täufers auf einer Schüssel.
In der toskanischen Hafenstadt Livorno gab Cosimo III. (1670–1723) eine große Silbermünze aus, den *tallero* (Taler) mit einer Darstellung der Hafenbefestigungen, sowie die sogenannte *pezza della rosa* (Rosenmünze), so benannt nach dem Bild, zwei blühenden Rosenbüschen.

Die Päpste

Die prächtigsten und künstlerisch qualitätvollsten Münzen des Barock wurden jedoch von den Päpsten in Umlauf gebracht. Bis zu 13 g schwer waren die Münzen der Goldserie, die sich aus *scudi d'oro, doppie* und sogar *quadruple* zusammensetzte. An Silber gab es große *scudi* und mittelgroße *testoni* und *giulii*. Die Päpste sorgten dafür, daß sie durch vielfältige, wunderschön gestaltete Münzbilder im lebendigen, überschwenglichen Barockstil gebührend herausgestellt wurden; besonders gern betonten sie, wie sehr sie darauf bedacht waren, die Ewige Stadt zu verschönern.
In Urbans VIII. (1623–1644) Diensten stand der hochbegabte Kupferstecher Gaspare Mola (1580–1640). Seine *ad usum aquae in urbe* (»zum Nutzen des Wassers in der Stadt Rom«) geprägten *scudi* und großen Silbermünzen tragen die feingeschnittenen, geistvollen Gesichtszüge dieses fanatischen Verteidigers des Katholizismus, während dessen Pontifikat der Prozeß gegen Galilei stattfand.
Asketisch gab sich Alexander VII. (1665–1667) auf seinen Münzen: Die Inschrift *melius est dare quam accipere* (»Geben ist besser denn Nehmen«) sollte die Gläubigen auf die Nichtigkeit und Vergänglichkeit alles Irdischen hinweisen. Um die Ehre, für die päpstliche Münzstätte arbeiten zu dürfen, wetteiferten unter Klemens X. (1670–1676) zwei begabte Kupferstecher, Gerolamo Lucenti (aktiv zwischen 1668 und 1690) und Alberto Hamerani (1620–1677). Hamerani schuf unter anderem 1672 für einen *scudo* eine Ansicht des unter Klemens X. wiederaufgebauten Hafens von Civitavecchia; Lucenti verdanken wir einen *scudo,* auf dem der Portikus der Vatikansbasilika mit einer Pilgergruppe zu sehen ist.
Auf einem *scudo* von 1684 vermeldete Papst Innozenz IX. stolz den bei Wien über die Türken errungenen Sieg durch die Inschrift *dextera tua domine percussit inimicum* (»Deine Rechte, o Herr, hat den Feind geschlagen«). Klemens XI. (1700–1721) ließ das Pantheon sowie andere Bauwerke in Rom und Umgebung restaurieren und gab mehrere Münzen aus, auf denen er diese seine Leistungen würdigte. Die Münzbilder zeigen uns außer seiner Geburtsstadt Urbino in wunderschönen Darstellungen den Tiberhafen Ripetta, das Pantheon sowie die Brücke über den Rio Maggiore bei Civita Castellana.
Auch in der Folgezeit wurden die Münzen der Päpste mit sauber geschnittenen Stempeln sehr sorgfältig geprägt, aber die künstlerische Inspiration der Stempelschneider schien allmählich zu versiegen. Die bisherige Originalität wurde mehr und mehr durch Konventionelles abgelöst. Zwar zählten die Papstporträts auf den Münzen weiterhin zu den besten Leistungen des Spätbarock, aber mit den kraftvollen Darstellungen früherer Zeiten waren sie nicht mehr zu vergleichen.

Frankreich bis zur Französischen Revolution

Den im Grunde sinnlosen Religionskriegen, die in Frankreich tobten, machte Heinrich IV. (1589–1610) ein Ende. Durch seine kluge Finanzpolitik vermochte er nicht nur die in hundert Jahren enorm angewachsenen Schulden der Krone zu tilgen, sondern es gelang ihm sogar, die königlichen Schatzkammern wieder zu füllen. Als Oberaufseher der Münze stand Nicolas Briot (1579–1649) in seinen Diensten, ein begabter Künstler, der für technische Neuerungen sehr aufgeschlossen war. Während seiner Amtszeit (1606–1625) versuchte Briot vergeblich, die aus Deutschland eingeführten Maschinen wieder aufstellen zu lassen, um endlich das manuelle Ausmünzen abschaffen zu können.
Unter Ludwig XIII. (1610–1643) kam 1629 der von Kardinal Richelieu protegierte Jean Varin (1604–1672) an die Pariser Münzstätte, ein sehr begabter Stempelschneider aus Lüttich. Von ihm stammen die Stempel für eine 1640 ausgegebene neue Goldmünze, den 6,75 g schweren *louis d'or* im Wert von 10 Livres. Die schlichte Büste des Königs kommt auf dem großen Stück ausgezeichnet zur Wirkung. 1641 gab Frankreich als eines der letzten europäischen Länder end-

lich auch eine talergroße Silbermünze aus, den *louis d'argent,* auch *écu blanc* genannt; er war 60 Sous wert und trug eine ähnliche Büste Ludwigs XIII.
Ludwig XIV. (1643–1715) hatte sehr viel für Münzen übrig. Alle seine Gold- und Silbermünzen tragen sein Bildnis, das entsprechend seinem Alter immer wieder abgewandelt wurde, so daß wir dadurch eine regelrechte Porträtgalerie aus Edelmetall besitzen. Ausgegeben wurden von ihm der *louis d'or,* der doppelte *louis d'or* sowie der silberne *écu* samt Stückelungen. Je nach dem Gepräge wurden seine *écus* mit unterscheidenden Zusätzen benannt. Der *écu aux huit L* hieß so nach den acht L, dem Anfangsbuchstaben des Königsnamens, der *écu à la mèche longue* nach der langen, der *écu à la mèche courte* nach der kurzen Locke, die Ludwig auf dem Porträt trug.
Unter Ludwig XV. und erst recht unter Ludwig XVI. waren die französischen Staatsfinanzen völlig zerrüttet. Dennoch wurde ein von beiden Königen ausgegebener *écu,* der *écu au laurier* (Laubtaler), zu einer der im internationalen Handel weitestverbreiteten Münzen. Die Verelendung des Landes machte unter Ludwig XVI. so verheerende Fortschritte, daß sich das Volk gegen die Herrschenden erhob: 1789 brach die Französische Revolution aus. Die im April 1791 von der Nationalversammlung beschlossene Münzserie der sogenannten »Verfassunggebenden Periode« vermeldete den Sturz des französischen Königtums und den Anbruch eines neuen Zeitalters.

England bis 1816

Königin Elisabeth I. (1558–1603) lag viel daran, wieder zu dem guten alten Münzfuß zurückzukehren, nach dem man vor den von ihrem Vater durchgeführten Münzverschlechterungen ausgemünzt hatte. Auf vielen ihrer Münzen, dem großen Sovereign, dem Angel und dem Pfund aus Gold, der Krone sowie kleineren Nominalen aus Silber, sehen wir die Herrscherin mit Krone und hohem Spitzenkragen; die Büste ist in so flachem Relief gehalten, daß sie fast zweidimensional wirkt.
Als 1603 Jakob VI. von Schottland, der Sohn Maria Stuarts, den englischen Thron bestieg, wurde das englische Königswappen um den schottischen Löwen und die irische Harfe bereichert. Die Vereinigung Schottlands mit England lag dem König sehr am Herzen, und das brachte er auch auf seinen Münzen zum Ausdruck. Inschriften wie *tueatur unita deus* (»Möge Gott die Vereinigten schützen«) auf der Goldkrone oder das Hesekiel-Zitat *faciam eos in gentem unam* (»Ich will ein Volk aus ihnen machen«) verraten dies ebenso wie der Name der neuen Goldmünze: Sie hieß *unite.*
Ereignisreich war die Regierungszeit Karls I. (1625–1649). Das spiegelt sich auf seinen Münzen. Der nach London übersiedelte französische Stempelschneider Nicolas Briot schuf ausgezeichnete Porträtbüsten und Reiterbildnisse Karls I. für die Münzbilder. Oft verließ der dem König treu ergebene Briot die im Londoner Tower installierte, damals vom Parlament kontrollierte Münzstätte, um in York oder Oxford heimlich an Prägestätten auszuhelfen, die Karl dort eingerichtet hatte; er wollte ohne die Aufsicht des Parlaments die für seine kostspieligen Kriege benötigten großen Geldmengen schlagen lassen. Besonders interessant sind die sogenannten »Erklärungsmünzen«, vor allem die in Shrewsbury (1642) und Oxford (1642–1646) geprägten großen Goldmünzen und silbernen Pfund- und Halbpfundmünzen. Sie tragen als Inschriften die wichtigsten Punkte der am 19. September 1642 in Wellington abgegebenen Erklärung: *Religio Protestantium, leges Angliae, libertas Parlamenti* (»Die Religion der Protestanten, die Gesetze Englands, die Freiheit des Parlaments«). Die wirren Zeiten brachten eine Reihe von reizvollen Notausgaben hervor, die in belagerten Städten oder Burgen geschlagen wurden.
1649 wurden für das zur Republik gewordene England (»Commonwealth«) neue Münzen ausgegeben, denen die darauf gezeigten beiden ovalen Wappenschilder, das Georgsschild und das irische Wappenschild, den ironischen Beinamen »breeches« (Hosen) einbrachten. Cromwells von Thomas Simon geschaffenes Porträt sehen wir auf einer 1656 geschlagenen Serie, auf goldenen 50- und 20-Schilling-Münzen, Silberkronen und Stückelungen, die freilich nie in Umlauf kamen. Für diese Prägungen wollte ein Franzose, Pierre Blondeau, 1649 aus Paris eingeführte Maschinen einsetzen, aber er konnte sich gegen den Widerstand der Münzarbeiter nicht durchsetzen. Erst in der Restaurationszeit, als in England durch Karl II. (1660–1685) wieder die Monarchie eingeführt wurde, ging man dazu über, Münzen maschinell zu fertigen. Unter Karl wurde eine neue Einheit für die Goldmünzen eingeführt, die *guinea* im Wert von 20 Schilling; ihren Namen verdankte die Münze der Tatsache, daß das Münzmetall von der Africa Company aus Guinea eingeführt wurde. Man schlug aus Gold eine Serie von Münzen im Wert von fünf, zwei, einer und einer halben Guinea; die Serie wurde von den nachfolgenden Herrschern übernommen und bis 1816 beibehalten.
Sämtliche Prägestempel wurden damals von John Roettier geschnitten; die Prägungen nahm Pierre Blondeau vor. Dieser kam auf den Gedanken, auch die Münzränder zu be-

schriften, um Fälschungen zu erschweren und das Beschneiden der Münzen unmöglich zu machen. Nach alter Gewohnheit gab man durch Symbole auf den Geprägen an, woher das Münzmetall stammte: Federn kennzeichneten Silber aus Wales, ein Elefant und eine Burg Gold und Silber der Africa Company, eine Rose westenglisches Silber.
Um die Mitte des 17. Jahrhunderts war Kleingeld so knapp, daß Privatleute in großen Mengen Token, d. h. Handelsscheidemünzen im Wert von einem halben und einem Viertelpenny ausgaben. Das veranlaßte Karl II., Kupfermünzen in diesen Werten schlagen zu lassen, Halfpence und Farthings. Die Münzbilder hierfür schuf wieder John Roettier; der Revers zeigte eine Britannia, für die Frances Stewart, die Favoritin Karls II. und spätere Herzogin von Richmond, Modell saß. Später behielt man das Britannia-Gepräge für alle britischen Kupfermünzen bei. Im späten 18. Jahrhundert waren freilich Kupfer und auch Silber sehr knapp. Der Mangel an Münzsilber veranlaßte die Krone, 1797 Gold zu einer Münze im Wert von 7 Schilling (Drittelguinea) ausmünzen zu lassen; ferner versah man spanische Achtrealstücke aus Silber, die in ganz Europa in riesigen Mengen kursierten, mit Gegenstempelungen, durch die sie zu amtlich anerkannten Zahlungsmitteln wurden. Für diese Gegenstempelungen benutzte man das Wappen der Goldschmiedezunft mit der Büste Georgs III.
Maria Stuart (1542–1567) ließ sich als Königin von Schottland auf zum Teil sehr schönen schottischen Münzen verewigen; ihr Porträt und auch die Inschriften ließ sie im Laufe der Jahre häufig abändern. Die Gepräge geben interessante Aufschlüsse über ihr Leben. So wurden Münzen mit den Inschriften *exurgat deus et dissipentur inimici eius* (»Es stehe Gott auf, damit seine Feinde zerstreut werden«) oder *quae deus conjunxit nemo separet* (»Was Gott zusammengefügt hat, das soll niemand scheiden«) zu einem Zeitpunkt geprägt, als Maria eine Verschwörung anzettelte mit dem Ziel, Darnley zu ermorden.

Deutschland bis zum 19. Jahrhundert

Nikolaus Kopernikus (1473–1543), der große Gelehrte, war über die sich auf jede Volkswirtschaft auf die Dauer verheerend auswirkende ständige Geldentwertung nicht minder besorgt als die meisten seiner Zeitgenossen. In seiner Schrift *Modus cudendi monetam* (»Wie man Münzen schlägt«) nannte er als eine der Ursachen den Überfluß an Münzgeld und riet, die alten Münzen aus dem Verkehr zu ziehen, ehe man neue ausgab.

Wie schon erwähnt, hatten die riesigen Silberlieferungen aus der Neuen Welt letztlich ein Währungschaos und enorme Preissteigerungen zur Folge. Aber auch in Europa selbst kam es zeitweise durch die Erschließung immer neuer Silberminen zu einem Überangebot an Münzsilber. Das veranlaßte beispielsweise den Braunschweiger Herzog Julius (1568–1589) zur Ausgabe von Vielfachen des Talers bis hin zu Zehn- und Zwölftalerstücken, die bis zu 356 g schwer waren. Diese Braunschweiger Talervielfachen, die von 1574 an hundert Jahre lang in Umlauf gebracht wurden, hießen »Löser« nach der Münzinschrift der ersten Ausgaben: *Genannt Braunschweigische Julius Löser.* Auf zwei anderen Münzen, dem sogenannten Kerzentaler von 1570 und dem Brillentaler von 1586, verkündete Julius als echter Renaissance-Herrscher aller Welt seine Lebensphilosophie: *aliis inservando consumor* (»Ich verzehre mich im Dienst an den Mitmenschen«).
Viel anschaulicher noch waren die Gepräge, die sein Sohn, Herzog Heinrich Julius (1589–1613), einführte. Er benutzte seine Taler, um durch allegorische Darstellungen und lateinische Zitate wie *Veritas vincit omnis calumnia mendacium* (»Die Wahrheit siegt über alle lügnerischen Verleumdungen«) oder *recte faciendo neminem timeas* (»Tue recht und scheue niemanden«) seine Position in den langen Auseinandersetzungen mit den von Salders und anderen Adelsfamilien kundzutun. Den allegorischen Szenen verdanken seine Taler ihre malerischen Namen: »Rebellentaler« (1595), »Lügentaler« (1596 und 1597), »Wahrheitstaler« (1597), »Wespentaler« und »Pelikantaler« (1599). Den temperamentvollen Herzog selbst sehen wir auf seinen zahlreichen Münzen hoch zu Pferd in prächtiger spanischer Hoftracht mit hohem Spitzenkragen.
Man spürt deutlich, welchen Spaß diese Herzöge an den von ihnen ausgegebenen Münzen hatten; das verraten schon die lebendigen, geistvollen Münzbilder. Friedrich Ulrich, 1613–1634 Herzog von Braunschweig, ließ sich auf seiner Serie von Talervielfachen majestätisch zu Pferd darstellen, und zwar in immer wieder anderer Gewandung, so daß seine Ausgaben eine regelrechte zeitgenössische Kostümkunde bieten. Ein anderer Braunschweiger, Christian, der mit 27 Jahren als Bischof von Halberstadt starb, wählte als Gepräge für seine Münzen den ein Schwert führenden Arm Gottes und die provozierende Inschrift in deutsch: *Gottes Freundt der Pfaffen Feindt.* Das bezog sich auf die sinnlosen Gemetzel des verheerenden Dreißigjährigen Krieges, der damals in Deutschland tobte. Auch andere Fürsten bekundeten auf Münzen ihren Abscheu vor dem religiös verbrämten Blutbad. So ließ der Braunschweiger Herzog Friedrich

(1636–1648) aus der Seitenlinie Lüneburg-Celle seinen Münzen eine Landschaft aufprägen, deren eine Hälfte den Segen des Friedens, die andere die Verwüstungen des Krieges zeigt.
Zu Beginn des 17. Jahrhunderts wurden die Braunschweiger Löser zu echten Schaustücken, auf deren Bildern sich das Leben des Fürstenhauses spiegelt. Rudolf August (1666–1704) ließ darauf seine Hauptstadt Celle und das ertragreiche Bergbaugebiet Lauental darstellen. Interessante Münzbilder bringen beispielsweise einen Querschnitt durch eine Mine. Über den Bergbauszenen ist stets das Lüneburger Wappentier gezeigt, ein springendes Pferd.
Wie die Braunschweiger, so prägten auch viele andere deutsche Fürsten Silbertaler und Golddukaten als Gedenk- und Schaumünzen, auf denen häufig Ereignisse aus dem Privatleben der Fürsten dargestellt sind. Besonders feierte man auf diese Weise Geburten, Hochzeiten, Krönungen und Begräbnisse. Gelegentlich benutzten Herrscher solche Münzen auch, um ihnen zuteil gewordene Ehrungen der Mitwelt kundzutun. Das tat beispielsweise Johann Georg IV. von Sachsen (1691–1694), als ihm der englische Hosenbandorden verliehen wurde.
Am sächsischen Hof in Dresden liebte man Prunk und fröhliche Feste. Bei diesen Festen fanden häufig Wettschießen statt; zu solchen Anlässen gab man talergroße »Schützenklippen« aus. Sehr frei ging es in Dresden unter Kurfürst Friedrich August I. (1694–1733) zu, der zu Recht den Beinamen »der Starke« erhielt. So manche seiner Taten, aber auch etliche seiner zahlreichen Liebesaffären fanden auf seinen Münzen ihren Niederschlag. Das war freilich eine große Ausnahme; in der Regel äußerte man auf Münzen nur fromme Gedanken und ließ häufig Bibelzitate aufprägen, so auf dem 1634 von Wilhelm V. von Hessen-Kassel ausgegebenen »Wirbelwindtaler« den demütigen Spruch: »Nach Gottes Willen werde ich, obgleich niedrig, erhöht werden.«
Die Porträts auf den Münzen büßten zwar im Lauf der Zeit ihren hohen künstlerischen Rang ein, sind aber weiterhin als Darstellungen bedeutender Männer jener Zeit von Interesse. So sehen wir auf den Münzen Albrecht Eusebius Wallenstein, Herzog von Friedland und Fürst von Sagan (1583–1634), einen der großen Heerführer des Dreißigjährigen Krieges, oder Kaiser Rudolf II., den hochgebildeten Herrscher des Heiligen Römischen Reiches Deutscher Nation. An Rudolfs Hof in Prag waren mehrere bedeutende Münzmeister tätig, so der hochbegabte Stempelschneider Antonio Abondio, ein Schüler des berühmten Leone Leoni. Später stand auch der hervorragende Matthias Donner (1699–1767) in kaiserlichen Diensten. Die Ausgaben der Krone zeigten im allgemeinen qualitätvolle Porträts auf den Aversen und kunstvoll gestaltete Wappen auf den Reversen. Die Münzstätten der Habsburger waren über ein weites Gebiet verstreut, das von Böhmen, Ungarn, Schlesien und Kärnten im Südosten über Italien im Süden bis zu den Niederlanden im Nordwesten reichte. Prächtige Goldmünzen, die oft als Vielfache im Wert von fünf, zehn, zwanzig, ja, bis zu hundert Dukaten geschlagen wurden, bezeugen den Reichtum und die Macht des riesigen Imperiums.
Bereits 1458 schrieb Aeneas Sylvius, das Wasser des Rheins funkle vor Goldstaub. Die Goldseifen in den Flußbetten von Rhein, Donau, Isar und Inn wurden ausgewaschen, und so manche Dukaten, die im 18. Jahrhundert in der Pfalz und noch später in Bayern geschlagen wurden, wurden aus diesem Flußgold gemünzt.
Interessant sind die Städteansichten, die vom 17. Jahrhundert an besonders auf deutschen und Schweizer Talern auftauchen. Dargestellt sind Städte wie Nürnberg, Augsburg, Regensburg, Magdeburg, Hamburg, Frankfurt am Main, Danzig, Zürich und Luzern.
Während des Dreißigjährigen Krieges blühte das Spekulantentum. Gerissene Geldwechsler kauften mit kleinen, minderwertigen Münzen allenthalben vollgewichtige Münzen aus gutem Silber auf, wobei sie die Gewohnheit hatten, beim Auswiegen der Münzen die Waagschale mit den schweren Münzen von unten heimlich anzuheben. Das brachte ihnen den Spitznamen »Kipper und Wipper« ein. Als »Zeitalter der Kipper und Wipper« bezeichnet man die langen Jahre, in denen das Geldwesen im Gefolge des Dreißigjährigen Krieges weitgehend zusammenbrach, die Münzen durch Verschlechterung fortlaufend abgewertet und die Preise hemmungslos angehoben wurden. Diese Entwicklung setzte in den östlichen Teilen des Habsburgerreiches ein, erfaßte aber bald ganz Deutschland.
Wie es damals zuging, schildert ein Zeitgenosse mit folgenden Worten: »Kessel, Rohre, Behälter, alles, was aus Kupfer war, wurde weggeschleppt, zur Münzstätte gebracht und zu Geld gemacht. Wo immer in einer Kirche ein Taufbecken aus Kupfer stand – es mußte in die Münze wandern, und das konnte kein Heiliger verhindern; es wurde von jenen verkauft, die darin getauft worden waren.« In den zwanziger Jahren des 17. Jahrhunderts wurde die Lage so katastrophal, daß Kaiser und Fürsten zu drastischen Maßnahmen greifen mußten, um ein völliges Chaos zu verhindern. Ihr entschiedenes Eingreifen hatte zur Folge, daß bereits nach zwei Jahren wieder eine gewisse Normalisierung erreicht war. Freilich ging das infolge der notwendigen Münzverrufungen (Einziehung der abgewerteten Münzen,

für die nur ein Bruchteil des Nominalwerts in guten neuen Münzen erstattet wurde) nicht ohne riesige Opfer für Staatskassen und Privatleute ab.

Nach dem Ende des Dreißigjährigen Krieges war eine Rückkehr der Wirtschaft zu Vorkriegszuständen völlig ausgeschlossen. Silber war inzwischen knapp und sehr teuer geworden. Die großen Silbertaler spielten als Zahlungsmittel keine Rolle mehr; Taler schlug man fortan nur noch als Schau- und Geschenkmünzen. An ihre Stelle trat im Wirtschaftsleben der Gulden im Wert von 2/3 Taler, begleitet von Stückelungen im Wert von 1/3 oder 1/6 Taler.

Als in Brasilien riesige Goldlager entdeckt wurden, kam es zu Beginn des 18. Jahrhunderts infolge des Überangebots an Gold zu neuen Währungskrisen. Pistolen, wie man die französischen Louisdors und die spanischen Zwei-Escudo-Stücke nannte, überschwemmten ganz Europa, während Silber zur Mangelware wurde. Friedrich II. von Preußen (1740–1786) gab zwar noch Silbermünzen aus, verschlechterte sie aber bedenkenlos, um seinen langen, kostspieligen Krieg gegen Österreich finanzieren zu können. Seine Silbermünzen, besonders die in Leipzig von dem Pächter der dortigen Münze, dem Juden Veitel Ephraim, ausgegebenen Dritteltaler, standen als »Ephraimiten« in ganz Europa in schlechtem Ruf.

Gold wurde in Deutschland in gewaltigen Mengen ausgemünzt; Dukaten und Doppeldukaten gab es in Hülle und Fülle. Eine ausgezeichnet gestaltete Serie von Dukatenvielfachen, die sogenannten »Portugaleser« und »Bankportugaleser«, stammt aus Hamburg. Nach dem Beispiel des französischen Louisdor gab man 1739 in Preußen einen 13,46 g schweren »Wilhelm d'or« aus. Friedrich II. übernahm diese Münze als »Friedrich d'or«, der in Bayern und anderen deutschen Ländern bald nachgeahmt und nach den jeweiligen Herrschern benannt wurde; so finden wir aus jener Zeit beispielsweise einen »Maximilian d'or« oder auch einen »Carolin d'or«.

Nord- und Osteuropa

Obwohl dort im 18. Jahrhundert sehr viele Kriege geführt wurden, blieb in dieser Zeit der Geldwert doch außergewöhnlich stabil. Handel und Gewerbe nahmen allenthalben einen starken Aufschwung. Gold- und Silbermünzen wurden weiterhin in beachtlichen Mengen ausgegeben, aber daneben gewann das Papiergeld eine wachsende Bedeutung.

In Schweden wurden seit dem frühen 16. Jahrhundert talergroße Münzen geschlagen. Von 1540 an gab man eine reizvolle Münze, den sogenannten Salvatortaler, aus, benannt nach dem Gepräge, einer Christusdarstellung mit der umlaufenden Inschrift *salvator mundi salva nos* (»Heiland der Welt, rette uns«). Prächtige Gold- und Silbermünzen verdanken wir Gustav II. Adolf (1611–1632), dem Vorkämpfer des Protestantismus im Dreißigjährigen Krieg. Unter seiner Tochter Christina (1632–1654) machte sich die Krone die riesigen schwedischen Kupferlager dadurch nutzbar, daß man von 1644 an als Ersatz für Silbermünzen Kupferflachgeld *(platmynt)* einführte. Manche dieser rechteckigen »Münzen« waren enorm schwer und bis zu einem Meter lang; das größte Stück im Wert von zehn Taler wog nicht weniger als 19,7 Kilogramm. Gefertigt wurde das Flachgeld in Münzstätten im Bergbaugebiet selbst, beispielsweise in Aveste. In Nominalen von anderthalb bis zehn Taler wurde es bis 1776 beibehalten.

Die Kriegsabenteuer Karls X. (1697–1718) führten in Schweden beinahe zum Staatsbankrott. Gerade noch rechtzeitig fand der König in dem Baron Georg Heinrich von Görtz (1668–1719) einen wagemutigen Bankier, der unverzüglich kupferne Scheidemünzen schlagen ließ, sogenannte Görtztaler, die von 1715 bis 1719 in regelmäßigen Abständen gemünzt wurden. Als Gepräge trugen sie mythologische oder allegorische Figuren wie Jupiter, Saturn, Mars oder die Hoffnung. Als der König 1718 plötzlich starb, wandte sich das mit über 20 Millionen dieser als wertlos betrachteten Münzen regelrecht überschwemmte Land empört gegen Görtz, der schließlich für die Finanzmisere verantwortlich gemacht und enthauptet wurde.

Danach herrschte in Schweden wieder Friede, und mit ihm kehrte gutes Geld zurück. Im ausgehenden 18. Jahrhundert wurden viele schöne Reichstaler *(rigsdalers)* geschlagen; die Stempel hierfür schuf einer der begabtesten europäischen Stempelschneider jener Zeit, der vielgereiste Schweizer Johann Karl Hedlinger (1691–1771), der viele Jahre lang in schwedischen Diensten stand.

Die polnische Münzgeschichte ist während der Barockzeit ungemein reich an schönen Ausgaben. Nicht nur für Polen selbst, sondern auch für Danzig, Litauen und Thorn ließen die Polenkönige viele Silbertaler schlagen. Besonders reizvoll sind die zahlreichen Dukatenvielfachen mit Darstellungen der Stadt Danzig.

Auf ungarischen Münzen aus jener Zeit sehen wir eine regelrechte Porträtgalerie der Habsburger; die Reverse vieler Gold- und Silbermünzen tragen als Bild eine anmutige Muttergottes mit dem Jesuskind auf den Armen. Transsylvanien, das über hundertfünfzig Jahre lang (1540–1690) von unabhängigen Fürsten aus den Häusern Báthory, Bocskai,

Bethlen, Rákóczi und Apafi regiert wurde, verfügte über reiche Gold- und Silberminen und gab neben einer Serie von eindrucksvollen Silbertalern auch schöne große Vielfache des Golddukatens aus.
Einen sehr seltenen Schautaler ließ 1713 der Woiwode (Fürst) des Donaufürstentums Walachei, Konstantin Brancoveanu (1689–1714), anläßlich seines sechzigsten Geburtstags schlagen. Darauf offenbarte er Unabhängigkeitsbestrebungen, die dem türkischen Sultan, dem Oberherrn der Walachei, gar nicht gefielen. Brancoveanu wurde nach Konstantinopel gebracht, abgeurteilt, gefoltert und vor den Augen des Sultans am 24. August 1714 enthauptet.
In Rußland führte Peter der Große 1700 Münzen ein, die ganz nach westeuropäischen Vorbildern gestaltet waren; den Rubel, die erste talergroße Silbermünze seines neuen Währungssystems, ließ er ab 1704 schlagen. Zwar blieb man bei slawischen Inschriften und lange auch noch bei der Datierung nach russischer Zeitrechnung, aber sowohl der Stil als auch das Herstellungsverfahren für die neuen Münzen waren rein westlich. An den Münzstätten waren viele Ausländer tätig, vor allem Deutsche; sie schufen die Münzbilder nach ihrer eigenen Tradition, so das Porträt Peters, das die Silbermünzen und die Golddukaten (Tscherwonez) schmückte.
Wie alle europäischen Emissionen trugen die russischen Münzen des 18. Jahrhunderts zahlreiche Porträts der Zaren und besonders auch der Zarinnen, die über das Riesenreich herrschten. Um der Flut der Kupfermünzen Herr zu werden, wollte Katharina II. sie durch Papiergeld ersetzen, aber dieses Experiment schlug fehl, so daß das Land weiterhin mit Kupfer überschwemmt wurde.

Die Französische Revolution und ihre Auswirkungen

Ein knappes Jahr, ehe die französische Monarchie unter der Guillotine endete, wurde 1791 eine neue Münze ausgegeben, der *écu constitutionnel,* der immer noch das Bildnis des Königs trug. Aber gleichzeitig verkündete auf der anderen Seite der Münze ein von Augustin Dupré meisterhaft gestaltetes Gepräge, daß die Geschicke Frankreichs fortan durch den Genius der Freiheit gelenkt werden sollten. Eine noch deutlichere Sprache verwendete man auf dem Sou, der im gleichen Jahr eingeführten Kupfermünze. Um ein Rutenbündel lief die pragmatische Inschrift: *la nation, la loi, le roi!* 1795 wurden nicht nur weitere neue Münzen eingeführt, sondern auch, was viel bedeutsamer war, ein neues Rechensystem, das Dezimalsystem. Neue Grundeinheit wurde der durch zehn teilbare Franc mit den Stückelungen Decimes und Centimes. Auch für diese Münzen schuf Augustin Dupré Gepräge, die die neue Zeit symbolisierten, für die Kupfermünzen beispielsweise eine reizvolle Büste, zu der ihn Madame de Récamier inspirierte; sie trug die phrygische Freiheitsmütze.
Allerdings war den revolutionären Idealen kein sehr langes Leben beschieden. Bereits 1803 kündete die einfache Porträtbüste Napoleons auf Gold- und Silbermünzen ein neues monarchisches Regime an, und nach der Kaiserkrönung von 1804 stellte sich der neue Herrscher auf seinen Münzen als *Napoléon Empereur* vor. Die Porträts für seine französischen Emissionen schufen Künstler wie Droz, Tiolier oder Brenet, die für die italienischen Emissionen stammen von Luigi Manfredini; sie beeindrucken durch die fast olympische Erhabenheit des schmucklosen, aber majestätischen Hauptes.
Die in Frankreich erwachten Freiheitsideale breiteten sich rasch aus und lösten sogar im Bollwerk der Päpste, in Rom, eine Revolution aus: 1798 wurde die Römische Republik ausgerufen. Der »Scudo von 1799« trägt die eindrucksvolle Inschrift: *giorno che vale di tanti anni il pianto* (»Der Tag, der für die Tränen so vieler Jahre entschädigt«).
Ganz Europa schien von Napoleon und den Angehörigen seiner Familie beherrscht zu sein: Nicht nur in Frankreich und Norditalien, sondern auch in Spanien, den Niederlanden, Westfalen und Neapel wurden Gold- und Silbermünzen ausgegeben, die Bildnisse Napoleons, seiner Brüder Joseph, Louis und Jérôme sowie seines Schwagers Joachim Murat trugen. Aber anderseits ließen Notausgaben so mancher Städte und Gebiete, die von französischen Truppen bedroht oder belagert wurden, deutlich erkennen, daß Napoleons Herrschaftsanspruch keineswegs unangefochten blieb. Solches Notgeld kennen wir beispielsweise aus Trier, Fulda, Würzburg und Mainz, die zwischen 1794 und 1796 von den Franzosen belagert wurden; die Taler tragen Inschriften wie *ex vasis argenteis in usum patriae* (»Aus Silbergeschirr zum Nutzen des Vaterlands« – ein Hinweis darauf, daß für diese Münzen Tafelsilber eingeschmolzen wurde) oder auch die knappe, entschlossene Feststellung *pro deo et patria* (»Für Gott und Vaterland«). Vom heldenhaften Widerstand der Spanier sprechen in verschiedenen Formen aus Silberblech geschnittene Notmünzen mit einfachen Schriftgeprägen, die in Gerona, Barcelona, auf den Balearen und auf Mallorca ausgegeben wurden.
In dem halben Jahrhundert nach Napoleons Sturz behielt man in Frankreich das von ihm eingeführte Münzsystem bei und änderte lediglich die Herrscherbildnisse. Um den

Goldreichtum seines Landes zu demonstrieren, ließ Napoleon III. zwei neue Goldmünzen schlagen, das 15,60 g schwere Fünfzigfrankenstück und das 32,25 g schwere Hundertfrankenstück.

Nach Napoleons I. Sturz wurden seiner zweiten Frau, der österreichischen Prinzessin Marie Louise (1791–1847), die italienischen Herzogtümer Parma, Piacenza und Cuastalla zugesprochen. Dort ließ sie Gold- und Silbermünzen prägen, die ein zwar bezauberndes, aber reichlich geschmeicheltes Bildnis der Herrscherin tragen.

In Neapel und den beiden Sizilien, wo nach der Hinrichtung Joachim Murats 1815 die reaktionären Bourbonenkönige wieder eine prunkvolle Hofhaltung einrichteten, wurde fast ein halbes Jahrhundert lang Gold zu wunderschönen Dreißig-, Fünfzehn-, Sechs- und Dreidukatenstücken ausgemünzt.

In allen europäischen Ländern triumphierte in der sogenannten Restaurationszeit nach Napoleons Sturz die Reaktion. Bei weitem am reaktionärsten gebärdete sich das russische Zarentum. Nikolaus I. (1825–1855) unterdrückte rücksichtslos jegliche Freiheitsbestrebungen in dem unter russischer Herrschaft stehenden Polen. Die bis dahin in Warschau ausgegebenen polnischen Goldmünzen, auf denen der Zar als König von Polen tituliert war, wurden 1833 eingestellt; an ihre Stelle traten neue Münzen mit Inschriften in Polnisch und Russisch und schließlich Münzen, die nur noch russische Inschriften trugen – ein offenkundiger Schritt zur totalen Eingliederung Polens ins Russische Reich.

Etwas Einmaliges in der Münzgeschichte unternahm man in den ausgehenden zwanziger Jahren des 19. Jahrhunderts in Rußland: Die ergiebigen Platinvorkommen im Ural bewogen den Zaren, aus diesem Metall reguläre Münzen schlagen zu lassen. Freilich kamen nicht allzu viele dieser Münzen im Wert von drei, sechs und zwölf Rubel in Umlauf, da sich die Fördermengen wieder verringerten und zudem das Volk dem Platingeld mit wachsendem Mißtrauen gegenüberstand. 1845 wurde die Ausmünzung eingestellt.

Schönere Münzbilder tauchten auf, nachdem man 1830 den hochbegabten deutschen, in Wien ausgebildeten Stempelschneider Heinrich Gube (1805–1843) an die Petersburger Münze geholt hatte. Er ersetzte die heraldischen Gepräge durch Porträts. Ein Meisterstück ist der »Familienrubel« von 1835–1836: Er trägt auf dem Avers die Porträtbüste Nikolaus I. und auf dem Revers das liebliche Haupt der Zarin, der Preußenprinzessin Charlotte Louise, im Profil, umgeben von den Köpfen ihrer sieben Kinder.

Eine wunderschöne Talerserie gab es in Bayern unter König Ludwig I. (1825–1848), der 1829 den bis dahin an vielen wichtigen Münzstätten Europas tätigen Medaillenschneider Karl F. Voigt nach München berief. Von ihm stammen die Gepräge für die sogenannten »Geschichtstaler«, vorwiegend silberne Taler und Doppeltaler mit Darstellungen von Denkmälern, neu geschaffenen Orden und Ehrenzeichen, Ereignissen aus dem Leben der Königsfamilie oder Würdigungen von Taten des Königs auf dem Revers.

Eine Serie von Doppeltalern und zwei Guldenstücke wurden zwischen 1840 und 1866 in Frankfurt am Main ausgegeben. Sie tragen als Bilder wunderschöne Stadtansichten; so sehen wir darauf auch den berühmten Römer.

Insgesamt herrschte im deutschen Münzwesen des 19. Jahrhunderts ein erstaunliches Durcheinander. Es gab auf deutschem Boden nicht weniger als 67 verschiedene Währungen, und obendrein waren noch viele alte, teils verrufene Münzen in Umlauf. Gold wurde in den einzelnen Ländern Deutschlands in unterschiedlichen Nominalen ausgemünzt, als Dukaten und deren Vielfache, als Fünf- und Zehntalerstücke, als Kronen oder – nach 1871 – als Fünf-, Zehn- und Zwanzigmarkstücke; gewöhnliche Sterbliche bekamen solche Münzen allerdings nur selten in die Hand. Dafür gab es sehr viele Silbertaler, die oft als Gedenkmünzen ausgegeben wurden. Eine einheitliche Währung für ganz Deutschland wurde erst nach dem Ende des Deutsch-Französischen Krieges, also seit 1871, eingeführt. Gleichzeitig stellte man die Währung des Deutschen Reiches auf den Goldstandard um.

Beispielgebend für das Währungswesen nicht nur Europas, sondern der ganzen Welt war Frankreich durch die wohldurchdachten, logischen Reformen geworden, die man während der Revolution und im Ersten Kaiserreich durchgeführt hatte. Das französische System wurde von vielen Staaten übernommen: 1832 von Belgien, 1850 von der Schweiz, 1862 von Italien usw. 1865 gründete man die »Lateinische Währungsunion« unter französischer Führung. Als Grundeinheiten des Franc-Systems wurden der 5 g schwere Silberfranc und das 6,45 g schwere goldene Zwanzigfrancstück festgesetzt. Dieses System blieb bis 1916 praktisch unverändert.

In England führten die langen kriegerischen Auseinandersetzungen zu Beginn des 19. Jahrhunderts zu einer prekären Finanzlage. Deshalb entschloß man sich 1816 zu einer Reform des Währungssystems. Man wechselte vom Bimetallismus zum Goldfuß; Silber und Kupfer wurden subsidiäre Münzmetalle. An die Stelle der Guinea trat der Sovereign, der nur noch einen Wert von 20 Schilling hatte. Damals waren an der Londoner Münzstätte zwei hervorragende

Stempelschneider tätig, der Italiener Benedetto Pistrucci (1784–1865), der sich 1814 in London niedergelassen hatte, und der Engländer William Wyon. Als Bild für den neuen Sovereign wählte man eine von Pistrucci geschaffene Darstellung des drachentötenden St. Georg; es wurde über 150 Jahre lang beibehalten. Viele ausgezeichnete Münzbilder stammen von William Wyon und anderen Mitgliedern seiner Familie, die auch unter Königin Viktoria an der Londoner Münze tätig waren. Diese Königin ließ ihren Gold- und Silbermünzen viele Jahre lang ein jugendliches, sehr anmutiges Profilporträt aufprägen. Eine ungewöhnliche Crown wurde 1846 ausgegeben: Das Gepräge von William Wyon zeigte die Königin in mittelalterlichem Königsornat und trug eine Inschrift in gotischen Lettern; deshalb bezeichnet man diese Münze als *gothic crown*. Anläßlich der Fünfzigjahrfeier der Thronbesteigung der Königin im Jahr 1887 wurden Jubiläumsmünzen geschlagen, die übliche Serie der Fünf-, Zwei-, Ein- und Halbsovereignstücke, die Crown und kleinere Silbernominale. Erstmals zeigte man darauf die gealterte Königin mit der kleinen Kaiserkrone und einem langen Schleier. Die strengen Gesichtszüge der verwitweten Königin, die der aus Österreich stammende Sir Joseph Edgar Boehm (1834–1890) porträtiert hatte, fanden beim Volk keinen Anklang. Deshalb ersetzte man 1893 dieses Münzporträt durch ein Bildnis von Thomas Brook, eine Darstellung von großmütterlicher Herzlichkeit, die alle Engländer sehr ansprach.

Europa bis zur Schwelle des Ersten Weltkriegs

Nach 1848 führten die nationalen Erhebungen in vielen europäischen Ländern zur Bildung neuer unabhängiger Staaten. Italien wurde durch Garibaldi geeinigt. Seit 1861 orientierten sich die Münzen des italienischen Königreichs am französischen Währungssystem: Man gab in Gold Hundert-, Fünfzig-, Zwanzig-, Zehn- und Fünflirestücke, in Silber Fünflirestücke und kleinere Nominale aus. 1866 schloß sich auch der Kirchenstaat diesem System an, nachdem man dort über ein halbes Jahrhundert lang Gold- und Silbermünzen (Scudi) in großen Mengen in Umlauf gebracht hatte.
In Österreich-Ungarn kehrte man nach den Aufständen des Jahres 1848 unter Kaiser Franz Joseph I. (1848–1916) zu einem ziemlich strengen Absolutismus zurück. Die wichtigsten Münzen jener Zeit waren Dukaten (3,49 g) und Vierdukatenstücke (13,95 g) aus Gold sowie große Silbermünzen, Taler (18,56 g) und Gulden (12,35 g). Die Emissionen Franz Josephs sind zwar sauber gearbeitet, aber reichlich konventionell. Bemerkenswert sind verschiedene Schützentaler und Doppelgulden, besonders der 1879 anläßlich der Silberhochzeit des Kaiserpaars ausgegebene Doppelgulden. Diese Münze und ein anderer Doppelgulden, der 1854 zur Hochzeit des Kaiserpaars geschlagen wurde, tragen als einzige das reizende Bildnis der Kaiserin Elisabeth (1837–1898).
Der Verfall des Silberpreises auf den Weltmärkten zwang Österreich 1892 zur Einführung des Goldfußes. Neue Einheit wurde die in 100 Heller unterteilte Krone. Prächtige Hundertkronenstücke kamen 1907 und 1908 anläßlich der Krönung zum König von Ungarn und des sechzigjährigen Regierungsjubiläums des Kaisers heraus. Nach dem Ausbruch des Ersten Weltkriegs wurden in Österreich die Gold- und Silbermünzen aus dem Verkehr gezogen. Im internationalen Handel jedoch erfreuten sie sich weiterhin großer Beliebtheit. Goldene Dukaten und Vierdukatenstücke mit Franz Josephs letztem Ausgabejahr (1915) aufgeprägt sowie später geschlagene Hundert- und Zwanzigkronenstücke mit der gleichen Datierung wurden zu sehr beliebten Handelsmünzen, die man mit konstantem Fuß bis in die Gegenwart hinein nachgeprägt hat.
In Rußland unternahm man 1896 den Versuch, das völlig in Unordnung geratene Währungssystem durch eine Neubewertung der Goldmünzen wieder in Ordnung zu bringen. Der münzhistorische Schwanengesang der Familie Romanow war eine Serie von Silberrubeln. Es waren Gedächtnismünzen für die Zaren Alexander II. und Alexander III., zur Hundertjahrfeier des Sieges über Napoleon 1812, zur Zweihundertjahrfeier des Sieges Peters des Großen 1714 bei Gangut und zur Dreihundertjahrfeier des Hauses Romanow.

Die Zeit nach dem Ersten Weltkrieg

Manche Staaten feierten auf ihren Münzen die Männer, denen sie ihre Unabhängigkeit oder politische Bedeutung verdankten. So zeigte Polen auf den silbernen Zehnzłotystükken der Jahre 1934–1936 die Porträtbüste von Marschall Josef Pilsudski (1867–1938); Ungarn ehrte auf die gleiche Weise den Reichsverweser und Admiral Miklós von Horthy (1868–1957). Zur Krönung des Königspaars Ferdinands I. und Marias gab man in Rumänien eine Serie von goldenen Gedenkmünzen aus, die die Monarchen mit allen Insignien ihrer Würde zeigten. Albanien feierte den mittelalterlichen Volkshelden Georg Skanderbeg Kastriota 1927 auf Zwanzig-Franka-Ari-Stücken. Präsident und König Zogu I. (1928–1939) ließ sehr schöne Gold- und Silbermünzen mit seinem Bildnis schmücken.

Unter Viktor Emanuel III. (1900–1946), der nicht nur einer der bedeutendsten Münzsammler seiner Zeit war, sondern auch einen zwanzigbändigen Katalog der italienischen Münzen verfaßte, führte man in Italien wieder kunstvoller gestaltete Münzbilder ein. Als Inspirationsquelle diente sehr oft die römische Antike: Siegesquadrigen, Fasces, Liktoren und allegorische Figuren, stets in sehr ansprechendem Stil ausgeführt, sollten an die große Vergangenheit des Landes erinnern.

Nach dem Ersten Weltkrieg wurden sehr viele Gedenkmünzen ausgegeben, die nicht nur dem Nationalstolz Genüge taten, sondern auch jeden Sammler erfreuen, sind doch, seit Papiergeld zum Hauptzahlungsmittel geworden ist, Münzen nur noch in niedrigen Nominalen mit geringem Silbergehalt oder aus unedlen Metallen in Umlauf.

Die Weimarer Republik erlebte die schlimmste Inflation aller Zeiten. An Münzen gab man danach außer den als reguläre Zahlungsmittel bestimmten Kupfer-Nickel- und Silbermünzen auch viele schöne Gedenkmünzen im Wert von drei und fünf Mark aus. Sie trugen Bildnisse historischer Gestalten wie Dürer, Lessing und Walther von der Vogelweide. 1929 feierte man auf einer Sonderprägung die Weltumfliegung Graf Zeppelins in seinem Luftschiff. Anläßlich des hundertsten Todesjahrs Goethes schuf Professor Rudolf Bosselt 1932 eine wunderschöne Münze mit verspiegeltem Feld. Künstlerisch nicht minder qualitätvoll waren die Gedenkmünzen, die in Wien zu verschiedenen Anlässen geschlagen wurden.

In der Türkei gab man große Luxusmünzen *(monnaie de luxe)*, Schau- oder Geschenkmünzen in mehreren Nominalen aus. Diese prächtigen Stücke erinnern mit ihren kunstvollen orientalischen Ornamenten an die Zeiten, in denen die Sultane ihre bevorzugten Haremsdamen mit Goldstükken zu beschenken pflegten.

In vollkommenem Gegensatz dazu stehen die nüchternen Münzbilder in den Volksdemokratien. Die in Rumänien 1946 und 1947 kursierenden Silber- und Messingmünzen, die in Nominalen von 2000 bis 100 000 Lei ausgegeben wurden, sind Zeugnisse einer schweren Nachkriegszeit, in der die Hoffnungen mancher Völker durch die düsteren Wolken einer galoppierenden Inflation überschattet wurden.

In unserer Zeit sind die Regierungen bemüht, gefällige Münzen auszugeben. Das hat zu vielen reizvollen Emissionen geführt, beispielsweise zu den irischen Münzen der zwanziger und dreißiger Jahre, auf denen wir einen ganzen Zoo versammelt sehen.

1 Eines der eindrucksvollsten Bildnisse der Renaissance: Büste des Ludovico Maria Sforza, »il Moro« genannt, Herzog von Mailand (1494–1500). Silberner Testone, vermutlich ein Werk von Cristofano Caradosso.

2 Jugendbildnis des Kaisers Maximilian I. (1493–1519) und seiner Braut, Maria von Burgund, auf einem Schautaler, der von Gian Marco Cavallo in Erinnerung an die Hochzeit (1479) im Jahre 1506 in Hall geprägt wurde.

3 Büste des Alfonso d'Este, Herzog von Ferrara (1505–1534) und Gemahl der berühmten Lucrezia Borgia. Testone von Antonio da Foligno.

4 Die Märtyrer Felix, Exuperantius und Regula mit ihren abgeschlagenen Köpfen in der Hand auf einen Taler (Guldiner) von Zürich, 1512.

5 Kölner Doppeltaler, um 1516, mit der heiligen Ursula, der Patronin der Stadt, dem Prinzen Aetherius und dem Papst Cyriacus samt Gefolge auf einem Schiff am Rhein als Münzbild.

6 Die Muttergottes über dem Tor der Stadt Magdeburg. Taler, 1624.

7 Die Inschrift »Imperat aut servit« (Es regiert oder dient) bezieht sich auf die Macht und Vorzüge des Geldes, das auf einem Tisch gezeigt wird: Testone des Papstes Klemens XI. (1700–1721), 1703 ausgegeben.

8 Büste Oliver Cromwells (1653–1658), ein Werk des berühmten Münzgraveurs Thomas Simon, auf einem silbernen Shilling von 1658.

9 Die Predigt Johannes des Täufers, eine schöne Darstellung des italienischen Barocks, auf einem halben Scudo von 1699, ausgegeben von Papst Innozenz XII. (1691–1700).

10 Viereckige Talerklippe, die 1702 zur Erinnerung an die Konfirmation des Kronprinzen Johann Georg von Sachsen-Weißenfels geprägt wurde.

11 Der sogenannte »Pfaffenfeind-« oder »Gottesfreundtaler«, der 1622 von Christian, Bischof von Halberstadt und Herzog von Braunschweig-Wolfenbüttel, einem Gegner der Katholiken, während des Dreißigjährigen Krieges aus Kirchsilber geprägt wurde.

12 Gekrönte Büste der Kaiserin Maria Theresia auf einem doppelten Souverain d'or, der 1756 in Antwerpen für Belgien ausgegeben wurde.

13 Friedrichsdor (1753), die weitest verbreitete Goldmünze Friedrichs des Großen von Preußen.

14 Pezza della Rosa (Rosenstück), einer der schönsten Taler des italienischen Barocks, von Cosimo III. Medici von Toskana 1699 in Livorno geprägt.

15 Die geharnischte Gestalt August des Starken (als Fürst von Sachsen Friedrich August I.) auf einem Doppeldukaten von 1696.

16 Porträtbüste Karls II. von England, ein Meisterwerk des niederländischen Graveurs Jan Roettier, auf einem 2-Guinea-Goldstück von 1681.

17 Ansicht von Speyer auf einem Rheingold-Dukaten von 1830, von Ludwig I. von Bayern geprägt.

18 Unter dem Einfluß revolutionärer Ideen schuf T. Mercandetti diesen eindrucksvollen Taler oder Scudo (1798) für das zur Republik gewordene Rom der Päpste (1798–1799).

Kunst und Geschichte im Spiegel der Münzen der Neuzeit

MOGULE UND CHANE – MÜNZEN AUS DEM ORIENT

Oben links: Nachdem die Chinesen 1889 in Kanton eine moderne Münzstätte nach europäischem Vorbild eingerichtet hatten, folgten bald auch in den Provinzen Serien schöner »Drachendollars«, die bis zur Revolution 1911 geprägt wurden. China, Fengtien (Mukden), Drachendollar, im fünfundzwanzigsten Jahr von Kuang Hsü (1899).

Oben Mitte: Der dreitürmige Tempel von Angkor kehrt auf den Münzen Indochinas immer wieder, zum Beispiel auch auf den neuen Ausgaben der Republik Khmer. Kambodscha, Ang duong (1841–1859), Tikal, 1847, Bangkok.

Oben rechts: Bunt wie die religiöse, politische und kulturelle Landschaft Indiens ist das Bild seiner Münzen. Selbst unter der islamischen Herrschaft der Mogule gab es vielfach Personen- und Tierdarstellungen. Mysore, Tipu Sultan (A. D. 1782–1799), Paisa A. H. 1218 (1790), in New Calicut geprägt.

Unten links: Annam, das Kerngebiet des heutigen Vietnam, stand ebenso wie Kambodscha vorwiegend unter dem kulturellen Einfluß Chinas. Gold wurde nicht nur zu Münzen, sondern auch zu Barren gegossen, die ebenfalls mit chinesischen Symbolen und Schriftzeichen verziert wurden. Annam, Tu Duc (1847–1883), tu duc thong bao in Gold.

Unten Mitte: Diese oder viele tausend ähnlicher indischer Münzen aus der Zeit des Staufenkaisers Friedrich II. und der Kreuzzüge sind auch heute noch vergleichsweise spottbillig zu erwerben. Wahrscheinlich sind Münzen des Nahen und Mittleren Ostens ein Sammelgebiet der Zukunft. Ceylon, Sinhalesen, Sahasa Mala (A. D. 1200–1202), Kupfermünze.

Unten rechts: China hatte lange vor der westlichen Welt das Geld erfunden und benützt. Allerdings wirken die klassischen chinesischen Münzen eintöniger, weil es streng verboten war, den Kaiser als »Sohn des Himmels« abzubilden oder seinen Namen auszusprechen, ja sogar ihn zu schreiben. Typisch mit dem quadratischen Loch und vier Schriftzeichen ist diese Käsch-Münze des Finanzamts in K'ai-cheng, Korea, 19. Jh.

Münzen des Nahen und des Fernen Ostens

1 Goldstater mit Königsbüste und vierarmigem Shiva von Huvischka, Kushana-König von Gandhara und Nordindien, um 150–180 n. Chr.

2 Silberdrachme des Sassanidenkönigs Varahran II. (275–283 n. Chr.), die ungewöhnlicherweise neben dem Bildnis des Königs auch das seiner Gemahlin und des Thronfolgers trägt.

3 Feueraltar mit König und Priestern auf einer Silberdrachme des Sassanidenkönigs Schapur II. (309–379 n. Chr.).

4 König Chandragupta II. (375–413 n. Chr.) aus der Gupta-Dynastie, die im nördlichen Indien regierte, ließ Goldstatere von feinstem Stil prägen. Der König ist hier mit dem Garuda-Banner dargestellt; die Rückseite zeigt die der Venus angeglichene Göttin Lakschmi auf einer Lotosblume sitzend.

5 Die sassanidische Drachme wurde von den Abbasiden nachgeahmt und mit kufischer Inschrift versehen; Silberdrachme im sassanidischen Stil des Gouverneurs Umar (771–776 n. Chr.).

6 Arabische Nachahmung von byzantinischen Kupfermünzen: Fals, um 680 n. Chr. geprägt, mit der Büste des byzantinischen Kaisers Konstanz II. und einer kufischen Inschrift, die die Münze für »gut in Edessa« erklärt.

7 Kupfermünze des Omaijaden-Kalifen Abd al-Malik (685–705 n. Chr.); dieser in Amman geprägte Fals zeigt den Kalifen mit Schwert und die Inschrift: »Diener Allahs, Abd al-Malik, Führer der Gläubigen.«

8 Silberdirhem des berühmten Abbasiden-Kalifen Harun al-Raschid (786–809 n. Chr.).

9 Golddinar mit feiner Beschriftung, der im Königreich der Beni Nasra in Granada (Spanien) von Ali Ben Sa'd (1462–1485 n. Chr.) ausgegeben wurde.

10 Drachme aus schlechtem Silber um 550 n. Chr., in Nachahmung sassanidischer Münzen von den Hephthaliten im östlichen Persien geprägt. Die Münze hat eine dreisprachige Inschrift (Griechisch, Nagari und Pahlevi).

11 Silberdrachme, um 600 n. Chr. in Kabul in Nachahmung sassanidischer Drachmen von dem sogenannten Fürsten »Napki Malik« der iranischen Hunnen geprägt. Die Münze zeigt einen Büffelkopf über dem gekrönten Haupt des Fürsten und einen Feueraltar auf der Rückseite.

12–13 Silberakče und Goldaltun, Ausgaben des Sultans der Osmanen, Mohammeds II. (1451–1481), des Eroberers von Konstantinopel. Diese kleinen Silber- und Goldmünzen waren typisch für das frühe Osmanenreich.

14 Halbe Zolota in Silber im Werte von 15 Pesetas, 1703/04 von Sultan Ahmed III. ausgegeben.

15 Kupfermünze, unter Suleiman II. (1196–1204) von den Rumseldschuken geprägt. Durch ihre schlagkräftige Reiterei konnten die Rumseldschuken große Gebiete erobern.

16 Silberdirhem, in Konjia (Ikonion) von Kai Khusru II. (1236–1245), dem Sultan der Rumseldschuken, geprägt. Das Sternbild des Löwen ließ der Sultan zu Ehren seiner Lieblingsfrau auf die Münze setzen.

17 Diese Bronzemünze mit einer astrologischen Darstellung (Kentaur, der mit seinem Bogen auf einen Drachen zielt) wurde in Nachahmung klassischer Münzbilder von Nasir-ad-Din Artuk Arslan (1201–1239), dem Fürst der Urtukiden, in Mesopotamien geprägt.

18 Bronzemünze mit Darstellung eines Engels, eine Ausgabe des Urtukidenfürsten Nurad-Din-Muhammad (1174–1185 n. Chr.). Darstellungen aus der christlichen Bilderwelt wurden aus kommerziellen Gründen von islamischen Herrschern für ihre Münzen übernommen.

19 Kunstvoll gestaltete Schriftzeichen ergaben sehr dekorative Münzbilder, so auf diesem in Konjia (Ikonion) von den Rumseldschuken zur Zeit des Sultans Kai Qawus II. (1245–1257 n. Chr.) geprägten Silberdirhem.

20 Dieser von den Rumseldschuken unter Kilidsch-Arslan IV. (1245–1257 n. Chr.) ausgegebene Silberdirhem übertrifft mit seinem schönen Gepräge viele der zeitgenössischen Münzen Europas.

21 Kleine Silbermünze des Dschingis-Chan (1206–1227 n. Chr.).

22 Reiter mit Streitkeule auf einer Goldmünze von Muhammed ibn Sam (1193–1206 n. Chr.), Sultan von Delhi (Indien).

23 Viereckige Silberrupie, ausgegeben von Akbar dem Großen (1555–1605 n. Chr.) als Großmogul von Delhi, mit einer Inschrift, die ihn als »Bekämpfer der Ungläubigen und Ruhm des Glaubens« bezeichnet.

24 Das Sternbild des Widders auf einer »Tierkreisrupie« des Moguls von Delhi, Jahangir (1605–1627 n. Chr.), die in Ahmadabad geprägt wurde.

25 Goldmohur, 1646/47 unter dem Mogul Shah Jahan (1628–1658 n. Chr.) ausgegeben. Die ornamentale Inschrift preist die religiösen Tugenden des Herrschers.

26 Die schöne Schrift der Perser verlieh vielen ihrer Münzen einen besonderen Reiz: Silberdirhem, in Isphahan 1714/15 vom Schah Hussein I. (1694–1722) ausgegeben.

27 Ein großes goldenes 5-Tomanen-Stück, das der Perserschah Nasred-Din (1848–1896) im Jahre 1882 als Geschenkmünze prägen ließ.

28 Silberrupie, 1823 von Randschit Singh (1799–1838), dem Prinzen von Kaschmir, ausgegeben.

29 Kleine Goldmünze aus Orissa im westlichen Indien, eine sogenannte »Elefanten-Pagoda« aus dem 13. Jahrhundert.

30 Schön gezeichnete Silberrupie des Mohammad Ali Shah, Fürst von Awadh im nördlichen Indien, um 1857.

31 Breite Doppelrupie oder Sultanirupie, die in Seringapatam von Tipu Sultan (1782–1799) von Maisur im Jahr 1785/86 geprägt wurde.

Sassanidische Münzen

Im Gebiet des alten Perserreiches entstand im 3. Jahrhundert n. Chr. das neupersische Reich der Sassaniden; dieses Geschlecht leitete sich von einem Fürsten namens Sassan her. Der Aufstieg der neuen Dynastie begann mit Ardaschir I. (226–241), der das Partherreich vernichtete; nach der Eroberung der Hauptstadt der Parther, Ktesiphon, nahm er den Titel »König der Könige der Iraner« an. Ein Ende machten dem Sassanidenreich die Araber, die 633 unter Omar die Grenzen überschritten und in weniger als acht Jahren das ganze Land unter ihre Herrschaft brachten. Der König wurde ermordet, seine Angehörigen flohen an den Hof des Kaisers von China.

Seine wohl glänzendste Zeit erlebte das Reich unter Chosru I. (531–579), der sich selbst Anuschirwan (»der Gesegnete«) nannte. Sein Hof in Ktesiphon war einer der glanzvollsten der ganzen Welt. Die Sassaniden waren Anhänger der Lehre Zarathustras. Kernpunkt des religiösen Kults war der Unterhalts des ewigen Feuers. Der Sassanidenkönig war allmächtig; seine Macht leitete er von Ormuzd oder Ahura Mazda her, dem Prinzip des Guten und Allvater, aus dem die Welt hervorgegangen war.

Die 29 Könige, die das Reich fast 400 Jahre lang regierten, hinterließen auf ihren Münzen eine sehr aufschlußreiche Chronik. Das Münzwesen basierte auf einer etwa 4 g schweren, großen, dünnen, silbernen Drachme. Als häufigste Münzbilder verwandte man Herrscherporträts, die zunächst ziemlich lebensecht waren, aber im Lauf der Zeit zu reinen Symboldarstellungen des Königtums erstarrten. Nun wurde die Krone als Zeichen der Königswürde zum wichtigsten Münzbildelement. Nach sassanidischer Tradition wurde für jeden König eine neue, unterschiedlich gestaltete Krone geschaffen. Sogar die verhältnismäßig anspruchslosen Wiedergaben auf den Münzen lassen erkennen, wie prächtig und kostbar viele dieser mit Edelsteinen und Perlen besetzten Kronen gewesen sein müssen.

Über den Kronen sehen wir auf den Münzen eine Kugel, den *korymbos*, einen großen, in Seide eingeschlagenen Haarknoten, ebenfalls ein Zeichen der Herrscherwürde. Oft banden sich die Könige auch die Bartspitze mit einem Seidenband zusammen. Alle Könige sind auf den Münzen bärtig dargestellt, sogar Schapur II., der als Kind den Thron bestieg. Auf den Reversen sämtlicher sassanidischer Münzen ist der von zwei Wächtern flankierte zoroastrische Feueraltar zu sehen. Im Laufe der Zeit wurden die in riesigen Mengen geschlagenen sassanidischen Münzen immer häßlicher und schlechter, bis sie schließlich zu einer hauchdünnen Silberscheibe reduziert waren. Aber auch nach dem Fall des Sassanidenreichs verschwanden sie nicht spurlos: Die Münzbilder lebten noch einige Zeit in mehr oder weniger abgewandelter Form auf den Münzen jener Völker weiter, die das einst so mächtige und ruhmreiche Königreich zerschlagen hatten.

Islamische Münzen

Nur knapp zwei Jahrzehnte nach Mohammeds Flucht von Mekka nach Medina bekamen die beiden benachbarten Mächte, das Byzantinische Reich im Nordwesten und das Sassanidenreich im Nordosten, die Schärfe des Schwerts der »Krieger Allahs« zu spüren. In rascher Folge eroberten die Araber das Sassanidenreich, Syrien, Ägypten und später ganz Nordafrika und bedrohten sogar Konstantinopel.

Unter dem großen Kalifen Abd al-Malik (685–705) beschlossen die Araber die Einführung eines eigenständigen Münzwesens. Im Jahr 77 der Hedschra (696–697 n. Chr.) wurde der dem byzantinischen Goldsolidus nachgestaltete Dinar in Gold ausgegeben. Dazu kamen als Silbermünze der Dirhem und als Kupfermünze der Fulus oder Fels (die Bezeichnung leitet sich vom lateinischen *follis* her).

Mohammed hatte den Muselmanen bildliche Darstellungen untersagt. Deshalb prägten sie ihren Münzen ausschließlich Inschriften auf, so die *kalima* (das islamische Glaubensbekenntnis) und andere religiöse Texte; dazu traten Angaben über den Münzort und das Ausgabejahr. Man ordnete diese Texte auf den Münzen zu sehr gefälligen kalligraphischen Mustern an.

Die Omaijaden sicherten die arabische Herrschaft in Nordafrika und eroberten Spanien. Dort richteten sie in Cordoba, Malaga, Murcia, Granada und Sevilla Münzstätten ein, die ihre Schatzkammern mit goldenen Dinaren und silbernen Dirhems füllten. Es waren reine Schriftmünzen mit eleganten Schriftzeichen in kunstvoller Anordnung auf beiden Seiten; viele der Stücke sind außergewöhnlich reizvoll.

Ägypten wurde unter den Fatimiden (969–1171) zu einem von den Abbasiden unabhängigen Kalifat, das in der islamischen Welt eine bedeutsame Rolle spielte. Viele fatimidische Münzen, in erster Linie Dinare, wurden in Kairo und Mahdia geschlagen. Eine der größten Gestalten der mittelalterlichen Welt jedoch war Saladin (1138–1193), mit dem die Dynastie der Ajjubiden (1173–1250) an die Macht kam. Einige seiner Münzen tragen interessante Bilder, etwa einen Löwen und eine Figur im Schneidersitz mit einem Turban auf dem Kopf und einem Globus in der Hand.

Der Aufstieg der Türken

In immer neuen Wogen drangen zentralasiatische Steppenvölker nach Westen vor. Zu Beginn des 11. Jahrhunderts überschritten die seldschukischen Türken den Oxus und eroberten einen Großteil von Persien, Mesopotamien und Syrien. In Anatolien gründeten sie 1077 das Rum-Sultanat, das bis 1308 Bestand hatte. Diesen harten Kriegern verdanken wir einige ungewöhnliche Münzen, die selbst im prachtliebenden Byzanz oder in den Reichen des Abendlandes nicht ihresgleichen hatten. Ein interessantes Münzbild zeigt einen türkischen Reiter mit gespanntem Bogen. Daß die inzwischen zum Islam bekehrten Türken entgegen Mohammeds Verbot auf ihren Münzen bildliche Darstellungen verwandten, erklärt sich wohl daraus, daß sie für ihren Handel Münzen benötigten, die auch von abendländischen Kaufleuten verstanden und akzeptiert wurden. Der Sultan Khusru II. (1236–1245) ließ Münzen ausgeben, die eine strahlende Sonne mit einem Gesicht im Zentrum und darunter einen schreitenden Löwen trugen, sogenannte »Horoskop-Dirhems«, mit denen der Herrscher seiner geliebten Gemahlin huldigte, war doch diese unter der Konstellation »Sonne im Sternbild des Löwen« geboren.
Im 13. Jahrhundert brauste über Asien der mongolische Völkersturm hinweg, angeführt von dem Stammesfürsten Temudschin, der 1196 zum Dschingis-Chan erhoben und 1206 zum »höchsten Herrscher« aller Steppenvölker ausgerufen worden war. Fortgeführt wurde sein Werk von Kublai-Chan und dessen Bruder Hülägü. Danach büßte jedoch das Mongolenreich durch Zersplitterung in viele Teildynastien seine Macht ein. Nachdem sich die Mongolen früh schon zum Islam bekehrten, entsprechen ihre Münzen denen der Muselmanen. Immerhin ist es noch heute ein eigenartiges Gefühl, eine Münze in der Hand zu halten, die in einer Zeit geprägt wurde, als die schreckliche »Gottesgeißel« des Mittelalters, Dschingis-Chan und seine Horden, riesige Gebiete des Abendlandes verheerten.

Das Osmanenreich

Ebenfalls aus den Tiefen Asiens stammten türkische Moslems, die sich ab 1243 in Kleinasien festsetzten und sich unter Sultan Osman I. (1281–1325) rasch im Schwarzmeergebiet ausbreiteten. Bald hatten sie Konstantinopel wie mit einem eisernen Ring eingeschlossen. Ein ungemein bedeutsamer Tag für die ganze damalige Welt war der 29. Mai 1453: An diesem Tag fiel Konstantinopel in die Hände Mehmeds (Mohammeds) II. des Eroberers. Damit wurde das Osmanenreich zur Weltmacht.
In der ersten Zeit wurden von den Osmanen nur kleine Silber- und Kupfermünzen mit simplen religiösen Inschriften ausgegeben; von der Anmut und Eleganz mancher frühарabischer Münzen findet sich hier keine Spur. Erst später prägte man den Münzen Namen und Titel des Sultans, den Namen des Münzorts und das Ausgabejahr (gerechnet nach Regierungsjahren des jeweiligen Herrschers) auf. Bis zur Mitte des 15. Jahrhunderts münzten die Osmanen kein Gold aus; im Bedarfsfall bediente man sich ausländischer Goldmünzen. Der *altün,* die türkische Goldmünze, wurde 1478 eingeführt, also erst Jahre nach der Eroberung Konstantinopels.
Gegen Ende des 16. Jahrhunderts ging man zu schöner gestalteten Münzbildern über. Nunmehr finden wir auch die *tughra,* das anmutige Sultanemblem, das zu einem bleibenden Element der türkischen Gepräge wurde. Übliche Nominale wurden der Piaster oder Kurusch und die kleinere Para, beide aus Silber; Grundnominale der Goldserie war der leichte *zer mabub.*

Indien

Indiens Münzgeschichte ist nicht minder bunt und vielschichtig als seine politische und kulturelle Geschichte. In einer Zeit, in der die Festlandgriechen eben erst mit dem neu entwickelten Münzgeld vertraut wurden, benutzte man in Indien bereits kleine, durch Punkte markierte Silberstücke als Zahlungsmittel; als weitere Unterscheidungszeichen wurden ihnen verschiedene Muster eingeprägt, die aus der reichen kulturellen und religiösen Tradition des Landes geschöpft waren – von einfachen Tiersilhouetten (Elefanten, Pferde, Stiere, Fische) bis zu anmutigen Symbolfiguren von Flüssen und Bergen und zu Sonnenzeichen.
Um die Mitte des 1. Jahrhunderts n. Chr. drangen von Baktrien aus die Yüe-tschi in Indien ein und gründeten gegen Ende des Jahrhunderts im Nordwesten des Landes das Kushana-Reich, das fast ein halbes Jahrtausend lang Bestand haben sollte. Seinen Reichtum bezeugt eine Fülle von Goldmünzen, die uns eine erstaunliche Vielfalt von kulturellen und religiösen Elementen vor Augen stellen. Das Bild des Königs nahm, wie es sich bei einem orientalischen Potentaten geziemte, stets den Avers ein. Auf dem Revers zeigte man verschiedene römische oder griechische Gottheiten oder auch Shiva.
Noch prächtiger als die Ausgaben des Kushana-Reiches wa-

ren die Münzen des Gupta-Reiches (um 320–535). Auch diese Herrscher stammten aus dem Norden und errichteten ein Reich, das sich schließlich vom Ganges bis zum Indus erstreckte. Unter ihnen erlebte die indische Kultur eine einzigartige Blüte. Das bezeugen auch die bezaubernden Münzbilder aus jener Zeit mit Darstellungen von Gottheiten wie Lakshmi, der Göttin der Schönheit, des Kriegsgottes Karttikeya oder des schrecklichen Shiva auf seinem Reittier, dem Stier Nandi.

Um 430 drangen die mit Attilas Hunnen verwandten nomadischen Hephthaliten oder »weißen Hunnen« in Indien ein und brachten den ganzen Pandschab in ihre Gewalt. Die grausamen, blind wütenden Horden hinterließen außer ihren Münzen nichts, was noch an sie erinnert. Auf diesen ist auf dem Avers der Herrscher mit einem hohen Kopfputz gezeigt, der Revers trägt eine plumpe Darstellung des zoroastrischen Feueraltars.

Während Nordindien immer wieder von fremden Invasoren heimgesucht wurde, konnten sich Zentral- und Südindien unter günstigeren Bedingungen entwickeln. Schon die alten Römer unterhielten zu diesen Gebieten rege Handelsbeziehungen, durch die römisches Geld nach Indien kam. Nach dem Vorbild dieser Gold- und Silbermünzen schuf man im Land zunächst Nachprägungen, doch bald gaben die indischen Herrscher eigene Goldmünzen aus. Sehr interessante, ausgezeichnet gestaltete Goldmünzen, die »Drei-Schwäne-Pagoden«, stammen aus dem 1336 in Südindien gegründeten Königreich Vijanagar; wir sehen darauf Figuren aus der indischen Mythologie wie Rama, Sita und Lakamana, aber auch verschiedene Tiere, Elefanten, Löwen oder Pfauen.

Islamische indische Münzen

Etwa seit 1000 n. Chr. fielen immer wieder islamische Herrscher in Nordindien ein. 1192 gelang es Mohammed von Ghor, die verbündeten Armeen der Radschputen (Hindu-Kleinfürsten) zu schlagen; sein Nachfolger gründete 1206 das Sultanat von Delhi, das ganz Nordindien und einen Teil Zentralindiens umfaßte und bis zum 16. Jahrhundert bestand. Die Hindus wurden von den Moslems unterdrückt; buddhistische Tempel, Klöster und Schriften wurden zerstört. Die in Delhi ausgegebenen Münzen waren rein islamisch. Sie trugen auf beiden Seiten nur Inschriften: die *kalima* (das islamische Glaubensbekenntnis), den Namen und Titel des Sultans, den Münzort und das Ausgabejahr (nach der Hedschra). Manche Kalifen bezeichneten sich auf ihren Münzen stolz als »Oberhaupt des Islams, Khalifa, Herr des Himmels und der Erde«. Zahlreiche Sultane ließen vier Metalle ausmünzen: Gold zu Dinaren, Silber zu *adli*, Billon zu *tankah* und Kupfer zu Scheidemünzen. 1542 führte ein weiterer Eroberer, der Afghane Sher-Shah Suri (1540–1545), eine neue Silbermünze ein, die Rupie. Das Nominal sollte die Jahrhunderte überdauern und ist noch heute die Währungseinheit der Republik Indien.

Das Mogul-Reich

1525 stieß Babur (1483–1530), ein Nachkomme Dschingis-Chans, über den Khaiber-Paß nach Indien vor und besiegte den Sultan von Delhi. Unter seinem Enkel Akbar (1542–1605) war das Mogul-Reich in Nordindien bereits zu einer gefestigten Großmacht geworden. Akbar war nicht nur ein hervorragender Heerführer, sondern auch ein ausgezeichneter Administrator. Das beweist seine Geldpolitik. Obendrein zählen die unter ihm ausgegebenen Münzen zum Schönsten, was in Asien je geschaffen wurde. Akbar ließ Gold, Silber und Kupfer ausmünzen. Dabei führte er als neue Goldmünze den etwa 11 g schweren *muhar* oder *mohur* im Wert von 9 Rupien ein. Dazu kamen viele weitere Neuerungen; so wurden beispielsweise abwechselnd in einem Monat runde und im nächsten eckige Münzen ausgegeben. Obwohl überzeugter Mohammedaner, war er doch sehr tolerant; die *kalima* wurde den Münzen nicht mehr aufgeprägt. An ihre Stelle trat die Inschrift *Allahu Akbar Jalla Jalala* (»Allah ist groß, gewaltig sein Ruhm«). Datiert wurden seine Münzen nach der *ilahi* (»göttliches Zeitalter«), einer Zeitrechnung, die mit seinem Regierungsantritt begann. Manche Münzen trugen als Inschriften auch Gedichtstrophen.

Akbars Sohn Jahangir (»der Welteroberer«, 1605–1627) war ebenso geistvoll wie kunstsinnig. Er ließ in großen Mengen Gold und Silber ausmünzen; als Gepräge wählte er außerordentlich schön gestaltete Inschriften, wahre Meisterwerke der Kalligraphie. Aufgeprägt wurden außer der *kalima* auch Gedichtstrophen. Die Monatsnamen ließ Jahangir durch die entsprechenden Tierkreiszeichen ersetzen, und so schmücken anmutig gestaltete Löwen, Widder, Stiere usw. die goldenen Mohurs und silbernen Rupien, die zwischen 1618 und 1622 in Agra und Ahmadabad ausgegeben wurden. Das verstieß ebenso gegen die Vorschriften des Koran wie sein Bildnis, das er manchen Münzen aufprägen ließ. Deshalb ließ sein Nachfolger, Shah Jahan (1628–1658), alle Münzen mit Porträt oder Tierkreiszeichen einziehen und einschmelzen; der Besitz solcher Münzen wurde mit dem Tod bestraft. Dennoch entgingen nicht wenige Münzen dem Schmelzofen, weil ihnen das Volk glückbringende Kräfte zuschrieb.

China

Man nimmt allgemein an, daß das uralte Kulturland China lange vor der westlichen Welt das Geld erfunden und benutzt hat. Es begann mit Zahlungsmitteln, die noch nicht als Münzen anzusprechen sind; zu den am frühesten gebrauchten gehörten Kaurischnecken. Einige der ältesten in schriftlichen Quellen erwähnten Zahlungsmittel sind *pu* (»Spatengeld«) und *tao* (»Messergeld«). Diese primitiven Geldformen entwickelten sich aus den Erfahrungen des uralten Tauschhandels; im agrarischen China waren landwirtschaftliche Geräte die begehrtesten Tauschobjekte. Im Laufe der Zeit wurden diese Dinge zu reinen Zahlungsmitteln, änderten also ihre Funktion. Nunmehr wurden sie kleiner, doch behielt man die ursprünglichen Formen bei. So war das *tao* oder Messergeld sehr genau einem Messer mit gebogener Klinge und einem Ring am Heftende nachgebildet. Das Primitivgeld trug zunächst keine Inschriften, aber später versah man es mit Schriftzeichen, die den Ort der Herstellung und manchmal auch den Wert bezeichneten.
Nach dem Sturz der Chou-Dynastie (um 256 v. Chr.) wurde das Primitivgeld mehr und mehr durch echtes Münzgeld ersetzt, das bald in der chinesischen Wirtschaft eine dominierende Rolle spielte. Das *pao-huo* (»die wertvolle Einheit«) war eine runde Münze mit einem quadratischen Loch in der Mitte; die runde Scheibe symbolisierte den Himmel, das Quadrat die Erde.
Um das chinesische Münzwesen, seinen Aufbau und die Anordnung der Schriftzeichen auf den Münzen verständlicher zu machen, sind einige allgemeine Vorbemerkungen angebracht. Die Chinesen münzten fast ausschließlich Kupfer aus; Gold wurde überhaupt nie, Silber erst im 20. Jahrhundert als Münzmetall verwendet. Bezeichnend für das chinesische Münzwesen ist seine Traditionsverbundenheit; einmal eingeführte Formen behielt man jahrhundertelang praktisch unverändert bei. Vorwiegend traditionsbedingt war auch, daß man nur Kupfer ausmünzte, waren doch die Chinesen als meisterliche Bronzegießer berühmt. Immerhin verwandte man für ganz große Transaktionen auch Gold und Silber in Barrenform; Silber beispielsweise wurde seit dem 11. Jahrhundert n. Chr. als Zahlungsmittel akzeptiert. Stärkere Veränderungen gab es erst wieder unter der Sung-Dynastie (960–1280). Dieser Zeit verdankte China wichtige Erfindungen wie das Schießpulver, den Buchdruck und das Porzellan. Kaiser Hui Tsung (1101–1125), ein hochgebildeter, kunstsinniger Herrscher, entwarf eigenhändig die Inschriften für seine Münzen.
Damals griffen die Mongolen ständig die Nordgrenzen des Reiches an; der Versuch, sie durch Tributzahlungen fernzuhalten, schlug fehl. Die Lage wurde schließlich so bedrohlich, daß man dazu überging, eine Legierung von Eisen mit Blei und Zinn auszumünzen, die so weich war, daß der Feind aus diesen Münzen, wenn sie ihm in die Hände fielen, keine Waffen herstellen konnte. 1280 eroberte der Enkel Dschingis-Chans, Kublai-Chan, fast ganz China und gründete unter dem Namen Shih-Tsu die Yüan-Dynastie der Mongolenkaiser (1280–1367). Marco Polo und sein Bruder, die jahrelang an Kublais Hof weilten, berichteten auch über die finanzielle Lage des Reiches und erwähnten dabei das »fliegende Geld«, das von Kublai ausgegebene Papiergeld. Im übrigen aber setzten die Mongolenkaiser die herkömmlichen Münzserien fort.
1368 machte T'ai Tsu (1368–1398) der Fremdherrschaft ein Ende und begründete die »glorreiche Ming-Dynastie« (1368–1644). China erlebte nun eine Zeit des Wiederaufbaus, des kulturellen Aufstiegs und des wirtschaftlichen Wohlstands. Einige Ming-Münzen sind sehr schön; die Reverse tragen Tierdarstellungen, beispielsweise Tiger und Pferde. Die Münzen wurden wie eh und je gegossen. Einem interessanten zeitgenössischen Bericht über die Münzherstellung können wir entnehmen, daß nach dem Regierungsantritt eines neuen Kaisers aus Elfenbein neue Münzbilder geschnitzt und dem Oberaufseher der kaiserlichen Münzstätte vorgelegt wurden. Wenn dieser sie billigte, wurden sie mit dem Stichel in Kupfer kopiert, und mit Hilfe dieser Kupfermodel fertigte man dann die Gußformen an.
1644 beging der letzte Ming-Kaiser Selbstmord, und nun übernahmen die Mandschu in China die Macht. Als Ch'ing-Dynastie regierten sie bis 1911; in diesem Jahr setzte eine Revolution der Monarchie ein Ende. Unter der Ch'ing-Dynastie erlebten Handel und Gewerbe durch die neu erschlossenen Handelsbeziehungen zu Europa einen gewaltigen Aufschwung. China führte in erster Linie Seide, Tee, Porzellan und Lack aus. Seit dem frühen 18. Jahrhundert waren die Reversinschriften der Münzen nur noch in Mandschu gehalten; solche Kupfermünzen wurden bis zum Ende der Kaiserzeit ausgegeben.
Die Bemühungen, das chinesische Währungssystem straff durchzuorganisieren und nach westlichem Vorbild zu modernisieren, gipfelten 1889 in der Inbetriebnahme einer modernen Münzstätte in Kanton. Dort wurden nach europäi-

schen Vorbildern gestaltete Silbermünzen in Werten von einem Dollar, 50, 20, 10 und 5 Cent geprägt. Andere Münzstätten in verschiedenen Provinzen folgten diesem Beispiel, und so wurde unter den beiden letzten Kaisern eine sehr schöne Serie »Drachendollar« in Umlauf gebracht.
1911 brach die Revolution aus. Zwar war Sun Yat-sen der eigentliche Vater des neuen China, aber erster Präsident der chinesischen Republik wurde der Oberbefehlshaber der Nordarmee, Yuan Shih-k'ai (1859–1916), der bald in maßloser Selbstüberschätzung seiner Möglichkeiten das Kaisertum wieder einzuführen versuchte. Das führte zu neuen Unruhen, worauf 1921 Sun Yat-sen, der »Vater der Revolution«, als Präsident der Südlichen Republik die Macht übernahm. Das Durcheinander der Revolutionszeit äußert sich in einer verwirrenden Vielfalt von Münzen, von denen manche in Provinzen wie Kwangtung, Kwangsi und Fukien bis 1933 ausgegeben wurden. Erst dann begann die in Schanghai eingerichtete zentrale Münzstätte, für ganz China einheitliche Münzen zu schlagen. Die ersten Silbermünzen der Republik trugen das Porträt des Staatsoberhauptes Sun Yat-sen. Ein Silberdollar erinnert an die unruhigen Jahre, in denen Yuan Shih-k'ai versuchte, wieder das Kaisertum einzuführen: Er trägt auf dem Revers einen geflügelten Drachen mit einem Pfeilbündel und einem Zepter in den Fängen. Dies war die letzte chinesische Münze mit dem kaiserlichen Emblem. Ansonsten bediente sich die Republik mancher zeitbezogener Gepräge. So wurde 1928 zur Eröffnung der ersten Autostraße in der Provinz Kweichow dort ein Dollar geprägt, auf dem ein Automobil dargestellt ist.

Korea

In Korea wurde erst 996 unter dem König Song-jong das Münzgeld eingeführt, und zwar in Form von eisernen Münzen, die chinesischen Vorbildern nachgestaltet waren und die Inschrift *Kon Won Chung Bo* (»[Kaiser] Kon Wons himmlischer Schatz«) tragen. Als dann die Horden Kublai-Chans ins Land einfielen, wurde Korea so verheert, daß man zum uralten Tauschhandel zurückkehren mußte. Eine recht ungewöhnliche Geldform aus der Mitte des 15. Jahrhunderts war nichts anderes als die Wiederbelebung eines primitiven Tauschmittels: Das *chon-pe* waren Pfeilspitzen, die in Papiergeld umtauschbar waren.
Nach einem Krieg gegen Japan konnten 1630 in Korea wieder Münzen im chinesischen Stil ausgegeben werden; sie wurden aus Kupfer gegossen. Gegen Ende des 17. Jahrhunderts waren im Land mehrere Münzstätten in Betrieb; entsprechend trugen die Münzen ausführliche Angaben über den Münzort, die Werkstatt und andere Herstellungsdaten. Im ausgehenden 19. Jahrhundert führte Korea wie alle anderen fernöstlichen Länder nach europäischem Vorbild geprägte Münzen ein. Das »Land der ewigen Blüte« schmückte seine Münzen mit einer Pflaumenblüte als königlichem Wahrzeichen, einem Pflaumenkranz und Hibiskusblüten.

Tibet

Auch auf den tibetanischen Münzen äußert sich chinesischer Einfluß. Seit der Mitte des 16. Jahrhunderts bestand eine Abmachung zwischen Tibet und dem im Süden angrenzenden Nepal, nach der Tibet an Nepal Silber lieferte, das in Nepal ausgemünzt wurde; das Gesamtgewicht der Tibet zustehenden Münzen sollte genau dem Gewicht des Münzmetalls entsprechen.
Die *tangka* aus tibetanischem Silber war eine sehr schöne Münze mit einem ansprechenden Bild: einer stilisierten Blume in der Mitte, umgeben von den acht Glückssymbolen des Buddhismus. Um 1772 trugen die Münzen eine Zeitlang die Inschrift »Aus dem Palast der himmlischen Seligkeit«, ein Hinweis darauf, daß diese Stücke in der Nähe der Hauptstadt Lhasa hergestellt wurden. Von exotischem Reiz sind auch die *srang* aus dem 20. Jahrhundert. Eine dekorative Inschrift und buddhistische Symbole umrahmen einen herrlich stilisierten gelagerten Löwen; manchmal sehen wir im Hintergrund hohe Berge, eine Anspielung auf die Bezeichnung Tibets als »Dach der Welt«.

Japan

In Japan blieb man sehr lange beim Tauschhandel. Beliebteste Tauschobjekte waren Reispflanzen, die man leicht in getrocknetem Zustand aufbewahren konnte, ferner Leinen und Seide. Münzgeld wurde erst im 7. Jahrhundert n. Chr. eingeführt; angeregt wurde man dazu durch die von 621 an von der chinesischen T'ang-Dynastie ausgegebenen Kupfermünzen *kai yuan tung pao*, die bald auch nach Japan gelangten. Nachdem dort ergiebige Silber- und besonders Kupferlager entdeckt worden waren, begann man 708 n. Chr. mit der Ausmünzung von Kupfer nach chinesischem Vorbild; an der in der damaligen Hauptstadt Nara in Betrieb genommenen Münzstätte waren hauptsächlich Chinesen tätig. Man bediente sich eines eigenartigen Ver-

fahrens: In eine längliche Gußform drückte man zuerst fischgrätenartige Rillen ein und drückte dann am Ende eines jeden Grätenastes eine als Schablone dienende Originalmünze in die plastische Masse der Form, so daß die Eindrücke wie Blätter beidseits eines Stammes angeordnet waren. Die baumartige Vertiefung wurde mit Münzmetall ausgegossen, und nach dem Erkalten brach man die einzelnen Münzen von den »Ästen« ab.
Münzgeld war lange Zeit nur bei Hof und in der Hauptstadt in Umlauf; in den Provinzen blieb man beim herkömmlichen Tauschhandel.
Mächtige Kaufleute und Kriegsherren (Samurai) bauten die Handelsbeziehungen zu China und Korea auf und aus. Dadurch kamen in großen Mengen ausländische Münzen ins Land, und so gab man in Japan rund 600 Jahre lang, vom 10. bis weit ins 16. Jahrhundert hinein, überhaupt keine eigenen Münzen mehr aus. Im 15. und 16. Jahrhundert gewannen die Ausgaben der Feudalherren, der Daimyo, zunehmend an Bedeutung. Um ihren politischen Einfluß und ihre militärische Macht abzusichern, brauchten sie gute und viele Waffen, und zu deren Erwerb benötigten sie Geld. Also besorgten sie sich Gold, Silber und auch Kupfer, das sie auf eigene Faust ausmünzten. Ihr Geld hatte die Form von Zainen oder Platten; man bezeichnete es als *hirumo-kin* (»geschlagenes Gold«) bzw. *ko sho-gin* (»alte Silbertafeln«).
Im ausgehenden 16. Jahrhundert wurde der Feldherr und Staatsmann Toyotomi Hideyoshi Kanzler des Reiches. Er ließ einheitlich gestaltete Gold- und Silbermünzen ausgeben. Der gegossene Oban war eine der größten Goldmünzen der Welt; sie war flach und wog rund 165 g.
In den folgenden Jahrhunderten wurde viel Edelmetall ins Ausland exportiert. Das führte zu einer Verknappung auf dem Binnenmarkt, weshalb man die Münzen, besonders die Goldmünzen, ständig verkleinerte. Im 19. Jahrhundert schwanden die japanischen Goldreserven durch Lieferungsverpflichtungen an ausländische Mächte rasch dahin; das hatte eine galoppierende Inflation mit horrenden Preissteigerungen zur Folge.
Als einen Bestandteil seines »Programms der neuen Ära« führte Kaiser Mutsuhito (1867–1912) »rund geformte Münzen mit Dezimalstückelungen« ein. Die »Neue Münzverordnung« von 1871 schuf als neue Währungseinheit den Yen im Wert eines US-Dollars mit vier Vielfachen in Gold (20, 10, 5 und 2 Yen), fünf Silbermünzen (1 Yen, 50, 20, 10 und 5 Sen) und zwei Kupfermünzen (1 und 1/2 Sen). Von der britischen Münze in Hongkong erwarb die japanische Regierung moderne Prägemaschinen, die in Osaka aufgestellt wurden. Die Gepräge für die neuen Münzen entwarf Kano Natsuo; sie zeigen unter anderem die kaiserliche Chrysantheme und eine Strahlensonne.

Annam

Unter chinesischem Einfluß standen auch Indochina und Annam, das Kerngebiet des heutigen Vietnam; jahrhundertelang waren dort in großen Mengen chinesische Münzen in Umlauf. Als man dann eigene Ausgaben veranstaltete, ahmte man die chinesischen Vorbilder mit dem quadratischen Loch in der Mitte nach. Viele dieser Münzen tragen poesievolle Sprüche, die uns die Weisheiten dieser alten Kultur übermitteln, etwa: »Der Himmel wird seinen Segen nicht vorenthalten, noch die Erde ihre Schätze.«
Gold wurde nicht nur zu Münzen, sondern auch zu Barren gegossen, und noch weiter verbreitet waren Silberbarren. Sie waren von unterschiedlichem Gewicht und wurden mit interessanten Sprüchen und Symbolen geschmückt, die uns eine Welt voller Mystik und Poesie offenbaren. Dazu gehören die Symbole der drei Langlebigkeiten, der drei Füllen, die acht kostbaren Symbole, die vier Vollkommenheits- und die fünf Glückssymbole.
Auf den modernen Münzausgaben hat man in Kambodscha die alten Symbole und Bilder zu neuem Leben erweckt. So sehen wir als Münzbild *hamsa,* einen schwanen- oder gänseartigen Vogel, der nach der Hindu-Mythologie Brahmas Reittier ist.

Siam

Früher bezahlte man in Siam mit Reis und mit aus China eingeführten Gebrauchsgegenständen; nur bei größeren Geschäften pflegte man mit Gold und Silber zu bezahlen. In Nordsiam war das als Zahlungsmittel benutzte Geld zu dreieckigen Reifen geformt; man bezeichnet es als »Armreif-Geld«. In dieser Form konnten es die durchs Land reisenden Kaufleute einigermaßen bequem mit sich führen: Die Reifen wurden auf Schnüre gereiht und um den Bauch gebunden. Noch im 18. Jahrhundert konnte man in den Nordprovinzen Siams solches Silbergeld antreffen. Im Mekong-Tal und im Grenzgebiet zu Kambodscha benutzte man als Zahlungsmittel lange Barren aus Silber- und Kupferlegierungen, die durch Zackenlinien und Punkte markiert waren. Die Eingeborenen nannten dieses Geld *lat* oder anschaulicher »Tigerzunge«. Zum Teil gab man dem Metall aber auch die Form langgestreckter Boote.

Am außergewöhnlichsten sind jedoch die sogenannten »Kugelmünzen«, von den Siamesen plastischer als *p'ot duang* (»Ringelwurm«) bezeichnet: Sie bestanden aus einem elliptischen Silberbarren, dessen beide Enden so nach innen gebogen wurden, daß sie in der Mitte zusammenstießen. Kugelgeld gibt es vermutlich seit dem 14. Jahrhundert. Man stellte es in verschiedenen Größen her; die üblichste entsprach im Wert einem *bat* oder *tikal*, der Währungseinheit (15,22 g Silber). Es gab Stückelungen von 1/2, 1/4, 1/8, 1/16, 1/32 und 1/64 *bat*. Markierungen kennzeichneten die Ausgaben der verschiedenen Herrscher. Kugelgeld wurde bis ins 19. Jahrhundert hinein ausgegeben.

Aber offenbar genügte es nicht allen Bedürfnissen, und so führte man im 18. und 19. Jahrhundert Porzellanmünzen ein. Diese wurden beispielsweise von Spielhäusern ausgegeben und waren unterschiedlich geformt (rund, eckig, Vielflächner usw.). Durch verschiedene Farben und chinesische Inschriften wurden Wert und Ausgebender benannt.

Reguläre flache Münzen wurden erstmals unter König P'ra Chom Klao (Mongkut, 1851–1868) in Umlauf gebracht. Als Einheit wurde der *bat* beibehalten. Die Münzbilder, die siamesische Krone und ein Elefant, waren sehr schön gestaltet. Als erster siamesischer Herrscher ließ Phra Maha Chulalongkorn (1868–1910) seinen Münzen sein Bildnis aufprägen. Selbst auf den Münzen unserer Zeit ist noch etwas vom Zauber der uralten Kultur dieses Landes lebendig.

1 Der heilige Vogel Hamsa auf einem Silbertikal, der 1847 in Bangkok von König Ang-Duong (1841–1859) von Kambodscha ausgegeben wurde.

2 Die »Pfauenrupie«, die erste moderne Silbermünze Burmas, 1852 unter König Mindon Min (1852–1878) geprägt.

3 In Siam wurde das moderne Münzwesen von Mongkut Rama IV. (1851–1868) eingeführt: Silbertikal oder Bat mit Elefant im Zentrum der Chakra, des Radmotivs, als Symbol des Hindugottes Vishnu.

4 Der fortschrittliche siamesische König Chulalongkorn Rama V. (1868–1910) ließ diesen Silbertikal mit der Darstellung eines dreiköpfigen Elefanten 1908 prägen.

5 Die eleganten Nagari-Schriftzeichen umschließen die Darstellung eines Dolches auf einer Silberrupie des nepalesischen Königs Rana Bahadur Saha (1776–1799).

6 Goldmohar, 1789 in Nepal unter König Rana Bahadur Saha ausgegeben.

7 Silberrupie des Königs von Assam, Rajesvara Simha (1751–1769). Die schön gestaltete Inschrift bezeichnet den König als »eine Biene im Nektar der Lotusblume zu den Füßen von Shiva und Parvati«.

8 Mexikanisches 8-Real-Stück in Silber, 1884 in Durango geprägt. Durch die vielen Einstempelungen chinesischer Bankiers ist die Münze schüsselförmig geworden. Solche Münzen kursierten sehr viel im Fernen Osten.

9 Kugelförmiger Silbertikal des siamesischen Königs Mongkut Rama IV. (1851–1868). Die Münze trägt eine Pagode als Abzeichen des Königs, der Mönch war.

10 Die kleinsten Nominale der »Kugelmünzen« im Wert von 1/16 und 1/32 Silbertikal.

11 Der fliegende kaiserliche Drache auf einer breiten Goldmünze, »Phi long« genannt, ausgegeben von Thieu Tri (1841–1848), König von Annam.

12 »Ta-chung t'ung-pao«, kupferne chinesische Dreicashmünze. Sie wurde vom ersten Kaiser der Ming-Dynastie, Tai tsu (1368–1398), in Umlauf gebracht, nachdem er die Mongolendynastie der Yuan gestürzt hatte.

13 Goldenes chinesisches Zehndollarstück mit dem Bildnis Yuan Shih Kais, des ersten Präsidenten der Republik, und mit dem kaiserlichen Symbol des geflügelten Drachens; diese Münze wurde während Yuans vergeblichem Versuch, das Kaiserreich wieder einzuführen, geprägt.

14 Silberdollar, zum Gedenken an die Vermählung des letzten Kaisers Pu Yi im 12. Jahre der Republik (1923) in Tientsin ausgegeben. Drache und Phönix umschließen das Zeichen der Langlebigkeit.

15 »Automobildollar«, der in der Provinz Kweitschau 1928 anläßlich der Eröffnung der ersten Autostraße geprägt wurde.

16 »Sang p'young t'ong bo«, gegossene koreanische Kupfermünze, unter König Chongjo (1776–1801) ausgegeben.

17 »Dae dong chon«, aus Silber unter König Ko-Jong (1864–1895) vom koreanischen Finanzministerium 1882–1883 ausgegeben. Eigenartig ist der schwarz emaillierte Kreis in der Mitte.

18 Das im östlichen Himalajagebiet gelegene Bhutan zeigte einen Hochgebirgsbewohner auf einer halben Rupie, die 1928 vom Maharadscha Jigme Wangtschuk geprägt wurde.

19 »Kanei tsuho«, eine gegossene Kupfermünze, 1748 in Sendai (Japan) in Umlauf gebracht.

20 »Ni-bu ban kin« (Zwei-Teile-Goldstück), während der Schinbun-Zeit 1818 in Japan ausgegeben. In Japan kursierten viele große, flachgeprägte Goldmünzen.

21 Kaiser Tai (1863–1897) führte in Korea das moderne Münzwesen ein. 1906 wurde der Won, eine Goldeinheit, eingeführt: 20-Won-Goldmünze (1906), im japanischen Stil geprägt, mit Drachenmotiv und Hibiskusblüte als Staatsabzeichen.

22 Tibet, das höchstgelegene Land der Welt, wählte für seine Münzen einen Löwen vor den Berggipfeln des Himalaja; 3-Srang-Silbermünze, 1936.

23 Kaiser Mutsuhito (1867–1912) von Japan führte 1870 das moderne dezimale Münzsystem ein: 20-Yen-Goldmünze mit dem Drachen und der Chrysantheme, dem Wahrzeichen Japans.

Münzen des Nahen und des Fernen Ostens

6 G ★ 3 S ★ 7 C ★ 7 G R A M S
1879

UNITED STATES OF AMERICA

LIBERTY
1795

UNITED STATES OF AMERICA
E PLURIBUS UNUM
ONE STELLA 400 CENTS
DEO EST GLORIA
FOUR DOL.

VON ALASKA BIS FEUERLAND – MÜNZEN AUS AMERIKA

Links oben: Wie die amerikanische Unabhängigkeitserklärung der Französischen Revolution, so ging auch die Schaffung eines vernünftigen und übersichtlichen Münzsystems in USA dem in Frankreich voraus. USA, 4 Dollar-Goldmünze, 1879.

Oben Mitte: Thomas Jefferson richtete im Auftrag des Kongresses die erste amerikanische Münzstätte ein, wo Goldmünzen im Wert von 10 Dollar, die sogenannten »eagle«, Silbermünzen im Wert von 1 und 1/10 Dollar, sowie Kupfermünzen im Wert von 1/100 Dollar geprägt wurden. Philadelphia, 10 Dollars, 1795.

Oben rechts: Peru war das Kernland des Inkareiches und umfaßte bis ins 18. Jahrhundert ganz Spanisch-Südamerika. Die Währung lautete: 100 Centavos = 10 Dineros = 1 Sol de Oro. Peru, 20 Centavos, 1961.

Unten links: »Liberty«, die Allegorie der Freiheit, ziert die meisten amerikanischen Münzen der letzten 200 Jahre. Die amerikanische Münzstätte gab jahrzehntelang »eagles« und »half eagles« (5-Dollar-Stücke) aus, die aber meistens ins Ausland abwanderten, da das Gold in USA unterbewertet war. Philadelphia, 10 Dollars, 1795.

Unten Mitte: Die sogenannte »Stella von 1879« wurde kürzlich bei einer Auktion mit dem Traumpreis von 15 000 US-Dollar bezahlt. Ein Beweis dafür, daß verhältnismäßig »junge« Münzen auch enorme Wertsteigerungen erfahren können. USA, 4 Dollars, 1879 (Rückseite der oben links abgebildeten Münze).

Unten rechts: Die größte Fülle schöner amerikanischer Münzen stammt aus Mexiko. Auf den Vorderseiten sieht man auf einem im Wasser stehenden Kaktus einen Adler mit einer Schlange im Schnabel, Anspielung auf eine alte Azteken-Sage. Mexiko, 20 Centavos, 1970.

Münzen aus Süd- und Zentralamerika

1 Eine der ersten Münzen der Neuen Welt ist dieses 4-Real-Stück, das um 1538 in der in Mexiko neu eingerichteten Münzstätte geprägt wurde.

2 Roh geprägtes Goldstück im Wert von 8 Escudos, 1720 in Mexiko im Namen Philipps V. von Spanien ausgegeben.

3 10 000-Reis-Stück, 1726 in Rio geprägt.

4 Die Säulen des Herkules auf einer 8-Escudo-Goldmünze, Lima, 1713.

5 1-Escudo-Stück, Mexiko, 1808, mit Bildnis Karls IV. von Spanien.

6 4-Escudo-Goldstück Karls III., 1760 in Mexiko ausgegeben.

7 Der weltbekannte »colonnato« oder »pillar dollar« (Säulentaler) war ein 8-Real-Stück aus Silber und trug als Bild die Säulen des Herkules (1732).

8 Brasilianischer Goldbarren, 1817.

9 Das anmutige Bildnis der Königin Maria I. von Portugal und Brasilien auf einer Goldmünze im Wert von 6400 Reis, 1792 in Rio geschlagen.

10 Das Bildnis Ferdinands VII., des letzten spanischen Herrschers in Amerika, auf einem 1-Escudo-Goldstück, 1817 in Guatemala ausgegeben.

11 8-Real-Silbermünze des unabhängigen Guatemala, 1828.

12 Der einer mexikanischen Legende entstammende Adler auf einem Kaktus war ein weitverbreitetes Münzbild: 8-Real-Silbermünze, 1861.

13 Das Monogramm des Freiheitskämpfers Morelos trugen alle von ihm ausgegebenen Münzen: 8-Real-Silbermünzen, 1813.

14 »Muera Huerta« (Tod dem Huerta) als politisches Schlagwort auf einem Silberpeso von Durango, Mexiko (1914).

15 Die Freiheitsmütze und die Verfassung symbolisieren die Unabhängigkeit: 2-Escudo-Goldstück, 1860 in Guanajuato (Mexiko) geprägt.

16 Eine 5-Gramos-Goldmünze, die 1889 in Paramo (Feuerland, Argentinien) von einem Privatmann namens Julius Popper ausgegeben wurde.

17 Symbole für das freie Bolivien: 8-Escudo-Goldmünze (1835).

18 Venezolanisches 10-Bolivares-Goldstück (1930).

19 Kaiser Maximilian I. von Mexiko; 20-Pesos-Goldmünze (1866).

20 Porträt des argentinischen Generals und Diktators Juan Manuel de Rosas auf einer 2-Escudo-Goldmünze, die 1842 in La Rioja geprägt wurde.

21 Der sagenumwobene, seltene Quetzal, ein Vogel der zentralamerikanischen Urwälder, auf einem 10-Quetzales-Goldstück (1926, Guatemala).

22 Eine brasilianische 4000-Reis-Silbermünze, deren Wert durch eine Silberplombe erhöht wurde.

23 Ein Viertel eines amerikanischen 8-Real-Silberstückes, das für St. Kitts und Tortola gegengestempelt wurde.

24 Imaginäres Porträt des letzten Inkafürsten Manco Capoc auf einem peruanischen 50-Soles-Goldstück (1930).

Die Neue Welt

Entdeckt wurde die Neue Welt am 12. Oktober 1492 von Kolumbus. Unverzüglich ging man daran, diese Länder zu einem Kolonialreich unter der Herrschaft des spanischen Königspaars Ferdinand und Isabella zu organisieren. Das erste größere Gebiet auf dem Festland, das die Spanier eroberten, war Mexiko, aus dem 1521 unter Hernando Cortez die Kolonie und 1535 das Vizekönigreich Neuspanien wurde.

Geld spielte beim Aufbau des Kolonialreiches eine bedeutsame Rolle. Am 11. Mai 1535 unterzeichnete Königin Isabella einen Erlaß, durch den die erste Münzstätte in der Neuen Welt eingerichtet wurde. Dort konnte jedermann Silber hinbringen und ausmünzen lassen; dafür erhielt die Krone den *quinto*, den königlichen Fünften, eine in Naturalien auf alle im Land geförderten Metalle erhobene Sondersteuer.

Im April 1536 wurden in der Stadt Mexiko die ersten Münzen der Neuen Welt ausgegeben, Silbermünzen im Wert von ein, zwei und drei Reales sowie Stückelungen im Wert von 1/2 und 1/4 (*Cuartilla*) Real. Von den Cuartillas und Dreirealstücken kam man allerdings bald wieder ab und führte als neues Nominal das Vierrealstück ein.

Ebenfalls 1536 verbot Karl I. (V.) die Ausmünzung von Gold und Kupfer. Nachdem es keine Cuartillas mehr gab, benutzten die Eingeborenen für ihre Alltagsgeschäfte wieder Kakaobohnen als Zahlungsmittel: 140 Bohnen entsprachen im Wert einem Real. Um dem Kleingeldmangel abzuhelfen, genehmigte man schließlich 1542 die Ausmünzung von Kupfer zu Münzen im Wert von vier und zwei Maradevi. Doch nun ereignete sich etwas Seltsames: Da für die Indios Kupfer Armut symbolisierte, weigerten sie sich, die neuen Münzen anzunehmen, und ließen sich selbst durch harte Befehle nicht dazu bewegen. So sah man sich gezwungen, 1550 die Kupfermünzen aus dem Verkehr zu ziehen.

Die sehr schön gestalteten Silbermünzen zeigten auf dem Avers den gekrönten geviertelten Wappenschild Spaniens mit den Wahrzeichen Leóns und Kastiliens, dem Löwen und der Burg, sowie dem Granatapfel als Emblem Granadas. Der Münzort (Mexiko) war durch ein M mit einem kleinen o darüber angegeben; weitere Buchstaben kennzeichneten die Münzmeister. Der Revers trug die Säulen des Herkules als Symbol der geographischen Grenzen der Alten Welt und die Devise *plus ultra* (»Weiter hinaus«).

1531 begann Francisco Pizarro mit der Unterwerfung des Inka-Reiches in Peru, wo den spanischen Konquistadoren sagenhafte Schätze in die Hände fielen. Die vielen Gold- und Silberminen dieses Gebiets legten es nahe, eine Münzstätte einzurichten, was 1565 durch einen Erlaß Philipps II. in Lima, der »Stadt der Könige« *(ciudad de los reyes)*, geschah. Ausdrücklich wurde die Bestimmung wiederholt, Gold und Kupfer nicht auszumünzen. Für die Silbermünzen wählte man dieselben Gepräge wie in Mexiko. Das etwa 27 g schwere talergroße Achtrealstück wurde zur weitestverbreiteten Münze der Neuen Welt; sie war nicht nur in Amerika, sondern auch im Nahen und Fernen Osten in Umlauf.

Eine weitere Münzstätte wurde in Potosi im Zentrum des Bergbaugebiets eingerichtet. Dort schlug man fortan die Hauptmasse der Münzen, gab aber auch in Lima weiterhin Münzen aus. 1696 wurde in dem rund 4000 m ü. M. gelegenen Potosi, der damals wichtigsten Münzstätte der ganzen Neuen Welt, erstmals Gold ausgemünzt. Man bezeichnete die Stadt auch als *Villa Imperial* (»Kaiserstadt«) wegen der riesigen Silberlager, die ungeheure Reichtümer durch die Hände der Bewohner fließen ließen. Schätzungsweise hatte die Silberproduktion in der spanischen Kolonialzeit (bis 1825) einen Gesamtwert von acht Billionen Reales. Noch heute bezeichnet der spanische Ausspruch *vale un potosi* jemanden, der sehr reich ist.

Zweimal jährlich brachten zahlreiche Schiffe riesige Gold- und Silbermengen in Form von neugemünzten Achtrealstücken oder Golddublonen oder auch in Barrenform nach Spanien. Diese Schätze waren durch Seeräuber mindestens ebenso gefährdet wie durch die gefürchteten Stürme. Noch heute liegen gewaltige Reichtümer auf dem Meeresgrund; immer wieder bringen Tiefsee-Tauchexpeditionen Münzen und Edelmetalle ans Tageslicht. Die Münzen stammen aus verschiedenen Münzorten, die über ganz Mittel- und Südamerika verstreut waren: Mexiko-Stadt, Lima, Potosi, Santa Fé de Bogota (seit etwa 1620), Popayan, Santiago de Chile und Guatemala.

Karl II. genehmigte 1675, in den überseeischen Kolonien Gold auszumünzen, was man zunächst in Mexiko-Stadt und dann auch in Lima tat. Das Grundnominal der Goldserie war der 3,38 g schwere Escudo; die Vielfachen im Wert von 2, 4 und 8 Escudos hießen *doblones de a dos, doblones de a cuatro* und *doblones de al ocho;* das letztgenannte Nominal bezeichnete man öfter als *onza.*

Herrliche Gold- und Silbermünzen wurden durch die Münzreform von 1728 eingeführt. Die Prägung erfolgte maschinell; die vollkommen ebenmäßigen Schrötlinge trugen auf dem Avers das Porträt des Königs. Die Achtescudomünze wurde nach dem Bild des perücketragenden Königs *onza pelucona* genannt. Wenig später kam der berühmte »Säulentaler« in Umlauf. Das Münzbild zeigte in neuer Gestaltung die Säulen des Herkules mit zwei bekrönten Halbkugeln. Danach bezeichnete man den Taler als *moneda de mundos y mares* (»Münze der Welten und Meere«) oder als *columnas y mundos* (»Säulen und Welten«). 1771/1772 wurden schließlich die Säulen durch eine Porträtbüste ersetzt.

Am 16. September 1810 erhoben sich die Mexikaner unter der Führung des Priesters Don Miguel Hidalgo y Costilla (1753–1811), um soziale Reformen und die politische Unabhängigkeit zu erkämpfen. Hidalgo wurde gefangengenommen und hingerichtet, aber Don José Morelos y Pavon (1765–1815) setzte den Kampf fort. Sowohl die Aufständischen als auch die Kolonialherren gaben eine Fülle von hochinteressanten Münzen aus. Um die von Mexiko-Stadt abgeschnittenen Gebiete mit Geld versorgen zu können, nahmen die Royalisten neue Münzstätten in Betrieb: Chihuahua, Durango, Guadalajara, Guanajuato und Zacatecas gaben fortan Münzen mit eigenen Kennmarken aus. Wenn Münzen knapp wurden, versah man kurzerhand alles im betreffenden Gebiet umlaufende Geld mit Gegenmarken, wodurch es zum legalen Zahlungsmittel wurde. Vier Jahre lang (1811–1814) gab Morelos für die Aufständischen Münzen in seinem Namen aus.

1821 konnten die Rebellen unter Oberst Augustin de Iturbide in Mexiko-Stadt einziehen; damit fand die spanische Herrschaft ihr Ende. Nach der Unabhängigkeitserklärung ernannte Iturbide sich zum Kaiser; Goldmünzen mit den Jahreszahlen 1822 und 1823 tragen das Porträt des neuen Herrschers. 1823 wurde Iturbide abgesetzt und die Republik ausgerufen.

Das mexikanische Beispiel machte im ganzen spanischen Kolonialreich rasch Schule. So entstand zu Beginn der zwanziger Jahre des 19. Jahrhunderts eine ganze Reihe von unabhängigen Staaten: Kolumbien, Venezuela, Argentinien, Bolivien, Peru, Chile, Ecuador und Uruguay. Als diese

jungen Staaten eigenes Geld auszugeben begannen, behielten sie in der Regel die alten spanischen Nominale bei – Escudo, Peso, Real; mancherorts tauchten auch neue Bezeichnungen auf.
Interessant ist aus wirtschaftshistorischer Sicht, wie Südamerika allmählich vom alten spanischen Währungssystem zum modernen, praktischeren Dezimalsystem überging. Den Anfang machte Kolumbien, wo 1847 der in 10 Reales und 100 Centavos unterteilte Peso eingeführt wurde; dem Beispiel folgten nach und nach auch die anderen Staaten. Das System besteht noch heute in ganz Südamerika; nur heißt das Grundnominal statt Peso andernorts Sucre, Boliviano oder Sol.

Mittelamerika und Mexiko

Eine ähnliche Entwicklung vollzog sich in Mittelamerika. Nach 1839 spalteten sich die »Vereinigten Provinzen von Zentral-Amerika« in die unabhängigen Staaten Guatemala, Costa Rica, Honduras, El Salvador und Nicaragua. Ein eigenes Münzwesen bildete sich in diesen Staaten zum Teil nach Jahren, teils aber auch erst nach Jahrzehnten aus.
Besonders reizvoll und interessant sind die im 20. Jahrhundert in Guatemala ausgegebenen Münzen. Grundnominal ist der Quetzal, benannt nach dem gleichnamigen wunderschönen, sehr seltenen Vogel der mittelamerikanischen Hochgebirgswälder, den einst die Maya und Azteken als Symbol der Freiheit verehrt hatten.
In Costa Rica führte man 1897 als neue Währungseinheit den Colon zu Ehren von Christoph Columbus ein, dessen Name auf Spanisch Cristobal Colon lautet.
Die größte Fülle an schönen Münzen stammt jedoch aus Mexiko. Nach der Ausrufung der Republik schmückte man die Silbermünzen mit einer von Strahlen eingefaßten Freiheitsmütze und der Inschrift *libertad* (»Freiheit«); das Gepräge der Goldmünzen zeigte eine auf der Verfassung ruhende Hand, die eine Stange mit der Freiheitsmütze obenauf hält. Der Avers wurde bei Gold- und Silbermünzen gleich gestaltet: Wir sehen auf einem im Wasser stehenden Kaktus einen Adler, eine Anspielung auf eine alte Azteken-Sage.
Die Regierung der mexikanischen Republik münzte in Mengen Gold, Silber und Kupfer aus, aber auch die Teilstaaten durften Kupfergeld ausgeben. In Betrieb waren die Zentralmünzstätte in Mexiko-Stadt sowie 13 Zweigbetriebe in den Provinzen.
Große 20-Peso-Stücke aus Gold und Ein- und Halbpesostücke aus Silber mit den Jahreszahlen 1866 und 1867 erinnern an den so tragisch gescheiterten Versuch, Mexiko unter dem österreichischen Erzherzog Maximilian (1832–1867) wieder zum Kaiserreich zu machen. Die Münzen tragen ein schlichtes Profilporträt des Habsburgers. Das einzige, was Maximilian auf Dauer in Mexiko einführen konnte, war das Dezimalsystem, das fortan im Währungswesen beibehalten wurde.
Die mexikanischen Emissionen des 20. Jahrhunderts sind von erstaunlicher Vielfalt. Wir finden so interessante Münzen wie den eindrucksvollen Peso von 1910 mit einer reitenden Victoria; dem Münzbild verdankt er den Spitznamen *caballito* (»Steckenpferd«). 1914–1916 gaben Revolutionäre wie Pancho Villa (1877–1923) und Emiliano Zapata (1877–1919) eigenes Geld aus. Auf zahlreichen Münzen sind der Nachwelt die Namen von Orten und Persönlichkeiten überliefert, die mit schrecklichem Blutvergießen, aber auch mit wesentlichen Reformen verknüpft sind. Die mexikanischen Münzen der Gegenwart bieten uns eine Galerie von berühmten historischen Persönlichkeiten; Hauptthema ist die Revolution mit ihren Helden. Unter den auf Münzbildern Dargestellten begegnen wir Hidalgo, Morelos, Josefa Ortiz Domininguez als Repräsentanten der Revolution von 1810, aber auch Cuauhtemoc (1495–1525), dem letzten Herrscher der Azteken.

Brasilien

Verglichen mit der Münzgeschichte des spanischen Kolonialreichs in Amerika erscheint die des portugiesischen Kolonialreichs, das auf amerikanischem Boden aus Brasilien bestand, wenig ereignisreich. Eigenes Geld wurde zunächst nicht ausgegeben; als Zahlungsmittel dienten vorwiegend portugiesische Gold- und Silbermünzen sowie Goldstaub; wenn der Münzmangel allzu bedenklich wurde, versah man Münzen der spanischen Kolonialgebiete mit Gegenstempeln und erklärte sie dadurch zu legalen Zahlungsmitteln. Erst 1688 erlaubte Pedro II., in Brasilien eine Münzstätte in Betrieb zu nehmen. Münzstätten richtete man nach und nach in Rio de Janeiro, Bahia, Pernambuco und Villa Rica (im ertragreichen Bergbaugebiet Minas Geraes) ein.
Die sehr schön gestalteten Goldmünzen trugen das anmutige Jesuitenkreuz mit der Inschrift *in hoc signo vinces* (»In diesem Zeichen wirst du siegen«), die nicht minder sorgfältig gearbeiteten Silbermünzen eine Erdkugel mit einem Kreuz darauf und die umlaufende Inschrift *subque signo nata stabit* (»Das unter [diesem] Zeichen geborene [Land]

blühte auf«). Seit 1727 wurden die brasilianischen Emissionen ebenso gestaltet wie die des portugiesischen Mutterlandes und zeigten fortan auf dem Avers die Porträtbüste des Herrschers.
1822 wurde Brasilien zum selbständigen Königreich unter Pedro I., dem 1831 sein Sohn Pedro II. auf den Thron nachfolgte. 1889 wurde die Republik ausgerufen, und Pedro mußte abdanken.
Die brasilianischen Münzen wiesen zu allen Zeiten wunderschöne Gepräge auf. Besonders prachtvoll sind einige Gedenkmünzen, so das 1900 anläßlich des 400. Jahrestages der Entdeckung des Landes ausgegebene 4000-Reis-Stück, eine der größten Silbermünzen der Neuzeit. Darauf ist dargestellt, wie Cabral den Fuß auf brasilianischen Boden setzt.

Westindien

Die mittelamerikanischen Inseln, auf denen Kolumbus erstmals den Boden der Neuen Welt betrat, lockten in der Folgezeit viele Eroberer an. Seit 1496 waren Hispaniola, Kuba, Puerto Rico, die Jungferninseln, Jamaica und Trinidad spanischer Kolonialbesitz. Später landeten die Engländer auf den Barbados-Inseln, auf Grenada, St. Lucia, Tobago und auf einigen der Leeward Islands (Inseln unter dem Wind), die Holländer auf Curaçao, die Dänen auf St. Thomas und die Schweden auf St. Bartholomäus. Aber nur auf wenigen dieser Inseln durften eigene Münzen geschlagen werden. Die für den Handel benötigten Münzen wurden aus dem Mutterland angeliefert. So prägte man 1731 und 1732 in Frankreich zwei Silbernominale für die Iles du Vent in den Kleinen Antillen. Ab 1740 schlug man in Dänemark Münzen für die aus St. John (1684), St. Thomas (1716) und St. Croix (1733) bestehenden westindischen Besitztümer, und 1821 versorgten auch die Niederländer ihre inzwischen den Engländern wieder abgenommene Kolonie Curaçao mit kleinen Silbermünzen.
Die Engländer hatten in Westindien die größten Gebiete an sich gebracht, aber auch sie gaben nur gelegentlich eigene Münzen für diese Kolonien aus. 1615 erhielt auf den »Somer's Islands«, wie die Bermudas damals hießen, die »Company of the City of London for the Plantation of the Somer's Islands« das Recht, für ihre Leute Münzen in Umlauf zu bringen. Daraufhin münzte man aus Bronze sogenanntes *hog money*, so benannt nach dem Eber auf der einen Münzseite (die andere zeigte ein Segelschiff). Dies war vermutlich die erste Münze, die in den englischen Besitztümern in der Neuen Welt ausgegeben wurde.
Aber diese Emissionen konnten dem Kleingeldmangel in den westindischen Gebieten kaum abhelfen. So ging man dazu über, ausländische Silbermünzen, vor allem spanische, zu halbieren, zu vierteln oder gar zu achteln; die Achtelteile bezeichnete man als *bits*. Bei einer geachtelten spanischen Achtrealmünze war ein *bit* ein Real wert; es wurde von den Engländern für neun Pence in Zahlung genommen.
Eine Kuriosität sind Münzen mit einem herzförmigen Ausschnitt in der Mitte, die in den späten sechziger Jahren des 18. Jahrhunderts auf Dominica in Umlauf waren. Auf Nevia, der als größter Sklavenmarkt Westindiens berüchtigten Insel, zirkulierten hauptsächlich kleine, abgegriffene Silbermünzen, deren Wert man in *dogs* (»Hunde«) ausdrückte; ein *dog* entsprach 1 1/2 Pence. Kupfermünzen wurden allgemein *black dogs* (»schwarze Hunde«) genannt.
Goldmünzen pflegte man auszuwiegen. In Umlauf waren sie oft in Papier eingewickelt, auf dem Gewicht und Wert vermerkt waren. Untergewichtige Goldmünzen brachte man durch eine Goldplombe auf das richtige Gewicht; meist versah man die Plombe mit einem Gegenstempel. Die zahlreichen Gegenstempel auf den in Westindien zirkulierenden Münzen verraten, welch ständigen Kampf die lokalen Behörden führen mußten, um im Münzwesen wenigstens den Anschein von Ordnung zu wahren.
Die malerische Geschichte Haitis spiegelt sich auf den Münzen dieses Landes. 1812 kam der als Sklave auf Grenada geborene Henri Christophe (1767–1820) als König Henri I. an die Macht (1812–1820). Schon 1807 hatte er als Präsident der Republik Haiti einem Centime-Stück sein Frontalporträt aufprägen lassen. Silber und Kupfer wurden in großen Mengen unter dem General Jean Pierre Boyer (1776–1850) ausgemünzt, einem Mulatten, der die ganze Insel unter seine Kontrolle bringen konnte. Die prächtigsten Münzen jedoch ließ Kaiser Faustin I. (1785–1867) schlagen, ein Negergeneral, der zunächst Präsident wurde und sich 1849 zum Kaiser aufschwang. Eine große Kupfermünze im Wert von 6 1/2 Centimes aus dem Jahr 1850 trägt seine gekrönte Porträtbüste und eine französische Inschrift, die ihn als Kaiser ausweist.

Zahlungsmittel der amerikanischen Plantagen

Die in Amerika siedelnden Angehörigen verschiedener europäischer Völker brachten Geld aus ihrer Heimat mit, die Franzosen beispielsweise Ecus und Livres, die Holländer Daalders und Deuts, die Portugiesen Moidores und Johannes (»Joes«), die Spanier Dublonen und Pistolen; dennoch rechneten die Kolonisten vorwiegend in englischen Pfund, Schilling und Pence. Aber gerade in den englischen Kolonien stand kaum Münzgeld zur Verfügung, und so mußte man wie in alten Zeiten benötigte Güter im Tausch erwerben. Wichtigste »Zahlungsmittel« waren Holz, Felle, Tabak und Reis. Erst durch den Handel mit Westindien kam Münzgeld zumindest in bescheidenen Mengen auf den nordamerikanischen Halbkontinent. Auch die Seeräuberei brachte den Engländern einiges an Gold- und Silbermünzen ein. Das reichte freilich bei weitem nicht aus, um den durch die sehr ungünstige Handelsbilanz mit dem englischen Mutterland bedingten akuten Münzenmangel zu beheben. Unter den Farmern der englischen Kolonien kursierte nur wenig Münzgeld; lediglich die wichtigsten Handelszentren waren etwas besser versorgt. Aus diesen Gründen hielt sich der Tauschhandel in Nordamerika sehr lange. In England hatte man mit den Kolonisten in Amerika wenig Mitgefühl, litt doch auch das Mutterland unter einem großen Münzenmangel, weil das verfügbare Silber hauptsächlich für den Indienhandel gebraucht wurde.

Obendrein erwuchs der Wirtschaft und dem Handel in den Kolonien großer Schaden durch Münzfälscher. Daraufhin beschloß die Gesetzgebende Körperschaft von Massachusetts im Frühjahr 1652, eine Münzstätte einzurichten, die Münzen von vorgeschriebenem Feingehalt und Gewicht ausgeben sollte. Die ersten Emissionen trugen ein einfaches Gepräge: auf der einen Seite das Monogramm NE und auf der anderen die Münzwertangabe. Aber auch diese Münzen wurden so häufig beschnitten, daß man nach einem Jahr die Ausgabe einstellte und fortan neue Münzen mit beschrifteten Rändern schlug. Das Erstausgabejahr 1652 wurde mehrere Jahre lang den Münzen aufgeprägt, die je nach dem Münzbild als Weiden-, Eichen- oder Pinienmünzen bezeichnet wurden. Auch Maryland erhielt wenig später eigene Münzen, die freilich in London geschlagen wurden. Cecil Calvert, zweiter Lord Baltimore (1605–1675), gab 1659 Münzen in Auftrag, Schillinge, Sixpence und Groschen, die eine sauber gearbeitete Profilbüste des Lord Proprietor zeigten. Allerdings reichten die in die Kolonien gebrachten Münzmengen nicht aus, um die in Maryland dominierende »Tabakwährung« zu verdrängen.

Verschiedene Versuche, in den Kolonien selbst Münzstätten in Betrieb zu nehmen, wurden nach kurzer Zeit wieder eingestellt. Vielmehr folgte man zunächst Calverts Beispiel und ließ in England Münzen für die Neue Welt prägen, oder man brachte zu allen möglichen Anlässen ausgegebene englische Münzen in größeren Mengen in die Kolonien. Für die amerikanischen Kolonien und für Irland münzte beispielsweise ein englischer Metallverarbeiter namens William Wood. Das hierfür nötige königliche Patent besorgte er sich 1722 mit List und Tücke. Eine bedeutsame Rolle spielte dabei die Herzogin von Kendall, eine aus Deutschland stammende Schönheit, die bei König Georg I. in hoher Gunst stand. Seine aus einer Kupferlegierung geschlagenen, sorgfältig gestalteten Münzen zeigen auf dem Revers eine wunderschöne geöffnete Rose. Die Kolonisten freilich waren von der Schönheit dieser »Rosa Americana« wenig angetan: Sie wollten Gold- oder Silbermünzen haben und waren noch nicht bereit, Scheidemünzen zu akzeptieren.

Münzen der Vereinigten Staaten

Als 1775 der amerikanische Unabhängigkeitskrieg ausbrach, sah man sich sofort ernsten Problemen gegenüber: Es fehlte nicht nur an ausgebildeten Soldaten und Kriegsmaterial, sondern in erster Linie auch an Geld, da der Kongreß nicht befugt war, Steuern zu erheben. Schon ein Jahr später waren die Pläne für eine Bundesemission fertiggestellt. Das Gepräge der vorgesehenen talergroßen Münze offenbarte Franklins Lebensphilosophie: Auf dem Avers sollte neben einer Sonnenuhr mit Sonne das Wort *fugio* (»Ich fliehe«) sowie der kluge Spruch *mind your business* (»Kümmere dich um deine Angelegenheiten«) stehen, auf dem Revers sollten 13 die Unionsstaaten symbolisierende, ineinander verschlungene Ringe von der Inschrift *American Congress – We are one* (»Amerikanischer Kongreß – Wir sind eins«) umgeben sein. Da jedoch nicht genügend Münzmetall verfügbar war, mußten die Pläne des Kongresses in der Schublade bleiben.

In Umlauf waren in Nordamerika damals massenweise spanische Dublonen, französische Louisdors und portugiesische »Joes« in Gold sowie Silbermünzen aus diesen drei Ländern. Freilich hatten die Münzen den Nachteil, daß sie in jedem Bundesstaat verschieden bewertet wurden. Weit dringender benötigt wurde jedoch für die Alltagsbedürfnisse Kleingeld. Um diesem Mangel abzuhelfen, wurde schiffsladungsweise Kupfergeld ins Land gebracht, das übrigens zu einem guten Teil aus England (Birmingham) stammte.

In Verbindung mit einem frühen »amerikanischen Traum« stehen die sogenannten Myddelton-Halfpence, von einem deutschen Kupferstecher namens Conrad Küchler entworfene und von der Firma Boulton and Watt in Birmingham im Auftrag von P. Myddelton hergestellte Probemünzen. Myddelton hatte in Kentucky große Ländereien erworben und hoffte, mit Hilfe dieser Münzen englische Bauern als Siedler anwerben zu können. Ebenfalls mit Bodenspekulationen in Amerika verknüpft waren einige sehr reizvolle, 1792 in Paris geschlagene Silbermünzen, die sogenannten Castorland-Halbdollars; als Münzbilder dienten ein Zuckerahorn und ein Biber.

Auf die amerikanische Geldwirtschaft hatten solche Emissionen freilich keinerlei Einfluß. Um den lokalen Kleingeldbedarf befriedigen zu können, beschlossen viele amerikanische Bundesstaaten, eigenes Kupfergeld auszugeben. Am ausgabefreudigsten war Connecticut, wo zwischen 1785 und 1788 Halbcentmünzen im Gewicht von rund 29 000 Pfund ausgegeben wurden. Man prägte ihnen eine der Britannia nachgestaltete, die neuerworbene Freiheit symbolisierende Frauenfigur auf, und um Verwechslungen mit dem englischen Gepräge auszuschließen, gab man ihr eine Inschrift bei, die sie ausdrücklich als Symbol für »Unabhängigkeit und Freiheit« auswies. Viel Kupfer wurde auch in New Jersey ausgemünzt. Diese Münzen trugen erstmals das Motto *e pluribus unum.* Massachusetts war der erste Bundesstaat, der seine Kupfermünzen als Cents und halbe Cents bezeichnete. Ein Cent war der hundertste Teil eines spanischen Talers.

Das Hauptproblem, dem sich die als Vereinigte Staaten von Amerika zusammengeschlossenen Bundesstaaten gegenübersahen, war die Schaffung eines einheitlichen Währungssystems. Dazu mußte zunächst eine Einheit eingeführt werden, die mit den in den einzelnen Staaten umlaufenden unterschiedlichen Münzen konvertierbar war. Die weitestverbreitete Münze in Nordamerika war der spanische Taler, der jedoch von Gebiet zu Gebiet gegenüber dem Penny anders bewertet wurde. Im Auftrag des Kongresses wurde ein Plan ausgearbeitet, der unter anderem die Einführung des Dezimalsystems für die neue Währung vorsah. Thomas Jefferson war damit einverstanden und ordnete die Einrichtung einer zentralen Münzstätte an; von ihm stammt auch der Vorschlag, den spanischen Taler als Währungseinheit zu übernehmen. Man setzte den Feingehalt des Talers (amerikanisch »Dollar«) auf 24,3317 g Silber bzw. 1,5941 g Gold fest (Umrechnungsverhältnis also 15 : 1), sah also für das amerikanische Währungssystem den Bimetallfuß vor, was zusammen mit dem Dezimalsystem für die damalige Zeit eine revolutionäre Neuerung war. Jefferson schlug folgende Nominale vor: eine Zehndollarmünze aus Gold, den Dollar und den Zehnteldollar *(dime)* aus Silber und einen Hundertsteldollar *(cent)* aus Kupfer. Es dauerte jedoch viele Jahre, bis diese Pläne verwirklicht werden konnten. Erst nachdem die Verfassung 1787 verabschiedet worden war, erhielt der Kongreß die erforderlichen Vollmachten. Das Währungsgesetz wurde im April 1792 vom Kongreß gebilligt. Es ermächtigte den Kongreß, »Geld auszumünzen und dessen Wert festzusetzen«. Das Gesetz sah zehn Nominale vor; die Münzen sollten ursprünglich das Porträt George Washingtons tragen, doch entschied man sich schließlich für die Symbolgestalt der so teuer erkauften Freiheit.

Die Münzstätte nahm jetzt ihre Arbeit auf, aber jahrzehntelang kamen nur wenige Münzen – vorwiegend Eagles und halbe Eagles aus Gold (Zehn- bzw. Fünfdollarstücke), Dollars und halbe Dollars aus Silber – in Umlauf. Die Goldmünzen wurden entweder im Land selbst gehortet oder ins Ausland gebracht. 1821 wurde in einem offiziellen Bericht festgestellt, daß Goldmünzen im Wert von 6 Millionen Dollar praktisch verschwunden waren. Die Silberdollars flossen großenteils nach Westindien ab. Deshalb stellte man bereits 1803 die Ausgabe von Dollars ein, und ab 1806 wurde auch kein Gold mehr ausgemünzt. Dafür wurde der Ausstoß an kleineren Silbermünzen entsprechend gesteigert. Die damalige Situation hat ein Historiker treffend beschrieben: »Die Amerikaner münzten für andere Völker und begnügten sich im Land mit abgegriffenen ausländischen Münzen.« Da die von der amerikanischen Münzstätte ausgegebenen höheren Nominale laufend verschwanden, mußten vor allem der spanische Taler im Wert von 4 Reales sowie dessen Stückelungen (Zwei-, Ein- und Halbrealstücke), die in den Vereinigten Staaten gültige Zahlungsmittel waren, als Ersatz dienen. Um 1823 waren, wie aus einem in diesem Jahr dem Kongreß vorgelegten Bericht hervorgeht, vorwiegend französische Silbermünzen in Umlauf. Daran änderte sich über ein halbes Jahrhundert lang bis zum neuen Münzgesetz von 1852 kaum etwas. Da Münzgeld so knapp war, machte die Einführung von Papiergeld in den Vereinigten Staaten verhältnismäßig rasche Fortschritte.

In den zwanziger Jahren des 19. Jahrhunderts lösten Goldfunde in Nordcarolina und Georgia den ersten Goldboom oder »Goldrausch« aus. Das benutzte eine deutsche Einwandererfamilie namens Bechtler, um in Rutherfordton in Nordcarolina eine eigene Prägestätte in Betrieb zu nehmen. 21 Jahre lang, bis 1852, schlugen die Bechtlers Münzen, die ihren Namen und die Inschrift *Carolina Gold* oder *Georgia Gold* trugen.

Die Lage auf dem Münzgeldsektor besserte sich um die Mitte der dreißiger Jahre durch höhere Emissionen der Münzstätten; diesen stand jetzt erheblich mehr Münzsilber zur Verfügung, da viele Banken ihr Barrensilber gegen Goldmünzen eintauschten. Für die Alltagsgeschäfte benötigte man fast ausschließlich Stückelungen des Silberdollars,

während der Dollar selbst zu einem wenig gefragten Nominal wurde. Ein neues Gepräge für den Silberdollar schuf zwischen 1836 und 1838 der deutschstämmige Münzstempelschneider Christian Gobrecht; seine berühmte sitzende Libertas und der majestätisch fliegende Adler gehören zu den schönsten Münzbildern des 19. Jahrhunderts.
Am 24. Januar 1848 entdeckte James Marshall bei Fundamentierungsarbeiten für eine Sägemühle, die er im Auftrag von Johann Sutter in Caloma (Kalifornien) durchführte, einen kleinen Goldnugget. Dieser Fund sollte für viele Menschen schicksalhaft werden. Es brach der berühmte kalifornische »Goldrausch« aus; Kalifornien wurde für Ungezählte zum »Gelobten Land«. Zunächst waren Münzen sehr knapp, und so wurde Goldstaub zum üblichen Zahlungsmittel. Ab dem Frühjahr 1849 begannen Privatleute mit der Ausgabe von sogenanntem »Pioniergeld«; bei diesen Goldmünzen ahmte man Bilder und allgemeines Aussehen der offiziellen Demissionen nach, goß aber das Gold auch zu Barren, die als Zahlungsmittel im Wert von 50 oder 100 Dollar in Umlauf waren. Runde oder achteckige Fünfzigdollarstücke, *slugs* genannt, trugen die Namen der Wardeine, die Wertangabe, das Ausgabejahr, den Feingehalt und den Ausgabeort als Inschriften.
Die Privatausgaben jener Jahre sind reich an Kuriositäten. Zu erwähnen sind die Ausmünzungen der Mormonen in Utah. Ihre Emission von 1849 trägt die Abkürzung G.S.L. C.P.G. für *Good Salt Lake City Pure Gold* (»Gutes reines Gold aus Salt Lake City«). In anderen Regionen und Staaten, beispielsweise in Oregon (1849) und Colorado (1860), führten Goldfunde nur zu wenigen, aber hochinteressanten privaten Prägungen, so zu den Eagles und halben Eagles der Oregon Exchange Company mit dem Bild eines Bibers.
Wie sehr sich die kalifornischen Goldfunde auf das ganze Land auswirkten, mag eine Zahl veranschaulichen: Der Wert der Goldförderung erhöhte sich von 889 000 Dollar im Jahr 1847 sprunghaft auf mehr als 50 Millionen Dollar im Jahr 1850. Das hatte unter anderem zur Folge, daß der Kongreß 1849 die größte Goldmünze der amerikanischen Geschichte einführte, den Doppel-Eagle (Zwanzigdollarstück).
1857 wurde der spanische Taler mitsamt seinen Stückelungen, die über zweihundert Jahre lang die verläßlichsten Zahlungsmittel in Amerika gewesen waren, aus dem Verkehr gezogen. Fast sah es so aus, als ob man zum reinen Goldstandard übergehen wollte, auch wenn man theoretisch noch am Bimetallismus festhielt. Aber dann warf der amerikanische Bürgerkrieg diese ganze Entwicklung wieder über den Haufen.
Beim Ausbruch des Bürgerkriegs 1861 war das Land mit Gold- und Silbermünzen sehr gut versorgt, doch das änderte sich rasch: Durch Münzhortung verschwanden sie in großen Mengen fast über Nacht. Als Ersatz führte man Papiergeld in niedrigen Nominalen ein, sogenannte *shinplasters* (eigentlich »Beinpflaster«), und erhöhte den Ausstoß an kupfernen Cent-Münzen. Privatleute gaben in Mengen kupfernes Ersatzgeld aus, das genauso wie die offiziellen Cent-Münzen in Zahlung genommen wurde. Viele der privaten Prägungen trugen patriotische Sprüche, andere wiederum Reklameaufschriften; insgesamt boten diese privaten Ausgaben ein sehr buntes Bild. Bei den in New York ansässigen Deutschen beispielsweise war eine Notmünze sehr beliebt, die auf der einen Seite ein Porträt des Bierbrauers G. Lindenmüller und auf der anderen einen Bierkrug zeigte.
Dem Münzmetall für die Cents wurde kein – in Kriegszeiten schwer zu beschaffendes – Nickel mehr beigegeben, sondern nur noch in geringen Mengen Zinn und Zink. 1864 wurde offiziell der Bronze-Cent mit dem bereits seit 1858 geschlagenen Indianerkopfgepräge eingeführt, und gleichzeitig kam ein Zweicentstück aus Bronze in Umlauf, das dem Kleingeldmangel abhelfen sollte. Es trug als erste amerikanische Münze das Motto *In God We Trust* (»Wir vertrauen auf Gott«).
Durch das Münzgesetz vom Februar 1873 wurde der Golddollar als Währungseinheit eingeführt, was den Übergang zum Goldstandard bedeutete. Um eine Straffung des Münzwesens zu erreichen, wurden drei Nominale aus dem Verkehr gezogen: der halbe Dime, das Drei- und das Zweicentstück. Gleichzeitig wurde der sogenannte »Handelsdollar« aus Silber geschaffen, der den mexikanischen Silberdollar aus dem Fernosthandel verdrängen sollte. Gegen den Goldstandard erhob sich die »Bewegung für freie Silberprägung«, die die Ansicht vertrat, nur der Silberstandard könne die langersehnte Geldwertstabilität garantieren; sie konnte im Frühjahr 1878 erreichen, daß der Silberdollar auch in den Vereinigten Staaten wieder zu Ehren kam: In diesem Jahr wurde der »Morgan-Dollar« ausgegeben, benannt nach George T. Morgan, der die Gepräge entworfen hatte. Doch da der Silberpreis auf den Weltmärkten ständig weiter sank, wurde auch der Silberdollar immer geringer bewertet. Ausdrücklich eingeführt wurde der Goldstandard 1900 durch ein Gesetz, durch das der Golddollar als Grundeinheit des amerikanischen Währungssystems sanktioniert und Silber zum subsidiären Münzmetall wurde. Etwas später begrenzte man die Stückelungen des Dollars auf fünf: auf den halben Dollar, den Vierteldollar, den Zehnteldollar oder Dime, das Fünfcentstück (»Nickel«) und den Cent.

Die ersten Gedenkmünzen wurden 1892 anläßlich des 400. Jahrestages der Entdeckung Amerikas geschlagen.
Nach der Jahrhundertwende wuchs die Flut der Goldmünzen; bald kamen pro Jahr Münzen im Wert von 100 Millionen Dollar in Umlauf. Das Zwanzigdollarstück erhielt 1907 ein schönes Gepräge, eine schreitende Libertas. Auch andere Münzen bekamen neue Gepräge, die von den besten amerikanischen Künstlern geschaffen wurden, so ein Lincoln-Porträt von Victor D. Brenner für den Cent (ab 1909) oder Indianerkopf und Büffel von James E. Fraser für das Fünfcentstück (1913).
Zwischen 1904 und 1921 wurden überhaupt keine Silberdollars mehr ausgegeben. Aus Silber war erst wieder der anläßlich der Unterzeichnung des Friedensvertrags zwischen den Vereinigten Staaten und Deutschland geschlagene »Friedensdollar« von 1921. Nach dem Krieg blühte zunächst die Wirtschaft auf, doch dann folgte die verheerende Weltwirtschaftskrise der Jahre 1929–1933. 1934 sah man sich gezwungen, zu einem »regulierten Goldstandard« überzugehen; zwar behielt man den Golddollar als Währungseinheit bei, reduzierte ihn aber fast um die Hälfte von 1,5015 g auf 0,89 g. Gleichzeitig verfügte das »Goldreservengesetz« die Einstellung der Goldausmünzung und verbot privaten Goldbesitz.
Seit dem Beginn des 20. Jahrhunderts zeigen amerikanische Münzen die Bildnisse bedeutender historischer Persönlichkeiten. Lincoln sehen wir auf dem Cent-Stück, George Washington auf dem 1932 eingeführten Vierteldollar, F. D. Roosevelt auf einem Dime, Benjamin Franklin auf dem halben Dollar und Thomas Jefferson auf dem Fünfcentstück von 1938. Beispiele aus der neuesten Zeit sind der halbe Dollar von 1964 mit dem Bildnis John F. Kennedys und der »Eisenhower-Dollar« von 1971.
1965 wurde der Silbergehalt der amerikanischen Münzen drastisch reduziert und damit das Silber als Münzmetall praktisch abgeschafft.

1 Libertas, die Göttin der Freiheit, war auf den ersten Münzen der Vereinigten Staaten dargestellt: großes kupfernes 1-Cent-Stück von 1793.

2 Goldenes 10-Dollar-Stück von 1795, »eagle« (Adler) genannt. Die 15 Sterne, die den Kopf der Libertas umschließen, symbolisierten die 15 Staaten der Konföderation.

3 Dime oder »disme«, ein 10-Cent-Stück (1805).

4 Der »naturalistische« (im Gegensatz zum späteren »heraldischen«) Adler war auch auf den ersten Halbdollarstücken dargestellt.

5 Der Silberdollar mit Jahreszahl 1804 ist eine spätere Gefälligkeitsprägung, denn 1803 wurde die Dollarprägung zeitweise eingestellt.

6 Der Wahlspruch »E pluribus unum« (Einer aus vielen) wurde dem heraldischen Adler auf der Rückseite beigefügt: 10-Dollar-Goldmünze, 1801.

7 Eine wenig beliebte Münze war das goldene 3-Dollar-Goldstück, das von 1854 bis 1889 in Umlauf kam.

8 Der »Fliegende-Adler-Cent« sollte 1857 die früheren großen Cents ersetzen, doch wurde diese Münze nur bis 1858 geprägt. Das Stück aus dem Jahr 1856 ist eine Probeprägung.

9 Ein Viertel-»Eagle« (2½-Dollar-Goldstück) von 1831 mit einem Libertaskopf nach einem Entwurf des deutschstämmigen Johann Reich.

10 1½-Dollar-Goldmünze von 1881.

11 Breiter Kupfercent, 1835.

12 Die sitzende Libertas auf dieser Probeprägung von 1836 war das Münzbild, das Christian Gobrecht für den neuen Silberdollar von 1838 vorschlug.

13 Der Wahlspruch »In God we trust« (Wir vertrauen auf Gott) wurde nach dem Bürgerkrieg den Münzinschriften beigefügt: Silberdollar, 1895.

14 Das kleine Münzzeichen O unter der Büste der Libertas verweist auf die Prägestätte New Orleans: Halbdollar, 1839.

15 Privatgoldprägungen gab es in Kalifornien. Ein 50-Dollar-Goldstück von 1851, das von der Firma Moffat & Co. in San Francisco geprägt und von Augustus Humbert, dem offiziellen Münzwardein, gegengezeichnet wurde.

16 Eine 50-Dollar-Gedächtnismünze, ausgegeben anläßlich der Panama-Pacific-Ausstellung in San Francisco 1915.

17 Goldbarren mit Feingehalt- und Dollarwertangabe, von Moffat & Co. in San Francisco (1849–1853) ausgegeben.

18 Die letzten 5-Dollar-Goldprägungen (1908–1929) trugen auf der Vorderseite einen Indianerkopf.

19 Das Bild einer Erzmühle tragen die Goldmünzen, die die Privatfirma John Person & Co. im Staate Colorado 1861 prägen ließ.

20 Das Auge Gottes auf einer 5-Dollar-Goldmünze, die von der Mormonengemeinschaft in Salt Lake City (Utah) im Jahr 1849 geprägt wurde.

21 Die schwungvoll ausschreitende Libertas mit Fackel und Lorbeerzweig, eine Schöpfung von Augustus Saint Gaudens (1907), entsprach besser als das alte Münzbild dem modernen Geschmack: 20-Dollar-Goldstück von 1912.

22 Saint Gaudens entwarf auch diesen mit Indianerfederhaube bedeckten Libertaskopf für die letzte 10-Dollar-Goldmünzenprägung (1907–1932).

23 Eine sehr dynamische Libertas wurde 1916 von Adolph Weinmann, einem deutschen Einwanderer, für das Halbdollar-Silberstück entworfen (1916–1947).

24 Dieser sogenannte »Friedensdollar« wurde nach dem Ersten Weltkrieg eingeführt und bis 1935 ausgemünzt.

Münzen der Vereinigten Staaten

No 12984. Monnoye de Siège
Dix Sous à échanger contre
Billon ou monoye de métal de siège.
10 Sols.
SIEGE
DE MAYENCE
MAI 1793
2e DE LA REP.
FRANC:

ONE
Bank of England 1818
No 75105 to pay to Mr Henry Hase No 75105
on Demand the Sum of One Pound
1818 June 16 London 16 June 1818
One
For the Govr and Compa
of the Bank of England.

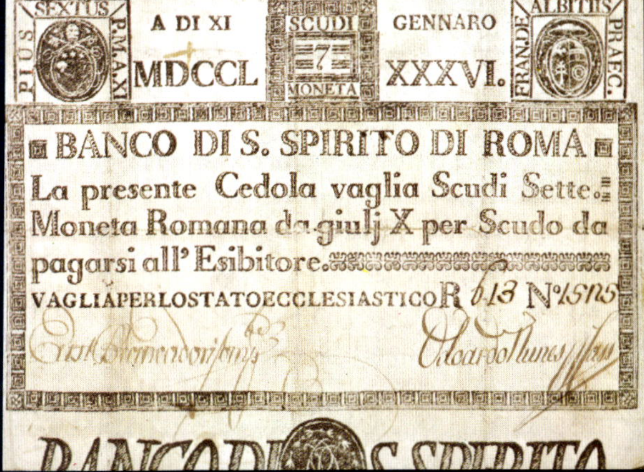
PIUS SEXTUS P.M.A.XI
A DI XI
SCUDI 7 MONETA
GENNARO
FRANC. ALBITIIS PRAEC.
MDCCL
XXXVI.
BANCO DI S. SPIRITO DI ROMA
La presente Cedola vaglia Scudi Sette.
Moneta Romana da giulj X per Scudo da
pagarsi all' Esibitore.
VAGLIA PER LO STATO ECCLESIASTICO R 613 No 1525

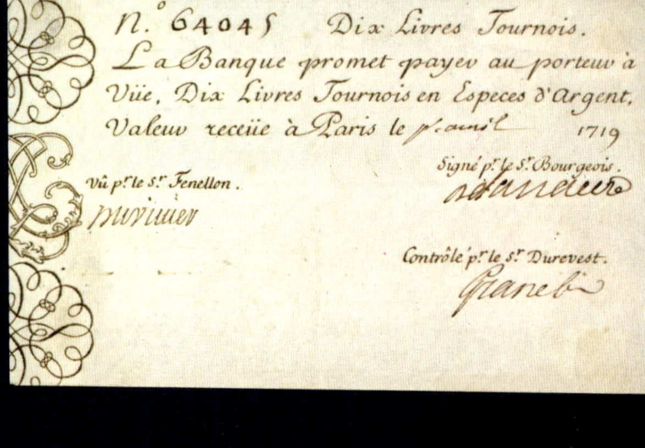
No 64045 Dix Livres Tournois.
La Banque promet payer au porteur à
Vüe, Dix Livres Tournois en Especes d'Argent,
Valeur receüe à Paris le 1er avril 1719
Signé pr le Sr Bourgeois.
Vû pr le Sr Fenellon.
Contrôlé pr le Sr Durevest.

DES PAPIERGELDS

Oben links: Der preußische General von Kalckreuth belagerte die unter General Custine stehenden französischen Truppen 1793 in Mainz. Zunächst wurden noch vorhandene französische Assignaten auf der unbedruckten Rückseite aufgewertet, später neue Scheine in den Werten 5 und 10 Sous und 3 Livres gedruckt. Mainz, 10 Sous Belagerungsgeld, 1793.

Oben Mitte: Eine klassisch schöne Banknote ist diese 1-Pfund-Note der Bank von England aus dem Jahr 1818. Seit ihrem Gründungsjahr 1694 gibt die Bank von England Noten heraus, die sie bis zum Ende der Goldwährung immer eingelöst hat. »Sicher wie die Bank von England« war darum bis in jüngste Zeit sprichwörtlich auf der ganzen Welt.

Oben rechts: Der Mangel an Kleingeld zwang die von den Franzosen belagerten Preußen (Major von Gneisenau) Notgeld herauszugeben. Es gibt sogenannte »Kommissions-Kupons« und »Meinecke-Kupons«. Kolberg, 2 Groschen Belagerungsgeld, 1807.

Unten links: In Italien entwickelte sich das Bankwesen früher als in allen anderen europäischen Staaten. Bereits im Mittelalter waren Depotquittungen und Schuldscheine italienischer Banken mit Indossament übertragbar – als Vorläufer der Banknoten. Rom, 7 Scudi, Banco di Santo Spirito di Roma, 1786.

Unten Mitte: Der geniale Schotte John Law, berühmt durch seine Ideen über vermehrten Geldumlauf und Produktivität, gründete 1716 mit Genehmigung der französischen Regierung die »Banque Générale«, die 1718 vom Staat übernommen wurde. Frankreich, 100 Livres, Banque Royale, 1719.

Unten rechts: Nach einem von Mirabeau ausgearbeiteten Plan Talleyrands wurden 1790 die ersten Assignaten ausgegeben, für die enteignete Kirchengüter als Sicherheit dienen sollten. Frankreich, 200 Livres, Königlicher Assignat mit dem Bildnis des später hingerichteten Königs Ludwig XVI., 1790.

1

2

3

4

5

6

Erscheinungsformen des Papiergeldes

1 Japan, 3 Fun, Hansatsu (Territorial-Note), Tokushima-Han (Awaji), 1730. Schmal wie Buchzeichen, hübsch wie alte japanische Tuschzeichnungen und vieltausendfach verschieden sind die von Daimios (Regional-Fürsten) edierten Noten auch heute noch preiswert zu kaufen.

2 Österreich, 10 Gulden, 1762. Die sogenannten »Wiener Banco-Zettel« spiegeln vor und nach dem Siebenjährigen Krieg, während der Französischen Revolution und der Napoleonischen Kriege das wechselnde Vertrauen der Bevölkerung zu ihrer Regierung.

3 China, 1000 Käsch, Ming-Dynastie, 14. Jahrhundert. Die Chinesen hatten nicht nur das Papier, sondern auch das Papiergeld erfunden – längst vor den Europäern, wie Marco Polo berichtet.

4 Ab 1914 gaben von der deutschen Reichsbank kontrollierte Darlehenskassen Geldscheine über niedrig lautende Beträge aus, für die es sonst nur Münzen gab.

5 Deutschland, Alliierte Militärbehörde, 1948. Eine interessante Fälschung! Ein Zwanzigmarkschein wurde in einen Hundertmarkschein »geändert«!

6 Neuseeland, 2 Dollar, 1967. Die Noten zu 1, 2, 5, 10, 20 und 100 Dollar tragen auf der Vorderseite das Porträt Königin Elisabeths II. und auf den Rückseiten entzückende Darstellungen verschiedener einheimischer Vögel.

Der venezianische Weltreisende Marco Polo, der zwanzig Jahre lang am Hof Kublai-Chans weilte, berichtete ausführlich über das sogenannte »fliegende Geld« der Chinesen. Er schilderte auch, wie dieses Papiergeld hergestellt, wie es vor Fälschungen geschützt und wie es benutzt wurde. Da es kraft Gesetzes jederzeit in Münzgeld oder Silber umgetauscht oder, falls beschädigt, gegen eine geringe Summe wieder zu vollwertigem Geld ausgebessert werden konnte, wurde es allgemein akzeptiert. Mit dem Papiergeld schienen die Chinesen nach den Worten Marco Polos den »Stein der Weisen« gefunden zu haben: Es war eine einfache, praktische Lösung für viele Probleme. Vor allem förderte es den Handel ungemein, da es leicht zu transportieren war, so daß man auch an fernen Orten bequem damit bezahlen konnte. Die von Marco Polo erwähnten Geldnoten waren keineswegs das erste chinesische Papiergeld. Schon unter der T'ang-Dynastie (618–907) war »fliegendes Geld« ausgegeben worden. Die Ausgaben waren durch Silber, Kupfer oder Seide gedeckt; der Wert der Geldnoten wurde in Münzgeld oder *kuan* ausgedrückt. Freilich führten unkontrollierte Emissionen häufig zu Papiergeldentwertungen, wie wir einem chinesischen Bericht aus dem 14. Jahrhundert entnehmen können. Die dort geschilderte Lage weist offenkundige Parallelen zum Frankreich des 18. Jahrhunderts, zu den Zuständen in den amerikanischen Kolonien und zur deutschen Inflation. Übrigens hatten auch schon die allmächtigen chinesischen Kaiser Mühe, der so schädlichen Geldfälscher Herr zu werden.

Bereits vor Marco Polo kam Kunde vom chinesischen Papiergeld ins Abendland, aber am bekanntesten wurden dort die im 14. und 15. Jahrhundert von der Ming-Dynastie (1368–1644) ausgegebenen Geldnoten. Papiergeld war damals in riesigen Mengen in Umlauf; viele Scheine überlebten als Talismane die Jahrhunderte. Aber nicht nur in China, sondern auch in Südostasien experimentierte man mit Papiergeld, beispielsweise in Burma, Annam und Siam.

Frühe Bankgeschäfte

Durch die Kreuzzüge veränderte sich die Einstellung des Abendlandes zum Geld: Man ging immer mehr von einer vornehmlich auf dem direkten Gütertausch beruhenden Tauschwirtschaft zur Geldwirtschaft über. Um die Kreuzzüge finanzieren zu können, mußte Geld in großen Mengen in ferne Länder gebracht werden, und auch für den sich ausweitenden internationalen Handel war eine größere Mobilität im Zahlungsverkehr vonnöten. Diese Erfordernisse führten zur Ausbildung des Bankenwesens. Italienischer Bankhäuser bedienten sich auch die Päpste, um Kirchensteuern aus allen Teilen der christlichen Welt nach Rom zu holen.

Die Banken nahmen Geld- oder Wareneinlagen an, trugen diese in ihre Bücher ein und erteilten eine Quittung. Diese Quittungen waren eine Sicherheit, die, wenn der Inhaber sie durch seine Unterschrift anerkannt hatte, von Hand zu Hand gehen konnte, also praktisch Geldfunktion hatte. Die wichtigste Aktivität der Banken war die Buchführung; durch simple Umbuchungen konnten riesige Werte transferiert werden.

Bald bedienten sich viele Herrscher der Dienste italienischer Bankhäuser; manche Bankiersfamilien wie die Peruzzi, Frescobaldi und besonders die Medici in Florenz wurden reich und mächtig. Die Medici hatten Agenten in ganz Europa und sogar in der islamischen Welt. Auch nördlich der Alpen gab es große Bankiersfamilien, die Welser und besonders die Fugger in Deutschland. Für seine Wahl zum Kaiser des Heiligen Römischen Reiches entlieh sich Karl V. von den Fuggern 543 000 Gulden, von den Welsern 143 000 Gulden und noch einmal 164 000 Gulden von Florentiner und Genueser Bankiers.

Im 16. Jahrhundert verlagerte sich der Schwerpunkt des Welthandels in die Niederlande, später nach Frankreich und dann nach England. Zunächst war Antwerpen die große Handels- und Bankenmetropole; nach der Zerstörung der Stadt durch die Spanier (1516) trat Amsterdam an ihre Stelle. Auf die Einrichtung von Banken folgte als nächster Schritt die Ausgabe von Banknoten. Im Abendland waren es nicht die Herrscher, sondern die Bankiers, die den Anstoß für die Entwicklung des Papiergelds gaben. Vorläufer des Papiergelds waren handgeschriebene Dokumente wie Quittungen und Wechsel, die von italienischen und anderen Bankhäusern ausgegeben wurden.

In Schweden verlieh die Krone 1656 einem Johan Palmstruck das Privileg, nach dem Vorbild der Bank von Amsterdam in Stockholm eine Bank zu gründen. Die »Stockholm Banco« gab 1661 »Kreditivsedlar« (Kreditzettel) aus, so benannt nach dem Kredit (Vertrauen), das man in diese Geldform setzte. Zuerst trugen die Noten handgeschrieben Wertangaben; später wurden sie gedruckt. Es handelt sich hier um das erste echte Papiergeld, das in der westlichen Welt ausgegeben wurde.

In England konnte man Wertsachen bei Goldschmieden hinterlegen, die dafür Quittungen ausstellten. Viele dieser handgeschriebenen Quittungen gingen wie bares Geld von Hand zu Hand und können deshalb als Vorläufer der Banknoten angesehen werden. Aber auf die Dauer brauchte man eine offizielle Institution für derartige Geldgeschäfte, und so wurde 1694 die Bank von England eröffnet. Dort gab man Banknoten aus, die zunächst den Quittungen der Goldschmiede nachgestaltet waren, doch dann ging man zu *bank sealed bills* (»bankgesiegelten Noten«) über.

Die große Spekulation

Das schwedische Banknoten-Experiment nahm ein ziemlich klägliches Ende. Nur wenige Jahrzehnte später kam es in Frankreich zu noch schlimmeren Tumulten, die viel dazu beitrugen, das Papiergeld als verläßliche, brauchbare Geldform in Mißkredit zu bringen.

Zu Beginn des 18. Jahrhunderts war Münzsilber in ganz Europa knapp. Das brachte den Schotten John Law (1671–1729) auf den Gedanken, Münzen durch Papiergeld zu ersetzen, das nur zur Hälfte durch Silber gedeckt war; dadurch konnte man Banknoten im doppelten Nennwert der Silberrücklagen ausgeben, die, wenn sie erst einmal in Umlauf waren, den Handel beleben und neuen Kredit schaffen konnten – vorausgesetzt, die Menschen schenkten den Banknoten volles Vertrauen und akzeptierten sie zum Nennwert. In seiner Geldwerttheorie verglich er die Aufgabe des Geldes für die Wirtschaft mit der Aufgabe des Blutkreislaufs im menschlichen Körper: Durch vermehrten Geldumlauf und gleichmäßige Geldverteilung im ganzen Land konnte jedes Volk seinen Lebensstandard erhöhen und reich werden.

Er wandte sich an den französischen Hof, der für alle Reformvorschläge ein offenes Ohr hatte, da nach dem Tod Ludwigs XIV. die finanzielle Lage des Landes katastrophal war. 1716 erteilte man ihm die Erlaubnis, in Paris eine Bank zu eröffnen. Diese erste staatliche Notenbank, die Banque Générale, wurde von Geldgebern getragen, die 12 000 Anteilscheine zu je 500 Livres erwarben. Die ausgegebenen Banknoten wiesen bereits alle Merkmale der modernen

Banknote auf. Aber damit gab sich Law noch nicht zufrieden: Er schlug vor, das französische Kolonialreich zum Nutzen des Mutterlands auszubeuten und zu diesem Zweck Aktiengesellschaften zu gründen. 1717 erhielt er das Monopol für die *Compagnie d'Occident,* die sich in Louisiana und Kanada betätigen sollte, und gab 200 000 Aktien zu je 500 Livres aus. 1718 wurde die Banque Générale als Banque Royale von der Krone übernommen; Law wurde ihr Direktor und ließ in vielen anderen Städten Zweigstellen eröffnen. Ein Jahr später gründete er die *Compagnie des Indes,* für die wiederum Aktien ausgegeben wurden.

Bank und Handelsgesellschaften entwickelten eine fieberhafte Aktivität, die sich freilich vorwiegend auf die Ausgabe von neuen Banknoten und Aktien beschränkte. Angesichts des hektischen Treibens achtete kaum jemand darauf, daß die Emissionen längst nicht mehr gedeckt waren. Die Aktien gerieten in den Sog einer ungezügelten Spekulation; bald wurden die Anteilscheine im Nennwert von 500 Livres für 12 500 und später sogar für 18 000 Livres gehandelt. Auch mit Banknoten begann man zu spekulieren, und viele Leute wechselten ihr Gold und Silber in Papiergeld um.

Aber kaum hatte Law 1719 als Finanzminister den Höhepunkt seiner Macht erreicht, als die Spekulanten ihre Aktien abzustoßen begannen und dafür Schmuck, Gold und Sachwerte aller Art erwarben. Es kam zu einer Panik, die schließlich das ganze System Laws zum Einsturz brachte. Im Oktober 1721 machte die Banque Royale Bankrott; im Dezember wurden die 500-Livres-Aktien, die vor nicht allzu langer Zeit noch 18 000 Livres eingebracht hatten, für einen Livre d'or gehandelt. Law floh mit wenigen hundert Louisdors in der Tasche nach Brüssel. Im Grund war nicht sein System falsch gewesen, aber er hatte für dessen Verwirklichung den falschen Zeitpunkt gewählt und die damaligen Gegebenheiten nicht richtig eingeschätzt.

Während Laws Experiment sich seinem tragischen Ende näherte, begannen auch in England die Menschen wild zu spekulieren, als die Südseekompanie, die das Monopol für den Pazifikhandel hatte, durch neue Aktien ihr Kapital erhöhen wollte. Aber bald platzten auch diese »Südseeblasen«, und viele Menschen waren ruiniert. In dieser prekären Situation erwies sich die Bank von England als eine stabile, verläßliche Institution: Sie übernahm die Verpflichtungen der Südseekompanie und vermochte so das Ärgste abzuwenden.

Frankreich konnte seine schlechten Erfahrungen mit Papiergeld lange nicht vergessen. Die in den achtziger Jahren des 18. Jahrhunderts von der Caisse d'Escompte ausgegebenen Banknoten und die darauffolgenden Schuldverschreibungen der Krone fanden keinerlei Anklang; da praktisch kein Mensch mehr Steuern bezahlte, stand der französische Staat vor dem Bankrott, und so hatte niemand mehr Vertrauen zu Papiergeld, das von diesem Staat ausgegeben wurde.

Nach Ausbruch der Französischen Revolution wurden die in kirchlichem Besitz befindlichen Ländereien konfisziert. Dieser Grundbesitz diente als Deckung für die von den Revolutionären ausgegebenen Assignaten: Jeder, der solches Papiergeld erhielt, hatte das Recht, damit konfisziertes Land zu kaufen. Da aber nur wenige an Landkäufen interessiert waren, gab man bald Assignaten in kleineren Nominalen aus.

Da Münzgeld für Alltagsgeschäfte sehr knapp war, gingen Banken, Gemeinden und Bürgergruppen dazu über, *billets de confidence* zu drucken, die als Kleingeld in Umlauf kamen. Das Durcheinander wurde durch die Währungsreform von 1795, die den Franc als neue Währungseinheit einführte, eher noch vergrößert. 1796 zerstörte man dann die alten Druckplatten der Notenpresse und gab neue Banknoten *(mandats territoriaux)* aus, die im Verhältnis 1 : 30 gegen alte Assignaten eingetauscht wurden. Finanzielle Stabilität brachte freilich auch dieses neue Geld noch lange nicht.

Krieg und Geld

Palmstrucks und Laws Experimente mit Papiergeld waren nur von kurzer Dauer und hinterließen nichts als Mißtrauen. Eine volkswirtschaftlich größere Bedeutung gewann das Papiergeld hingegen früh schon in den amerikanischen Kolonien. Für den üblichen Handelsverkehr genügten zwar die in Umlauf befindlichen ausländischen Münzen (einheimische Prägungen standen, wie schon erwähnt, kaum zur Verfügung) und der uralte Tauschhandel, aber wenn es um größere Summen ging, mußten andere Lösungen gefunden werden.

Staatliche Kreditnoten wurden erstmals 1690 in Massachusetts ausgegeben, um eine militärische Expedition nach Kanada zu finanzieren. Andere Kolonien folgten bald dem Beispiel. Zur Finanzierung einer Expedition gegen St. Augustine bewilligte 1703 Südkarolina amtliche Kreditnoten; 1709 wurden solche Noten in Connecticut, New York und New Jersey ausgegeben. In Virginia genehmigte man 1730 die Ausgabe von durch Tabak gedeckten »Tabaknoten«; dazu kamen 1755 Noten des Schatzamts, die ebenfalls die Kosten einer Militäraktion decken sollten. Pennsylvanien gab seit 1723 Noten aus; da sie jederzeit gegen Münzgeld eingetauscht werden konnten, waren sie sehr beliebt. Das war freilich eine Ausnahme, denn ansonsten versprach man zwar ebenfalls den Umtausch in Münzgeld, hielt sich aber nicht daran, und so verloren die Noten rasch ihren Wert. Allgemein waren die Menschen dem Papiergeld gegenüber sehr mißtrauisch, wurde es doch häufig benutzt, um auf Kosten anderer schnell reich zu werden.

In London verfolgte man die Entwicklung in den Kolonien mit wachsender Besorgnis. Immer wieder erließ das Parlament Gesetze, die die Ausgabe von Notengeld verboten.

Der Kontinental-Kongreß, der kurz vor dem Unabhängigkeitskrieg zusammentrat, konnte keine Steuern erheben. Zur Finanzierung der Kriegsvorbereitungen gab er kurzerhand Papiergeld aus, aber dessen Wert sank ab 1777 rapide, wenn auch der Kongreß versuchte, die Abwertung aufzuhalten. Bis 1790 waren die Banknoten praktisch wertlos geworden; sie wurden in den Nordstaaten im Verhältnis 1 : 100 und in den Südstaaten gar im Verhältnis 1 : 1000 gegen Münzgeld eingetauscht.

Eine Kuriosität ist das kanadische Spielkartengeld. Ausgegeben wurde es 1685 von dem Intendanten De Meule, der nicht genügend Münzgeld zur Verfügung hatte, um seine Truppen besolden zu können. Kurzerhand ließ er Spielkarten vierteilen und mit Wertangaben versehen. Diese amüsante Geldform hat sich in Kanada bis um die Mitte des 18. Jahrhunderts erhalten.

Das amerikanische Experiment

1781 billigte der Kongreß der USA die Gründung der Bank of North America mit Sitz in Philadelphia. Die von ihr ausgegebenen Banknoten waren zwar nicht sonderlich beliebt, übten aber auf die Wirtschaft eine stabilisierende Wirkung aus. Weit bedeutungsvoller war die Errichtung einer zentralen Bank für alle Bundesstaaten, die vom ersten Finanzminister der Vereinigten Staaten, Alexander Hamilton, vorgeschlagen wurde. Mit einer für zwanzig Jahre geltenden Satzung wurde die Bank of the United States 1791 vom Kongreß genehmigt. Die von ihr ausgegebenen Noten waren im ganzen Land gesetzliche Zahlungsmittel. Wichtiger noch war die ihr zustehende Möglichkeit, die Banken in den einzelnen Bundesstaaten dadurch zu bremsen, daß sie ungenügend gedeckte Noten dieser Banken nicht akzeptierte.

Den Reigen der bundesstaatlich genehmigten Banken eröffneten 1784 Massachusetts und New York; bald zogen die anderen Staaten nach. Da jedermann das Recht zustand, eine Privatbank zu eröffnen, nützten Spekulanten diesen für sie paradiesischen Zustand hemmungslos aus: In kleinsten Orten, sofern es dort nur eine Bar und eine Kirche gab, wurde eine Bank gegründet, und da es keine staatliche Kontrolle gab, brauchte man kaum eine oder gar keine Sicherheit. Das »Bankenfieber« erreichte 1835 einen Höhepunkt: In einem einzigen Jahr wurden mehr als 200 neue Banken eröffnet. Die Wirtschaft erlebte eine kurzfristige Scheinblüte, aber reich wurden dadurch nur die gewitzten Spekulanten. Im Mai 1837 mußten die New Yorker Banken ihre Zahlungen einstellen, und mit einem Schlag wurde die ganze Krise offenbar. Viele Banken mußten schließen; der Kongreß erließ unverzüglich strengere Gesetze, durch die die Mindestreserven der Banken festgelegt bzw. drastisch erhöht wurden. Die Staatsbanken der Bundesstaaten überlebten zwar den »Bankenkrach« des Jahres 1837, aber nach 1840 nahm ihre Zahl allmählich ab. Erst während des amerikanischen Bürgerkriegs wurde dann das Bankensystem grundlegend verändert.

Die ungeheure Vielfalt der zwischen 1800 und 1860 von staatlich genehmigten Banken ausgegebenen Banknoten, nach den häufigen Bankenkrächen jener Zeit auch als »Zusammenbruchsbanknoten« bezeichnet, bildet eines der faszinierendsten Kapitel in der Geldgeschichte der Vereinigten Staaten. Viele dieser Banknoten sind ebenso interessant wie schön; sie tragen realistische Darstellungen, die uns wichtige Aufschlüsse über das Leben der Amerikaner in der ersten Hälfte des 19. Jahrhunderts vermitteln. Für den Historiker sind sie ebenso reizvoll wie für den Kunst- und den Münzhistoriker.

Als 1861 der Bürgerkrieg zwischen den Nord- und den Südstaaten ausbrach, sah sich die Bundesregierung in einer schwierigen Lage: Da der Bundeshaushalt nur zu einem Viertel durch Steuern und zu drei Vierteln durch Staatsanleihen finanziert wurde, herrschte in der Staatskasse Ebbe. Hartgeldzahlungen wurden eingestellt; an die Stelle des Münzgelds traten Banknoten. Die ersten, 1861 vom Kongreß genehmigten Noten hießen *greenbacks* (»Grünrükken«), weil ihre Rückseiten in lebhaftem Grün gehalten waren.

Wie häufig in Kriegszeiten, mußte man auch während des Bürgerkriegs zu Notgeld greifen, um den Münzenmangel zu beheben. Hotels, Friseure, Geschäftsleute gaben sogenannte *shinplasters* (»Beinpflaster«) in Werten von unter einem Dollar aus; als Zahlungsmittel dienten auch Briefmarken in Hüllen *(encased postage stamps)*, die auf der Rückseite Reklameaufdrucke trugen. Um das Durcheinander zu steuern, genehmigte die Regierung schließlich die Ausgabe von regulärem Papiergeld in Nominalen unter einem Dollar *(fractional currency).* Den Einfluß der Staatsbanken in den einzelnen Bundesstaaten, die mehr Schaden als Nutzen gestiftet hatten, dämmte ein Gesetz von 1865 ein, nach dem eine Bank nur dann staatlich autorisiert werden konnte, wenn sie beim Schatzamt Einlagen in einer bestimmten Höhe hinterlegte. Nach dem Bürgerkrieg traten zu den *greenbacks* die noch schöneren *brownbacks* (»Braunrükken«) als Ausgaben des National Banking System; sie wurden erst 1907 aus dem Verkehr gezogen.

Inflations- und Notgeld

Der Erste Weltkrieg veränderte die gesamte Weltwirtschaftsstruktur. Während und nach dem Krieg kamen sehr viele ungewöhnliche Banknoten in Umlauf. Hier ist an erster Stelle das in Deutschland und Österreich ausgegebene Inflationsgeld zu nennen. Schon während des Krieges hatte die Deutsche Reichsbank den Banknotenumlauf versiebenfacht. Nach Kriegsende standen die Notenpressen fast überhaupt nicht mehr still. Ende 1922 war aus der schleichenden eine galoppierende Inflation geworden, und 1923 brach wie durch einen gewaltigen Erdrutsch das gesamte Wirtschaftsgefüge zusammen. Löhne und Gehälter mußten Tag für Tag bereits am frühen Morgen ausbezahlt werden, und jeder war bemüht, das Geld bis zum Mittag wieder auszugeben, da es am Abend nur noch halb soviel oder noch weniger wert sein konnte. Geld wurde damals praktisch überhaupt nicht gestohlen, da es wertlos war.
1922 wurden die ersten Banknoten im Wert von 10 000 und 50 000 Mark ausgegeben, aber 1923 kamen in immer rascherer Folge Millionen-, Milliarden- und gar Billionenscheine in Umlauf. Da weder die Papierindustrie noch die Notenpressen mit diesem wahnwitzigen Inflationskarussell Schritt halten konnten, druckte man kurzerhand den alten Noten die neuen Werte auf. Der Staat ermutigte Gemeinden, Eisenbahngesellschaften und Privatunternehmen, eigenes Papiergeld auszugeben. Zusammenfassend bezeichnet man diese Papiergeldflut als Notgeld. Die Zehntausende von Varianten sind hochinteressante Zeitdokumente.
Im November 1923 versuchte man, durch eine drastische Währungsreform die Dinge wieder in den Griff zu bekommen (inzwischen hatte der US-Dollar den Wert von 4,2 Billionen Papiermark erreicht). Man strich bei der Mark 12 Nullen und verknüpfte sie mit einem stabilen Sachwert, zunächst mit Roggen (»Roggenmark«), dann mit Grund und Boden (»Rentenmark«). Nach den jahrelangen Entbehrungen und Unsicherheiten waren die Menschen bereit, der neuen Währung ihr Vertrauen zu schenken, und so geschah das Wunder: In kurzer Zeit hatte Deutschland wieder stabiles Geld.
Eine ähnlich wirre Lage entstand durch den Ersten Weltkrieg in Rußland. Schon bald nach Kriegsausbruch setzte die Inflation ein; 1916 wurde bereits weniger Geld in Umlauf gebracht, als an Geldwert durch die galoppierende Abwertung verlorenging. Während der Oktoberrevolution kamen zum »Romanow«- und »Kerenski«-Geld neue Emissionen der Bolschewiken; besonders deren zweite Banknotenausgabe von 1917 ist durch den in sechs Sprachen aufgedruckten Propagandaspruch »Proletarier aller Länder, vereinigt euch!« berühmt geworden. Wegen der Sprachenvielfalt nannte man diese Noten ironisch auch »Babylonier«. Es dauerte lange, bis man wieder zu einer stabilen Währung zurückfand; wichtige Etappen waren die Gründung der neuen Staatsbank und die Umstellung des neuen Rubels auf volle Golddeckung.
In den Vereinigten Staaten verursachte hemmungsloses Spekulantentum im Oktober 1929 den Zusammenbruch der New Yorker Börse, der zu einem allgemeinen Bankenkrach führte. Viele Banken mußten ihre Zahlungen einstellen oder schließen. Erst im März 1933 gelang es F. D. Roosevelt, das Vertrauen in das Bankensystem wiederherzustellen. In den Jahren der Wirtschaftskrise (1929–1933) war Bargeld knapp. Deshalb nahmen viele Gemeinden, Firmen und andere Gruppierungen zu Gutscheinen Zuflucht oder wickelten Geschäfte im Tauschhandel ab. Es gab *depression scrip* (»Wirtschaftskrisen-Notgeld«) in allen Größen, Formen und Farben. Kurios, aber keineswegs einzigartig war das »Muschelgeld« von Pismo Beach in Kalifornien, Muschelschalen mit aufgeschriebener Wertangabe und dem Namen des dieses »Geld« Ausgebenden.
Papiergeld wird nicht durch den Materialwert, sondern durch Vertrauen getragen. Das hat F. D. Roosevelt bei seiner am 12. März 1933 gehaltenen Rede an das amerikanische Volk treffend formuliert: »Schließlich spielt bei der Neuordnung unseres Finanzwesens etwas eine Rolle, das wichtiger ist als Geld und Gold – das Vertrauen des Volkes.«

Kurioses Papiergeld

Wenn der Mensch mit Krieg, Vernichtung, Hunger konfrontiert wird, wenn es um sein Leben geht, setzt er all seinen Erfindungsgeist ein, um zu überleben. Zeugnisse dieses Erfindungsgeistes sind auch Kriegs- und Notgeld.

Als 1574 die Spanier die niederländische Stadt Leiden belagerten, zerlegten die Bürger der Stadt alte Kirchenbücher, schnitten die Pappe des Einbands in kleine Stücke und versahen sie mit dem Stadtsiegel, wodurch sie zu rechtmäßigen Zahlungsmitteln wurden. Kleine, von Hand beschriftete Pappstücke kursierten als Geldersatz auch in Kolberg, als dieses 1807 von Napoleons Truppen belagert wurde.

Vom Geheimnis exotischer Abenteuer umwoben sind die Behelfsnoten mit arabischer Beschriftung und der Unterschrift des britischen Gouverneurs Charles George Gordon (»Gordon Pascha«), die in Khartum im Sudan ausgegeben wurden, als die Stadt 1884–1885 von den fanatischen Mahdisten belagert wurde. Sie erinnern an den letzten verzweifelten Widerstand des Gouverneurs vor dem Fall der Stadt und seinem Tod.

In sehr großen Mengen wurde Notgeld während der beiden Weltkriege von Besatzungstruppen ausgegeben. Ungewöhnlich sind die Fünf- und Zehnpiasternoten von 1916 mit dem deutschen Reichsadler und der Unterschrift von Hans Külzer, einem Offizier der unter deutschem Kommando stehenden Georgischen Legion; sie wurden in Samsun in der Türkei ausgegeben.

Indirekt mit dem Ersten Weltkrieg verknüpft sind österreichische Banknoten, die nach dem Zusammenbruch der österreichisch-ungarischen Monarchie 1918 von Völkern, die ihre Unabhängigkeit erlangten (Tschechen, Ungarn, Kroaten, Rumänen), als Notgeld verwendet wurden. Poststempel oder andere Markierungen legitimierten sie als Zahlungsmittel.

Kriegsgefangenengeld existiert aus beiden Weltkriegen in großer Vielfalt. Die Österreicher sollen als erste während der Schlesischen Kriege 1741–1748 in einem Kriegsgefangenenlager Notgeld ausgegeben haben. Kantinenbons waren während des Ersten Weltkriegs bei den Truppen auf beiden Seiten übliche Zahlungsmittel.

Vom deutschen Inflationsgeld mit seinen astronomischen Nominalen war bereits die Rede. Die Verzweiflung jener Zeit fand gelegentlich auf privat gedruckten satirischen »Banknoten« ihren Ausdruck. So tauchte beispielsweise im Oktober 1923 in Berlin eine Banknote mit der fiktiven Wertangabe »5 Billiarden« und dem Zusatz auf, diese Note sei ehrlicher als alles, was die Reichsbank ausgäbe. Zwar konnte man mit Inflationsgeld schon nach kürzester Zeit nichts mehr kaufen, aber anderseits war es doch interessant genug, um gesammelt zu werden. Deshalb druckten Spekulanten in ganz Deutschland nur für Sammler bestimmte Banknoten.

Kuriositäten brachte auch die Zeit nach dem Abklingen der Inflation hervor, als man versuchte, die Währung wieder zu stabilisieren. Viele Gemeinden gaben 1923 und 1924 »Roggenmark« in Stückelungen von einem bis hundert »Pfund Roggen« aus. Auch Zucker, Margarine, Bohnen, Brennholz, Ziegel – das niedrigste Nominal waren zehn Ziegel –, elektrischer Strom und Gas galten als stabile Werte und wurden auf manchen Notgeldausgaben als Werteinheiten benutzt.

Manche Länder, so Griechenland, Rumänien und Ungarn, erlebten nach dem Zweiten Weltkrieg eine noch schlimmere Inflation, doch war sie zum Glück von erheblich kürzerer Dauer. Am ärgsten war Ungarn betroffen, wo 1946 die galoppierende Inflation einsetzte. Zunächst führte man als neue Vielfache des Pengö den Milpengö (1 Million Pengö) und schon drei Monate später den Bilpengö (1 Billion Pengö) ein. Es gab Banknoten im Wert bis zu 100 Millionen Bilpengö, und man druckte sogar bereits eine Note im Wert von 1 Billion Bilpengö (also eine 1 mit 28 Nullen), aber da am 9. Juli 1946 Banknoten als Zahlungsmittel praktisch außer Kraft gesetzt wurden, kam sie nicht mehr in Umlauf.

Eine Parallele zur deutschen »Roggenmark« waren Weizen-, Mais- oder Tabak-Gutscheine, die in den Vereinigten Staaten während der Wirtschaftskrise zirkulierten. Ähnlich wie beim deutschen Notgeld verwandte man sehr unterschiedliches Papier, bedruckte oder beschriftete jedoch auch andere Materialien, beispielsweise Leder, Gummi, Holz und sogar Muschelschalen.

Das war keineswegs etwas Neues. In Notzeiten mußten die Menschen zu allen möglichen Materialien greifen, um daraus Ersatz- oder Notgeld herzustellen. Die in Leiden 1574 geopferten Einbände alter Kirchenbücher waren nur ein bescheidener Anfang. Während der Inflation war Papier so knapp, daß man auch Pappe bedruckte; in der österreichischen Gemeinde Ingersdorf druckte man Notgeld auf Kalenderblätter und Tapetenrollen. In Stralsund zerschnitt man für diesen Zweck Spielkarten. Ein tauglicher Geldersatz waren Briefmarken. In Italien dienen sie heute, in Zellophanhüllen abgepackt, als Kleingeld; das war schon vor Jahrzehnten in Berlin der Fall, wo die Hochbahn dem Kleingeldmangel durch in Tütchen verpackte Briefmarken abhalf. Zum ältesten Papierersatz gehören textile Materialien. In China existierten seit dem 13. Jahrhundert Banknoten aus Stoff; in Japan druckte man während des Bürgerkriegs von 1877 Banknoten auf Leinen; das hatte man in Europa bereits 1796 in Turin und später auch in Böhmen und im Elsaß getan. Deutsches Notgeld aus Leinen, sogar aus Seide und Samt ist keineswegs selten, und aus Usbekistan stammen einige farbenprächtige, sauber gedruckte Banknoten aus Seide, die 1921 in Werten bis zu 5000 Rubel ausgegeben wurden.

Leder konnte sowohl Hart- als auch Papiergeld ersetzen. Sehr selten sind in den zwanziger Jahren des 19. Jahrhunderts von einer russisch-amerikanischen Handelsgesellschaft in Alaska ausgegebene Banknoten aus Seehundfell. In Pößneck in Thüringen brachte man als Notgeld Lederabsätze (Wert 50 Pfennig) und Ledersohlen (Wert 1,50 Mark) in Umlauf; später wurde solches Notgeld, farbenprächtig bedruckt, für Sammler hergestellt. Halbe Banknoten gab es in Griechenland im Zug der Währungsreform von 1922: Die linke Hälfte kam zum halben Wert der ursprünglichen Note als Zahlungsmittel in Umlauf, die rechte Hälfte wurde vom Staat als Zwangsanleihe eingezogen.

Zunächst waren allenthalben die Banknoten rein funktionell gestaltet. Verzeichnet waren darauf das Land, die ausgebende Behörde oder Institution, der Wert und das Ausgabejahr. Früh schon aber traten dekorative Elemente hinzu. Im 18. Jahrhundert in Japan ausgegebene Banknoten tragen bereits wunderschöne, von besten Künstlern gestaltete Holzstichvignetten, die Gottheiten oder Figuren aus der japanischen Mythologie darstellen. Die Banknoten der amerikanischen Kolonialzeit waren stark durch die zeitgenössische Buchillustration beeinflußt; sie weisen teilweise stilistische Eigenarten auf, die auf dem Papiergeld anderer Länder nicht zu finden sind. Ihnen ähnlich sind bestenfalls die zwischen 1798 und 1805 in Portugal vom königlichen Schatzamt in Verkehr gebrachten Noten.

In der Frühzeit der Vereinigten Staaten gab es Tausende von Banken, die eigene Banknoten ausgaben. In ihren Diensten standen viele der besten Kupferstecher jener Zeit. Es fehlte aber auch nicht an Firmen, die sich auf die Herstellung von Banknoten spezialisierten; sie hatten Musterbücher, aus denen sich die Banken aussuchen konnten, was ihnen gefiel. Szenen aus dem Alltagsleben waren ebenso beliebte Banknotenbilder wie Darstellungen technischer Errungenschaften, kultureller Sitten und Gebräuche, Landschaften oder historischer Persönlichkeiten.

Um Fälschungen zu erschweren, druckte man den Banknoten möglichst feine und komplizierte Muster auf. Und während viele Staaten ihren Münzen in ermüdender Eintönigkeit ihre Embleme oder sonstige Symbole aufprägten, sahen sie in ihren Banknoten viel eher Botschafter ihres Landes, die der Mitwelt ihre Schätze, ihre Eigenheiten oder ihre Kultur vor Augen stellen sollten. Zwar sind Allegorien auch heute noch sehr beliebt, aber sie haben in der Regel ihren abstrakten Charakter eingebüßt. Sehr viele Banknoten sind typographisch ausgezeichnet gestaltet. Manche Länder zeigen darauf ihre Fauna und Flora, andere ihre Haupthandelsgüter; besonders die Länder der Tropen legen auf farbenprächtige Präsentationen ihrer bunten Tierwelt großen Wert. Afrikanische und asiatische Länder preisen gern ihre Naturschönheiten; andere verweisen auf ihre reiche, alte Kultur. In Europa sehen wir auf einer griechischen 100-Drachmen-Note von 1956 das Alexander-Mosaik, eine andere griechische Note schmückt das einer antiken Münze nachgebildete anmutige Haupt der Quellnymphe Arethusa. Auf den deutschen Banknoten finden wir Werke berühmter Maler abgebildet.

Der Kampf gegen Fälschungen

Geldfälscher gibt es praktisch, seit es Geld gibt. Sie haben schon unsägliche Schäden verursacht. Nach der Einführung des Papiergelds war natürlich auch dieses vor ihnen nicht sicher. Als in Schweden 1661 erstmals in der westlichen Welt Papiergeld in Umlauf kam, machten sich fast unverzüglich Fälscher ans Werk, und auch die kurzlebigen Ausgaben von John Law wurden mehr oder minder geschickt gefälscht. Es nützte nicht das mindeste, daß man die Banknoten im Amerika der Kolonialzeit mit der Warnung *Death to Conterfeit* (»Fälschungen werden mit dem Tod bestraft«) versah, und ebensowenig halfen die in fünf Sprachen abgefaßten Strafandrohungen für Fälschungen auf den Banknoten der österreichisch-ungarischen Monarchie. Fälscher ließen und lassen sich dadurch kaum abschrecken.

So mußte man einen anderen Weg beschreiten: Man mußte das Fälschen so erschweren, daß sich die Mühe nicht mehr lohnte. Das ließ sich bei Banknoten auf zweierlei Weise erreichen: durch entsprechendes Papier und durch einen komplizierten Druck. In Schweden waren die Arbeiter in den Papierfabriken, die Papier für Banknoten lieferten, im 17. Jahrhundert vereidigt. Bald entwickelte man spezielles Banknotenpapier, das entweder farbige feine Fäden oder Glimmer in der Papiermasse enthielt. Auch Wasserzeichen sind eine – freilich am leichtesten zu überwindende – Sicherung gegen Fälschungen.

Die europäischen und die amerikanischen Banknotendruckereien haben inzwischen ein vielschichtiges Sicherheitssystem entwickelt. Dazu gehören außer dem Papier auch die Druckfarben und die Druckverfahren. So gibt es inzwischen Markierungsfarben, die bei Tages- und gewöhnlichem elektrischem Licht nicht sichtbar sind. Benjamin Franklin führte als Schutzmaßnahme ein seit Leonardos

Zeiten bekanntes Verfahren ein: Auf die Rückseiten der Banknoten ließ er nicht verhältnismäßig leicht zu kopierende Stiche aufdrucken, sondern Abdrücke verschiedener Blätter, die man über Gipsabdrücke auf die Druckformen übertrug. Der französische Ingenieur Guillot-Duhamel entwickelte eine komplizierte Linienmuster-Zeichenmaschine, die nach ihm benannte Guilloche; sie wird heute weltweit verwendet, um Fälschungen von Banknoten zu erschweren.

Die heute im Notendruck erreichte technische Vollkommenheit schreckt zwar viele, aber nicht alle Fälscher ab. Deshalb ist immer noch der beste Schutz eine umfassende Aufklärung der Allgemeinheit und deren Aufmerksamkeit. Details über alle neuen Banknotenausgaben, aber auch über sämtliche Fälschungen werden in regelmäßiger Folge von Interpol und der Internationalen Organisation der Kriminalpolizei veröffentlicht; zu beziehen sind sie durch Keesings System in Amsterdam (Niederlande).

1 Stadt Köln, Gutschein über Hunderttausend Mark, 1. Juli 1923. Bemerkenswert die Unterschrift des damaligen Oberbürgermeisters und späteren Bundeskanzlers Adenauer.

2 Stadt Rinteln, 50 Pfennig, August 1920. »Wer sich selbst hilft in höchster Not, den kriegt die ganze Welt nicht tot.« Baron Münchhausen reitet auf einer Kanonenkugel über die Festung Rinteln.

3 Stadtgemeinde Esslingen, 10 Mark, 1. November 1918. Mit schwäbischer Wertarbeit übertrumpft dieser Notgeldschein in jeder Hinsicht die Qualität der regulären Staatsnoten.

4 Stadt Detmold, 50 Pfennig, August 1920, der Magistrat. Mit dem bekannten Liedanfang »Lippe-Detmold, eine wunderschöne Stadt, darinnen ein Soldat . . .«

5 Stadt Eckartsberga, 50 Pfennig, 1. September 1921, Vorderseite. Auf der Rückseite: Goetheporträt und Zitat »Allen Gewalten zum Trotz sich erhalten, nimmer sich beugen . . .«

6 Stadt Ludwigslust, 50 Pfennig »Reutergeld«, gültig bis zum 31. Mai 1922.

7 Stadt Eckartsberga, 75 Pfennig, 1. September 1921, Rückseite. Bismarckporträt und Zitat »Wir sind nicht auf dieser Welt, um zu genießen, sondern um unsere Schuldigkeit zu tun!«

8 Stadt Laage, 50 Pfennig, gültig bis zum 1. Januar 1924. In Platt: »Willst Du für Dein Geld Deckung suchen, dann mußt Du nach Deinem Tod noch spuken!«

9 Städt. Sparkasse Swinemünde, 25 Pfennig, Rückseite. Stadtansicht mit Waldschloßturm und Heimatlied.

10 Stadt Rothenburg ob der Tauber, 1 Mark, 24. Juni 1921. Auf der Rückseite: »Die Liebe, die Treue, der Glaube, das Recht, die vier haben sich schlafen gelegt. Wenn die vier wieder auferstehen, dann wird es recht in der Welt zugehen.«

11 Stadt Herne, 50 Pfennig, 1. Juli 1921. Eine der zahlreichen Gespensterbeschwörungen auf Notgeldscheinen deutet auf die verzweifelte Stimmung der damaligen Zeit.

12 Königswinterer Bank und Honnefer Volksbank, 50 Pfennig, 1921.

13 Gemeinde Kneitlingen, 1 Mark, 1. Juli 1921. Wie Eulenspiegel statt Brot Eulen und Meerkatzen buk.

14 Stadt Lingen, 2 Mark, 1. Januar 1921. Zum 550jährigen Jubiläum der Kivelinge (Kiveling = Civis Lingensis 1372).

15 Stadt Kröpelin, 50 Pfennig, gültig bis 28. Februar 1922. Stadtansicht mit Bäuerin. In Platt: »Denn mein Tag ist nicht gekommen, als ich es mir habe erträumt, und mein Tag nicht, als ich es mir habe gedacht.«

1

2

3

4

5

6

7

8

9

10

11

12

13

14

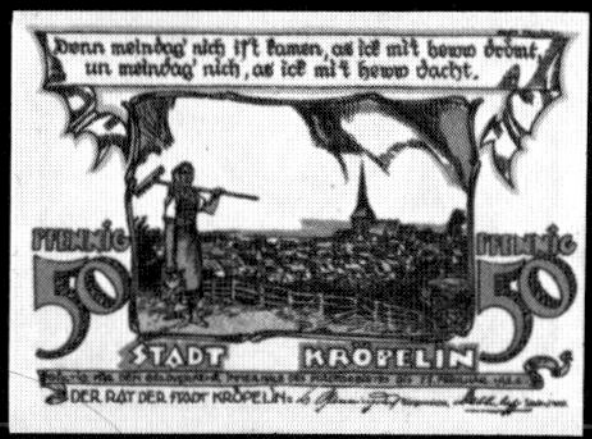

15

Notgeldscheine aus der Zeit nach dem Ersten Weltkrieg

V. HUGO
1802 1885

MEDAILLEN – SPIEGEL DER GESCHICHTE UND DER KUNST

Oben links: Mit dem Veroneser Maler Pisanello (1380–1451) begann die große Zeit der Renaissance-Medaillen. Sie waren Spiegelbilder der sozusagen neuentdeckten, individuellen, aber vielseitigen Persönlichkeit (uomo universale). Kaiser Karl V. und Sultan Soliman II., anonyme Bronzemedaille der italienischen Renaissance, um 1521.

Oben Mitte: Die Anlehnung an frühe Kunstwerke des 15. Jahrhunderts, die eine eigene, weitverbreitete Kunstgattung hervorbrachten, ist in Stil und Technik dieses zeitgenössischen Werks deutlich spürbar. »In Erwartung«, gegossene Bronzemedaille von Orlando Paladino Orlandini (Italien), 1955.

Oben rechts: An die Fruchtbarkeitsidole der vormykenischen Kulturen erinnert diese moderne Medaille, die im Gegensatz zur klassischen Persönlichkeitsmedaille das nicht individuelle Allgemeine ausdrückt. »Herbst«, gegossene Bronzemedaille von Francesco Giannone (Italien), 1965.

Unten links: Bezaubernd schön, ähnlich der Fünfhundertliremünze von 1958, ist diese gegossene Bronzemedaille der »Laetitia« von Pietro Giampaoli (Italien), 1947. Daß die von den alten Testonen stammende Schriftanordnung im Kreis vergröbert auf dem Fünfmarkstück der Bundesrepublik von 1951 wiederkehrte, war für dieses kein Schaden.

Unten Mitte: Die bedeutende Malerei des 19. und beginnenden 20. Jahrhunderts konzentrierte sich in Frankreich, das in dieser Epoche auch eine Fülle hochbegabter Medailleure hervorbrachte. Ein Beispiel dafür, wie der uomo universale als Übermensch im Geniekult der Jahrhundertwende gesehen wird, ist die geprägte Bronzemedaille von Jules C. Chaplain (Frankreich), 1902, auf Victor Hugo.

Unten rechts: Die Abbildung alter Kunst- und Bauwerke ist typisch für das reiche Sammelgebiet der vielfältigen Papstmedaillen, für das eigene Kataloge existieren. Innenansicht der vatikanischen Basilika auf einer vergoldeten Bronzemedaille von Ignazio Bianchi (Italien), 1869.

Medaillen – künstlerisch wertvolle Dokumente zur Kulturgeschichte

1 Bildnis des bekannten deutschen Arztes und Numismatikers David Samuel Madai (1709–1780) auf einer Silbermedaille von F. W. Wermuth (1773).

2 Aus der Asche neu erstanden: Silbergedächtnismedaille zum Wiederaufbau der Leipziger Kirche, 1699, ein Werk des Augsburger Silberschmiedes und Medailleurs Philipp Heinrich Müller.

3 »Der Todt ist in unsere Häuser kommen«, Gedächtnismedaille der furchtbaren Hungersnot in Sachsen (1771–1772) von Johann Christian Reich.

4 Schlesischer Jeton, auf die Krönung Ferdinands IV. zum römischen König 1653 in Teschen ausgegeben.

5 »Steckenreiter-Klippe«, 1650 für die Festlichkeiten in Nürnberg zu Ehren des Friedens von Münster (Juni 1648) und die Beendigung des Dreißigjährigen Krieges geprägt.

6 Ansicht von London auf Medaille zum Andenken an die Rückkehr Karls I. nach seiner schottischen Krönung; Silbermedaille von Nicolas Briot, 1633.

7 Hochzeitsjeton anläßlich der Vermählung König Karls I. von England mit Henrietta Maria im Jahre 1625.

8 Hochzeitsjeton anläßlich der Vermählung Ludwigs XV. von Frankreich mit Maria Leszczynska, 1725.

9 Bronzemedaille »Mutter und Kind« von Ovide Yencess (1869–1947). Dieser französische Medailleur war ein Künstler des feinen, kaum angedeuteten Reliefs, mit dem es ihm gelang, eine sehr eindrucksvolle, malerische Wirkung zu erzielen.

10 Die quadratische Form bietet vielerlei Möglichkeiten für ausdrucksstarke Darstellungen. Auf dieser Bronzemedaille von Henry Dropsy (1885–1968) scheint das Relief aus dem Hintergrund herauszuwachsen.

11 Medaillen können aus verschiedenen Materialien bestehen, so auch aus Glas oder Holz: Richard Wagners Bildnis auf einer Medaille der Meißener Porzellanmanufaktur, ausgegeben anläßlich der Bayreuther Festspiele.

12 Der Tod am Fahrkartenschalter der Cunard Lines vor der verhängnisvollen Überfahrt der »Lusitania« im Mai 1915: Bronzemedaille des Münchener Künstlers Karl Goetz, die damals große politische Bedeutung gewann.

13 Medaillen wurden oft als Prämien für Fleiß und Erfolg verteilt: Berner Pramienmedaille von 1771.

14 In unserer Zeit sind Medaillen oft kräftig in Ausdruck und Relief: Bildnis Francesco Petrarcas auf einer Bronzemedaille des italienischen Künstlers Angelo Grilli, 1974.

Die Anfänge und die Medaillen der Renaissance

Das Streben des Menschen nach Unvergänglichkeit, sein Verlangen, dem Vergessen zu entrinnen, hat nirgends einen besseren Ausdruck gefunden als in der Medaille. Sie berichtet künftigen Generationen über Menschen und über glückliche wie unglückliche Ereignisse in ihrem Leben.

Obgleich die Medaille im engeren Sinn eine Schöpfung der Renaissance ist, gehen ihre Wurzeln doch bis in die Zeit der Griechen und Römer zurück. Schon in der Antike gab man anläßlich bedeutsamer Geschehnisse große Münzen aus, Vielfache der in Umlauf befindlichen Zahlungsmittel. Von diesen Gedenkmünzen und den Umständen ihrer Entstehung wußte man im Mittelalter nichts mehr, aber mit dem Aufschwung des Geisteslebens, der im 15. Jahrhundert in Italien einsetzte, erwachte ein neues Interesse für die Vergangenheit, und man begann, griechische und vor allem römische Münzen zu sammeln und ihre Geschichte systematisch zu erforschen. Der aufstrebende Welthandel hatte wachsenden Wohlstand zur Folge, und dieser begünstigte wiederum das Aufblühen der Künste. Davon blieb die Münzkunst nicht ausgespart, und mit dem wachsenden Selbstbewußtsein der Renaissance-Herrscher gewann das Porträt als Münzbild neue Bedeutung.

Mit der Medaille als neuer Kunstgattung hatte man bereits vereinzelt experimentiert, aber der eigentliche Anlaß, der ihr dann zum Durchbruch verhalf, war der Besuch des byzantinischen Kaisers Johannes VIII. Palaiologos 1438 in Ferrara, wo damals ein Konzil tagte. Die ungewöhnliche Gestalt des Kaisers beeindruckte den Veroneser Maler Antonio Pisano (1380–1451), Pisanello genannt, so stark, daß er den Besuch in einem Flachrelief festhielt, dem er dann die Form einer beidseitig geprägten Medaille gab. Pisanello gilt nicht nur als der Vater der Medaille, sondern er war auch einer der großen Künstler der italienischen Renaissance. In der Folge schuf er noch 24 signierte Medaillen mit den Bildnissen vieler bedeutender Italiener seiner Zeit: Lionello d'Este von Ferrara, Sigismondo Malatesta von Rimini, König Alfons I. von Neapel, die liebliche Prinzessin Cecilia Gonzaga von Mantua, um nur einige zu nennen. Meisterlich ist die einfache, aber kraftvolle Linienführung der Porträts; sie offenbaren die Leidenschaft, mit der dieser Künstler das menschliche Antlitz erforschte. Die Vorderseiten seiner Medaillen beließ er schlicht, um die ganze Aufmerksamkeit des Betrachters auf die von ihm Dargestellten zu lenken. Er gab die Gesichter lebensecht und manchmal sogar mit schonungslosem Realismus wieder.

Die von Pisanello eingeführte Kunstgattung wurde an den Höfen der italienischen Renaissance-Herrscher bald zur Mode, kam sie doch dem Verlangen dieser neu aufgestiegenen Fürsten nach Selbstverherrlichung entgegen. Bald standen im Dienst jeder Fürstenfamilie ein oder mehrere Künstler. Medaillen schufen nicht nur Bildhauer, sondern auch Baumeister, Maler, Goldschmiede und sogar Steinmetze, die von Hof zu Hof, von Stadt zu Stadt zogen, um diesem lukrativen Gewerbe nachzugehen. In den wichtigsten italienischen Kunstzentren entwickelten sich regelrechte Schulen für die Medaillenkunst.

Nennen wir einige der großen Namen aus dieser Zeit. Ein unmittelbarer Nachfolger, möglicherweise auch ein Schüler von Pisanello war Matteo de Pasti, der in Rimini und Verona tätig war. In Florenz, das die Medici zu einem Mittelpunkt von Kunst und Kultur gemacht hatten, arbeitete Nicolo di Forzore Sdinelli, Il Fiorentino genannt (1430–1514), einer der großen Meister des ausgehenden Quattrocento mit einem feinen Gespür für das menschliche Antlitz. Er verewigte auf Medaillen zahlreiche große Persönlichkeiten aus einem der interessantesten Abschnitte der italienischen Renaissance. Auf einem zeitgenössischen Gemälde von Sandro Botticelli ist vermutlich Il Fiorentino mit einer Medaille von Cosimo de Medici in der Hand gezeigt. In Ferrara und später in Bologna arbeitete der Bildhauer, Baumeister und Medailleur Sperandio von Mantua; seine besten Medaillen schuf der ungemein fruchtbare Künstler, als er bereits weit über 70 Jahre alt war.

In Rom selbst wurden während des Quattrocento kaum interessante Medaillen geschaffen, aber dafür machte sich der in Rom geborene Giovanni Candida (um 1450–1540) an den Höfen Maximilians I., Ludwigs XI. und am Hof von Burgund einen guten Namen. Ihm schreibt man die Verpflanzung der Medaillenkunst in die Länder nördlich der Alpen zu. In der Spätrenaissance wurden die Medaillen nicht mehr, wie im Quattrocento, grundsätzlich gegossen, sondern zumindest teilweise geprägt. Dieser Zeit gehört Cristoforo Foppa (1445–1527), genannt Caradosso, an. Er verstand sich ausgezeichnet auf die Erzielung plastischer Wirkungen, was besonders seine Darstellungen des Baumeisters Bramante und des Ludovico Maria Sforzo (»il Moro«) beweisen. Eine der interessantesten Künstlerpersönlichkeiten in dieser bewegten Zeit war sicherlich Leone Leoni (1510–1590), ein hochbegabter, empfindsamer Künstler und Meister der durchmodellierten Oberfläche, aber gleichzeitig auch ein korrupter und gewalttätiger Mensch, der vor Diebstahl, Unterschlagung und sogar vor Mord nicht zurückschreckte. Zu seinen besten Arbeiten gehören die Porträts seines Gönners, Karls V., und von Mitgliedern der kaiserlichen Familie.

Einer der letzten bedeutsamen Künstler am Ende der italienischen Renaissance war der Mailänder Antonio Abondio (1538–1591). Er verpflanzte die in Italien ausgebildete Medaille an den Hof der Kaiser des Heiligen Römischen Reiches. Giovanni Candida schuf Medaillen im italienischen Stil mit Bildnissen Kaiser Maximilians I. und seiner Gemahlin Maria von Burgund. Deutsche Künstler griffen die neue Kunstgattung auf und gaben ihr ein eigenes Gepräge. Das begann schon mit der Herstellungstechnik: Während die Italiener ihre Medaillen in Wachs oder Ton modellierten, schnitten die Deutschen sie in Holz, vornehmlich in Buchs- oder Birnbaum.

Damals unternahmen die Künstler weite Reisen und suchten Arbeit, wo immer man sie ihnen anbot. Blühende Handelsstädte wie Augsburg, der Sitz der Fugger, wo ein Hans Schwarz ein Gutteil seiner Werke schuf, wurden zu Zentren der Medaillenkunst. Eine andere süddeutsche Stadt nahm in dieser Hinsicht den zweiten Rang ein – Nürnberg. Dort wurde auch für die Medaillenherstellung eine neue Technik entwickelt: Fortan schnitt man die Formen für die Medaillen in den weichen Solnhofener Stein. Dadurch wurden die Linien auf den Medaillen weicher, wurden die Oberflächen fließender und glatter. Bankiers, reiche Kaufleute, wohlhabende Bürger wollten sich auf Porträtmedaillen verewigen lassen, und so gab es für die Künstler reichlich Arbeit. Zu den bedeutendsten Vertretern der Medaillenkunst der deutschen Renaissance gehören Hans Schwarz, Christoph Weiditz, Friedrich Hagenauer oder auch ein Matthes Gebel, der mit seinen 300 Medaillen fraglos einer der fruchtbarsten Künstler jener Zeit war.

In der Schweiz schuf Jakob Stampfer (1505–1579), ein Züricher Goldschmied und Medailleur, der sowohl in Stein als auch in Holz arbeitete, zahlreiche prächtige Porträtmedaillen und -münzen. Stärker unter italienischem Einfluß standen die Niederlande und die von den Habsburgern regierte

Freigrafschaft Burgund, doch gewannen die dortigen Künstler bald eine beachtliche Selbständigkeit und begründeten ihrerseits eine Tradition, der wir viele schöne Medaillen verdanken, so die durch ihren lebendigen Ausdruck herausragende Porträtmedaille mit dem geistvollen Antlitz des Humanisten Erasmus von Rotterdam, ein Werk des bekannten Antwerpener Malers Quinten Matsys (1466–1530).
In Frankreich setzte sich die Renaissance nur allmählich durch. Deutsche und italienische Künstler wie Hans Schwarz und Benvenuto Cellini führten die neue Kunstform der Medaille am französischen Hof ein, wo sie dann zu hoher Blüte gelangte. Bemerkenswerte Medaillen schuf der Bildhauer Germain Pilon (1535–1590), so eine Medaille auf Katharina von Medici. Der beste Medailleur der französischen Spätrenaissance war Guillaume Dupré (1574–1647).
In Deutschland zeichnete sich in der Spätrenaissance ein Cranach-Schüler aus, der Goldschmied und Medailleur Hans Reinhart aus Leipzig (um 1510–1581). Seine fein ziselierten Arbeiten verraten den hochbegabten Goldschmied. Er stellte auf seinen Medaillen nicht nur große Persönlichkeiten seiner Zeit wie Karl V. dar, sondern auch religiöse Szenen, die rasch große Beliebtheit gewannen. Die von ihm eingeführte religiöse Medaille hat sich als ungemein populäre Kunstform jahrhundertelang gehalten. Weit verbreitet waren besonders in Böhmen die von einheimischen Künstlern wie Utz Gebhard und Wolf Milicz geschaffenen sogenannten Joachimsthaler Medaillen; die vertiefte Religiosität im Gefolge von Reformation, Gegenreformation und Religionskriegen des 16. und 17. Jahrhunderts erklärt ihre große Beliebtheit im Volk. Sie wurden auch noch später immer wieder kopiert und als Amulette und Talismane getragen.
Ebenfalls von Joachimsthaler Künstlern stammen die sogenannten Pestilenztaler, die während der verheerenden Pestepidemien aufkamen. Sie zeigen auf der einen Seite die eherne Schlange Mose und auf der anderen ein Kruzifix. Viele Menschen trugen sie, weil man glaubte, daß sie den »Schwarzen Tod« abzuhalten vermochten.

Das Barock

Eine ungeheure Prachtentfaltung an den Fürstenhöfen erlebte das ausgehende 16. Jahrhundert; alle Künste trugen dazu bei, die Paläste in wahre Traumwelten zu verwandeln. Die Künstler stellten sich bereitwillig in den Dienst herrscherlicher Prunksucht, die nur allzu oft zu hohlem Pomp ausartete. Auf den Medaillen spiegelt sich das deutlich. So arbeitete man bei den Porträts in jener Zeit zwar die prunkvolle Gewandung und Haartracht mit größter Sorgfalt aus, aber die Gesichter wirken schablonenhaft und leer; ihre Menschlichkeit wurde durch die allzu glanzvollen Äußerlichkeiten gleichsam verdeckt. Könige und Fürsten stellten die Kunst in den Dienst ihrer Selbstverherrlichung. Der Medaille wiesen sie die Aufgabe zu, ihre Untertanen über Ereignisse ihres Lebens zu informieren.
Da die Medaillen in der Barockzeit nicht mehr gegossen, sondern geprägt wurden und man gleichzeitig neue Prägemaschinen erfand, konnten sie in großen Stückzahlen hergestellt werden. Deshalb fanden sie jetzt auch den Weg in die Häuser des einfachen Volkes.
Ausgezeichnete, sehr produktive Künstler waren am päpstlichen Hof tätig. Von Gaspare Mola (1610–1669) und Vertretern der Künstlerfamilie Hamerani, Giovanni (1649 bis 1705), Ermenegildo (1685–1744) und Ottone (1694–1768), stammen zahlreiche Medaillen, auf denen Ereignisse aus dem Leben ihrer berühmten Gönner veranschaulicht sind. Kaum weniger prächtig waren die Medaillen, die in Frankreich, am Hof Peters des Großen in St. Petersburg, in Polen und besonders in Deutschland geschaffen wurden.
Meisterhafte Schöpfungen entstanden in Frankreich durch Guillaume Dupré, Jean Varin (1604–1672), den Porträtisten des Kardinals Richelieu, und Nicolas Briot (1579–1646). Die Medaille wurde von Ludwig XIII., besonders jedoch von Ludwig XIV. und Ludwig XV. als wirkungsvolles Propagandamittel eingesetzt, um ihren Untertanen den Glanz des Herrschers und seine ruhmreichen Taten vor Augen zu führen. Jedes denkwürdige Ereignis wurde durch allegorische Szenen auf Medaillen verewigt. Zwar ermangelten die Künstler des Barock der kraftvollen Klarheit der Renaissance-Meister, aber auch sie schufen vieles, das Beachtung verdient. Einer der besten Medaillenkünstler des Barock war der Schweizer Johann Carl Hedlinger (1691–1771), der in Stockholm, Sankt Petersburg und Rom tätig war. In den Niederlanden arbeiteten zahlreiche Künstler für reiche Bürger und besonders auch für die Gilden; auf ihren Medaillen zeigten sie sowohl Porträts als auch historische Szenen. Herausragend schöne allegorische Darstellungen auf historischen Medaillen verdanken wir Johann Georg Holzhey (1729–1808). Wie sehr man sich in der Barockzeit für Medaillen interessierte, zeigt der große Erfolg der 1688 veröffentlichten *Histoire Métallique de la République de Hollande* (»Geschichte in Medaillen der Republik Holland«). Das zweibändige großformatige, reich illustrierte Werk wurde in Amsterdam von Pierre Bizot herausgegeben.
In Rußland wurde die Medaillenkunst von Peter dem Großen eingeführt und gefördert. Er sah in ihr einen Beweis da-

für, daß sein Land den Anschluß an den Westen gefunden hatte. Hervorragende einheimische Künstler waren Timoteus Iwanow (1729–1802) und Samuel Judin (1730–1800).
Das 17. Jahrhundert war einer der ereignisreichsten Abschnitte in der Geschichte Englands. In jener Zeit waren für die Londoner Münzstätte drei außergewöhnliche Künstler tätig: Thomas Rawlings (1620–1670), Thomas Simon (1623–1665) und Jean Roettier (1631–1703). Der Goldschmied und Graveur Thomas Rawlings stand in den Diensten Karls I. und später auch Karls II. Für Karl I. schuf er eine Porträtmedaille, die sogenannte »Juxon-Medaille«, die der König selbst getragen haben soll; vor seiner Hinrichtung soll er sie auf dem Schafott seinem Almosenpfleger, dem Bischof Juxon, übergeben haben. Als bester Medailleur jener Zeit gilt jedoch Rawlings' Zeitgenosse Thomas Simon; er schuf wunderschöne Medaillen, bis 1665 die Pest seinem so fruchtbaren Wirken ein Ende setzte. Jean Roettier war aus Antwerpen nach London gekommen. Seine ruhigen, abgeklärten Porträts künden bereits den Klassizismus an.
Zur üppigsten Entfaltung kam die Medaillenkunst in Deutschland, wo praktisch jeder Fürstenhof eigene Stempelschneider und Medailleure in Diensten hatte. Medaillen ließ man zu allen möglichen Anlässen prägen: nach dem Ende von Not- und Kriegszeiten, nach der Entdeckung neuer Bodenschätze, bei freudigen oder traurigen Geschehnissen im Leben der Menschen und natürlich zu jedem denkwürdigen Ereignis im Leben des Fürsten oder des Herrscherhauses. Solche Medaillen, Gedenk- und Geschenkmünzen wurden in Gold und Silber geschlagen und von den Fürsten oft in großer Zahl an Freunde oder auch an die Untertanen verteilt.
In der Regel ist die Barockmedaille kleiner als die Renaissancemedaille, aber auch im Barock gab es zahlreiche große Schaustücke. Eine der schönsten davon ist die 1634 in Erfurt anläßlich des Todes Gustav Adolfs auf dem Schlachtfeld ausgegebene Medaille von Sebastian Dadler († 1654), der als hochgeachteter Goldschmied und Medailleur in Augsburg, Nürnberg und zuletzt in Dresden tätig war. Viele seiner Medaillen erinnern an Ereignisse während des Dreißigjährigen Krieges und an dessen Ende 1648.
Unter den zahlreichen in Fürstendiensten stehenden Künstlern seien zumindest einige der schöpferischsten Begabungen genannt, so Heinrich Peter Großkurt (1694–1734) in Nürnberg und Johann Leonhard Öxlein (1715–1787), der in Sachsen und Polen tätig war. Der vielleicht fruchtbarste Medaillenkünstler aller Zeiten war Christian Wermuth (1661–1739), der in knapp 20 Jahren über 1300 Medaillen schuf; er stand im Dienst des Dresdener Hofes und richtete in Dresden einen regelrechten Großbetrieb ein. Es gibt nur wenige historische Ereignisse in dem so ereignisreichen 18. Jahrhundert, die Wermuth nicht auf einer seiner Medaillen verewigt hat. Besonders interessant sind seine satirischen Medaillen, deren es fast 100 gibt. Sie beziehen sich auf alle möglichen Skandale jener Zeit, aber auch auf die Zustände am Dresdener Hof. So ist es nicht erstaunlich, daß viele dieser Medaillen konfisziert wurden und Wermuth dadurch erhebliche Schwierigkeiten bekam und finanzielle Einbußen erlitt.
Neben den Porträtmedaillen und historischen Medaillen gab es im 17. und 18. Jahrhundert auch in riesigen Mengen religiöse Medaillen, hauptsächlich Wallfahrtsandenken und kleine Medaillen mit Schutzheiligen darauf. An Kettchen trug man Medaillen, die den drachentötenden heiligen Georg zeigten, als Amulette; Seereisende suchten sich durch Medaillen zu schützen, auf denen Christus mit seinen Jüngern während des Sturms auf dem See Genezareth zu sehen war. Religiöse Medaillen, die man zu Taufen und Hochzeiten schenkte, trugen darauf bezogene Szenen aus der Bibel oder den Heiligenlegenden.
Glaube und Aberglaube spiegeln sich auch auf den besonders im 17. Jahrhundert sehr beliebten Alchemistenmedaillen mit Symboldarstellungen der sieben Planeten oder der sieben Metalle, aus denen sie angeblich gefertigt waren.
Viele Medaillen des deutschen Barock, vor allem Stücke, die abseits der großen Kulturzentren entstanden, sind zwar künstlerisch wenig bedeutungsvoll, aber doch ungemein informativ, vermitteln sie uns doch einen kaleidoskopartigen Einblick in das Leben jener Zeit. Die Freuden, vor allem jedoch die Leiden der Menschen – Kriege und Aufstände, Überschwemmungen und Dürren, Pest und Hungersnöte – wurden auf ungezählten Medaillen verewigt. So sehen wir auf einer kleinen Medaille aus Zinn, die während der schrecklichen Überschwemmungs- und Hungersjahre 1771–1772 in ganz Deutschland Verbreitung fand, auf dem Avers den an die Türen pochenden Tod und auf dem Revers die teuren Brotpreise dieser Jahre. Kalendermedaillen wurden zu Neujahr ausgegeben und verraten oft die Freude und Dankbarkeit, die die Menschen erfüllten, weil es ihnen vergönnt war, ein neues Jahr begrüßen zu dürfen. Solche Kalendermedaillen wurden in Wien noch in unserem Jahrhundert geschlagen.
Das Leben der Herrscher bot Anlässe für viele Prägungen. Bei einer Geburt, einer Hochzeit oder einem Todesfall in der Familie des Landesfürsten wurden große oder kleine Medaillen ausgegeben und nicht nur bei Hof, sondern auch unter das Volk verteilt. Bei Krönungen war es üblich, daß

der neu auf den Thron gekommene Herrscher kleine Münzen und Medaillen unters Volk warf. Auch die Freuden des Herrscherlebens wurden auf Medaillen verherrlicht, beispielsweise die Jagdpartien und Schützenfeste am prunkliebenden Dresdener Hof Friedrich Augusts I. von Sachsen. Auf den Medaillen der Barockzeit sind Tausende von historischen Ereignissen festgehalten, zum Teil als lebensechte Darstellungen, zum Teil in allegorischer Form. Ein Jeton von 1683 zeigt eine Ansicht der Stadt Wien nach der Türkenbelagerung. London sehen wir auf einer Silbermedaille, die 1633 zur Feier der Rückkehr Karls I. in die Hauptstadt geprägt wurde. Übrigens wurden im Barock Medaillen nicht nur aus Metall geschaffen, sondern man experimentierte auch mit anderen Werkstoffen, in Deutschland beispielsweise mit Elfenbein und Holz. Viele solcher als Model benutzten Stücke schuf der Nürnberger Medailleur P. H. Müller. Schöne Porträts und Städteansichten wurden in Buchs- oder Birnbaumholz gepreßt. Berühmt waren im ausgehenden 18. Jahrhundert in Frankreich die von Jean Baptiste Nini (1717–1786) gefertigten Porträtmedaillons aus Terracotta.

Klassizismus und neueste Zeit

Als Reaktion gegen die gekünstelten Übersteigerungen des Barock wurde gegen Ende des 18. Jahrhunderts der Ruf immer lauter, zur Natur und damit zur Natürlichkeit zurückzukehren. Die Suche nach neuen Werten bewirkte gleichzeitig eine nostalgische Rückwendung in die Vergangenheit: Man suchte das Heil im klassischen Altertum, in der Welt der Griechen und Römer, der man idealisierend »edle Einfalt, stille Größe« zuschrieb. Diese Wende offenbarte sich in der Kunst – auch in der Medaillenkunst – in zwei neuen Stilen: in Klassizismus und Romantik.
Der bekannte Schweizer Medailleur Jacques Antoine Dassier (1715–1759) zeigte auf einer Medaille den französischen Philosophen Montesquieu in antiker Gewandung und auf dem Revers ein einfach durchgestaltetes Bild, das sehr deutlich durch die klassische Antike beeinflußt ist. Die klassizistischen Porträts wirken größtenteils kühl und fast starr, doch geht von manchen eine starke Faszination aus. So wurde das Haupt der *Libertas Americana*, das Benjamin Franklin von dem Franzosen Augustin Dupré (1748–1833) gestalten ließ, zum Symbol der amerikanischen Freiheitsbewegung.
Den Menschen des 18. Jahrhunderts galten Liebe und Freundschaft sehr viel. Der Kunst oblag es, solche »edlen Gefühle« in emotionalen Szenen zum Ausdruck zu bringen. Auch die Forderung J. J. Rousseaus, der Mensch müsse zum Frieden und zur Einfachheit der Natur zurückkehren, wenn er das Glück finden wolle, fand in der Kunst ihren Niederschlag: Hirtenszenen, wie sie beispielsweise der Deutsche Johann J. Lauer (1788–1863) auf seinen Medaillen darstellte, erfreuten sich in ganz Europa großer Beliebtheit.
Die tiefgreifenden Veränderungen, die sich in Frankreich durch die Große Revolution und Napoleons Aufstieg vollzogen, lassen sich auf zahlreichen Medaillen verfolgen. Nachdem es Napoleon gelungen war, auf den Trümmern der alten, ruhmreichen französischen Monarchie sein eigenes Kaiserreich zu errichten, wählte er die Medaille als eines seiner wirksamsten Propagandamittel: Er berief eine Gruppe von begabten Graveuren unter der Leitung von Dominique Denon (1747–1825), die jedes auch nur einigermaßen nennenswerte Ereignis aus seinem Leben auf fast 2000 Medaillen festhielten. Unter Denon arbeiteten so hervorragende Künstler wie Augustin Dupré (1788–1819), Antoine Brenet (1773–1836), Nicolas Gatteaux (1751–1832) und Bertrand Andrieu (1761–1822).
Während die Porträtmedaillen des Barock und Rokoko meist überladen wirken, beeindrucken die Medaillen Napoleons durch ihre Schlichtheit und die klare, einfache Linienführung. Kein prunkvolles Beiwerk lenkt von den ausdrucksvollen Gesichtszügen ab. Auf einer Medaille Brenets aus dem Jahr 1804 ist das Antlitz Napoleons von geradezu olympischer Erhabenheit. Noch eindrucksvoller ist das Porträt, das der stärker durch die klassische Antike beeinflußte Romain Jeuffroy 1803 schuf. Medaillen, die Napoleons Siege in ganz Europa feiern, stammen von dem Schweizer Stempelschneider und Medailleur Jean-Pierre Droz (1746–1823), der sich nicht nur als Künstler auszeichnete, sondern auch als äußerst begabter Mechaniker durch seine Automaten weltweit bekannt war.
Italien, das sich rühmen konnte, den »Vater des Klassizismus«, Antonio Canova, hervorgebracht zu haben, steuerte durch Künstler wie Amedeo Lavy aus Turin (1796–1826) und Luigi Manfredini (1771–1840) manches zur Napoleonischen Medaillengeschichte bei. Ein Italiener ist auch einer der typischsten Vertreter des Klassizismus, der berühmte Gemmen-, Münzstempel- und Medaillenschneider Benedetto Pistrucci (1784–1855). In Rom geboren, arbeitete er jedoch hauptsächlich in England, wo er auch starb. Der sehr temperamentvolle Künstler mußte viele Kämpfe ausfechten, ehe er sich in den offiziellen Kreisen der Londoner Münzstätte durchsetzen konnte. Mit seiner Waterloo-Medaille schuf er das Meisterstück des Klassizismus. Die Aus-

gabe dieser Medaille wurde 1817 vom Münzmeister angeordnet; sie sollte von der Krone an alle verteilt werden, die führend an dem historischen Seesieg beteiligt waren. Es dauerte jedoch volle dreißig Jahre, bis die Medaille fertiggestellt war; vor allem warf die ungewöhnliche Größe (rund 12 cm Durchmesser) große technische Probleme auf.

Nach Napoleons Sturz wurde die Medaillenflut eingedämmt, auch wenn die meisten Herrscher des 19. Jahrhunderts der Tradition treu blieben, sich auf Medaillen vorstellen und verherrlichen zu lassen. Die meisten offiziellen Medaillen der englischen Königin Viktoria schufen zwei Vertreter der berühmten Graveurdynastie Wyon, William (1795–1831) und Leonard (1826–1879).

In den Diensten der bayerischen Wittelsbacher stand der begabte Karl Friedrich Voigt (1800–1874). Gutausgebildete und einfallsreiche Medailleure arbeiteten auch für die Herrscherhäuser in Italien, Belgien, Preußen, Frankreich und Rußland. Da Medaillen als »offizielle Dokumente« galten, mußte der Stil dieser Tatsache angemessen sein: Der Herrscher mußte darauf als gütiger, majestätischer »Vater des Vaterlandes« einfach und würdig dargestellt sein. Dieser Anforderung genügte der Klassizismus am besten, und so wurde dieser Stil für die offiziellen Medaillen nicht nur während des ganzen 19. Jahrhunderts, sondern bis in unsere Zeit hinein beibehalten.

Ein großer Medaillenkünstler des 19. Jahrhunderts war der Franzose Pierre Jean David d'Angers (1788–1856), der während seiner Lehrzeit in Italien durch Canova beeinflußt wurde. In unermüdlicher Arbeit schuf er eine schier endlose Abfolge von Medaillen, die eine wahre Galerie seiner Zeitgenossen darstellt. David d'Angers leitete auch die Rückkehr zur gegossenen Bronzemedaille ein, die nach der Zeit der großen Renaissancemeister fast in Vergessenheit geraten war.

In der zweiten Hälfte des 19. Jahrhunderts kam es zu einer deutlicheren Trennung zwischen der von Künstlern als Ausdruck ihrer Auffassungen und Ideale geschaffenen rein künstlerischen Medaille und der Gedenk- oder Porträtmedaille. Bei der erstgenannten steht die Form, bei der zweiten der Inhalt an erster Stelle. Die Gedenkmedaille blieb formal der Tradition verhaftet, da sie konkrete Themen – denkwürdige Ereignisse oder Ehrungen – darzustellen hatte.

Revolutioniert wurde die Medaillenkunst in der zweiten Hälfte des 19. Jahrhunderts durch den französischen Bildhauer, Gemmen- und Medaillenschneider Hubert Ponscarme (1827–1903), nachdem bereits die Arbeiten von David d'Angers einen Wandel angekündigt hatten. Ponscarme betrachtete die Medaille als ein Flachrelief im Kleinformat, das dieselben technischen Anforderungen stellte. Seine Auffassung dokumentierte er durch eine Reihe von gegossenen Porträtmedaillen und -medaillons. Für die Porträtmedaille forderte er außer rein äußerer Entsprechung eine psychologische Vertiefung: Der Porträtist sollte nicht nur Gesichtszüge, sondern auch Wesenszüge darstellen. Ein hervorragendes Beispiel hierfür ist sein nur einseitig bebildertes Bronzemedaillon von 1888 mit dem Porträt Ferrys. Viele Künstler seiner Generation schlossen sich seiner Auffassung an, vor allem Jules Clément Chaplain (1839–1909), den manche Kunsthistoriker als den bedeutendsten Medaillenschöpfer der Moderne betrachten. Alle seine Porträtmedaillen verraten seine außergewöhnliche Begabung, das Wesen eines Menschen sichtbar zu machen, so sein Porträt des Schriftstellers Victor Hugo.

Das 19. und beginnende 20. Jahrhundert war reich an begabten Medailleuren. Vielleicht am bekanntesten ist Louis Oscar Roty (1846–1911) mit seinen poesievollen, von menschlicher Wärme erfüllten Allegorien, die auch Kleinigkeiten des Alltags lyrisch verklären. Seine Medaillen fanden in der ganzen Welt Anklang und Nachahmer. Der nicht minder lyrische Daniel Dupuis (1849–1899) zeigte auf seinen Medaillen die Welt von ihrer heiteren, verspielten Seite. Rotys Kunst standen die einfachen, distanzierten Arbeiten von Georges Dupré (1869–1909) näher. Von traumhafter Zartheit sind die Medaillen des Ponscarme-Schülers Ovid Yencesse.

Der in Frankreich ausgebildete Amerikaner Victor D. Brenner brachte aus Rotys Atelier nicht nur dessen Kunstauffassung, sondern auch seine Techniken mit. Seine zahlreichen Porträtmedaillen und Plaketten sind ebenso schön wie ausdrucksvoll. Der begabteste amerikanische Bildhauer jener Zeit, Augustus Saint-Gaudens (1848–1907), bediente sich für Porträts häufig der Form der Plakette. Viele seiner Porträtplaketten sind nicht nur interessante Zeitdokumente, sondern auch hervorragende Kunstwerke.

In den ersten Jahrzehnten des 20. Jahrhunderts wirkten zunächst noch die romantische Verträumtheit und selbstsichere Zufriedenheit der »guten alten Zeit« fort, und nur allmählich drang die rauhe Wirklichkeit jener Jahre in die Kunst ein. Der Erste Weltkrieg und die schwere Nachkriegszeit fanden hauptsächlich auf deutschen Medaillen einen realistischen Niederschlag. Während die meisten in Frankreich, Belgien, Italien und Amerika entstandenen Medaillen der Kriegsjahre von einem feierlichen Pathos erfüllt sind, führte in Deutschland Karl Götz (1875–1950) eine beißende Satire ein, die die ganze Verbitterung des hochbegabten, sensiblen Künstlers zum Ausdruck brachte. Von

seinen 633 Medaillen bezogen sich zwar nur 175 auf das politische Zeitgeschehen (ansonsten sind es empfindungsvolle Porträts und zarte Kompositionen), aber diese machten Götz zum bedeutendsten Vertreter der satirischen Medaille. Die Arbeiten des fast vergessenen Medailleurs sind ein einzigartiger Spiegel jener aufgewühlten Zeit. Durch ein Versehen machte Götz selbst Geschichte: Auf seiner Lusitania-Medaille gab er fälschlicherweise den 5. statt den 7. Mai als Tag der Versenkung des Schiffes an. Das wertete man in England als Beweis dafür, daß die Versenkung von den Deutschen im voraus geplant war, und benützte die Medaille in großen Stückzahlen als Propagandamittel gegen Deutschland, indem man sie kurzerhand nachprägte. Aber dabei unterlief den Engländern ihrerseits ein Versehen: Auf ihrer als Original ausgegebenen Nachprägung schrieben sie »Mai« auf englisch »May«.
Einen gesamteuropäischen Kunststil hatte es in Europa schon seit dem frühen 19. Jahrhundert nicht mehr gegeben, aber im 20. Jahrhundert setzte eine völlige Zersplitterung ein. Oft wandten sich die Künstler wieder der Vergangenheit zu und belebten alte Stile neu: Das 19. und 20. Jahrhundert erlebte Klassizismus, Neugotik und Neurenaissance, aber auch Realismus, Impressionismus, Expressionismus, Kubismus, abstrakte Kunst . . . In der Medaillenkunst dominierte jedoch stets der Klassizismus. Von ihm fühlten sich die Massen angesprochen, die nicht bemerkten, daß hinter seiner würdigen Fassade meist kein bedeutungsvoller Inhalt mehr war, und die Künstler bevorzugten ihn, weil er ihnen wegen seiner allgemeinen Beliebtheit rasche Erfolge sicherte.
Auch heute noch erfreut sich die Medaille in vielen europäischen Ländern hoher Wertschätzung. Die neuen Strömungen innerhalb der Kunst haben vor allem in Frankreich, Italien, Deutschland, der Tschechoslowakei, Spanien und Schweden zu vielen interessanten Experimenten geführt, die freilich in den offiziellen Medaillenprägungen kaum ein Echo gefunden haben. Die Künstler bevorzugen für ihre Versuche die gegossene Medaille, die ihnen die meisten Möglichkeiten bietet, mit Hilfe abstrakter, nichtfigürlicher Elemente, mit Anregungen aus der Volkskunst, mit dekorativen Stilisierungen oder mit dreidimensionalen geometrischen Figuren zu neuen Ausdrucksformen zu finden. Die progressivsten Medailleure sind in Schweden tätig. Dort experimentiert man mit den verschiedensten Werkstoffen, mit ungewöhnlichen Legierungen, Glasflüssen und Kunststoffen, unter Verzicht auf alle formalen Traditionen. Das breiteste Echo in der Öffentlichkeit finden derartige Versuche jedoch in Frankreich, das auch die größte Vielfalt an begabten Künstlern mit einer Fülle von neuen, kühnen Ideen hervorgebracht hat. Zwar halten viele französische Künstler an der herkömmlichen Modelliertechnik in Ton oder Knetmasse fest, aber andere schaffen ihre Medaillen in Treibarbeit oder schneiden sie aus Stahl. Bei dieser Suche nach neuen Formen und Ausdrucksmöglichkeiten zerbrechen sie viele alte Schranken und finden zu einer Freiheit, die man noch vor kurzem in der Medaillenkunst für undenkbar gehalten hat.

Orden, Ehrenzeichen und Verdienstmedaillen

Zu dieser Gruppe gehören unterschiedlich gestaltete Abzeichen, denen der Zweck gemeinsam ist, Taten zu belohnen, die besondere Anerkennung verdienen.
Die Orden und Ehrenzeichen gehen ins Hochmittelalter zurück, auf die Ritterorden, die in der Zeit der Kreuzzüge im Heiligen Land gegründet wurden. Die Ritter schlossen sich zu religiösen Bruderschaften zusammen, die den Pilgern Schutz, Unterkunft und Pflege gewährten. Die berühmtesten Ritterorden waren die in Jerusalem gegründeten Johanniter, die Deutschordensritter und die Templer. Manche dieser Orden haben sich nach langen Irrfahrten und vielen Wandlungen bis in die Gegenwart hinein erhalten.
In Nachahmung der religiösen Ritterorden wurden seit dem 13. Jahrhundert von manchen Herrschern weltliche Ritterorden gegründet, die ähnlich organisiert waren und auch ähnliche Aufgaben hatten. Einige der berühmtesten Orden gehen auf Versuche zurück, den Geist des Rittertums neu zu beleben und die einstigen Zielsetzungen wieder einzuführen. In Frankreich stiftete der später heiliggesprochene Ludwig IX. 1234 die *Cosse de Geneste*, in England Eduard III. 1348 den Hosenbandorden, in Savoyen Amadeus V. 1362 den Halskragenorden, der 1513 in Annunziaten-Orden umbenannt wurde. Diese Haus- oder Familienorden dienten hauptsächlich der Verherrlichung des Herrscherhauses; die Mitgliedschaft war eine außergewöhnlich ehrenvolle Auszeichnung.
Der älteste noch existierende Ritterorden, der höchstedle *Order of the Garter* (Hosenbandorden), war und ist die höchste Auszeichnung in England bzw. Großbritannien. Das Abzeichen der Ordensmitglieder ist ein blaues Hosenband mit dem französischen Motto *honni soit qui mal y pense.* Als einer der vornehmsten Ritterorden galt der Orden vom Goldenen Vlies. Nach der Vernichtung eines christlichen Heeres 1396 durch die Türken unter Sultan Bajezid beschloß der Herzog von Burgund, einen Christus

geweihten Orden zu gründen; 1430 wurde dieser Plan verwirklicht. Der Hausorden der Habsburger spaltete sich nach dem Spanischen Erbfolgekrieg 1714 in einen spanischen und einen österreichischen Zweig. Der juwelenbesetzte Orden besteht aus drei Elementen: aus dem Goldenen Vlies, den Feuersteinen und Schlagstählen und dem an einem roten Band mit Schnalle hängenden Burgundertäfelchen.

Der höchste Orden des russischen Zarenreiches, der Andreasorden, wurde am 28. November 1698 von Peter dem Großen für Tapferkeit im Krieg gegen die Türken und bei der Niederwerfung des Strelitzenaufstands gestiftet. Der Zar selbst »verdiente« sich den Orden erst vier Jahre später durch die Kaperung von drei schwedischen Schiffen. Alljährlich pflegten sich am Tag des heiligen Andreas, am 5. November, die Ordensritter in der Andreaskapelle auf der Wassilijewskij-Insel zum feierlichen Hochamt einzufinden, auf das im Winterpalast in St. Petersburg ein Bankett folgte.

Zu den höchsten Auszeichnungen in Europa gehörte der Annunziaten-Orden, den Amadeus VII. von Savoyen 1355 zur Erinnerung an die Verteidigung von Rhodos gegen die Türken im Jahr 1310 stiftete. Auf dem prächtig gestalteten Orden ist die Verkündigung Mariens dargestellt. Ebenfalls zu den angesehensten und am seltensten verliehenen Orden gehören der 1462 von Christian I. von Dänemark gestiftete Elefantenorden und der schon im 13. Jahrhundert in Schweden gestiftete Seraphim-Orden.

Nicht minder berühmt ist Englands zweithöchster Orden, *The Most Honorable Order of the Bath*, kurz Bath-Orden genannt. Er wurde 1725 von König Georg I. gestiftet. Damit belebte der König eine Tradition aus dem 14. Jahrhundert neu: Die damaligen »Ritter des Bades« mußten sich einem symbolischen Reinigungsbad unterziehen. Der Ordensstern trägt in deutscher Sprache das Motto des Prinzen von Wales: »Ich dien«.

Anläßlich der Erhebung Preußens zum Königreich stiftete 1701 Friedrich I. den Schwarzen Adlerorden als höchste preußische Auszeichnung. Großes Ansehen genoß der von Friedrich dem Großen 1740 gestiftete Verdienstorden; diese Auszeichnung wurde ohne Ansehen von Geburt, Religion oder Staatszugehörigkeit für besondere militärische, künstlerische oder wissenschaftliche Verdienste verliehen. Das Motto *pour le mérite* (»Für das Verdienst«) ist die prägnanteste Aussage, die man je in der Neuzeit für einen Orden oder ein Ehrenzeichen gefunden hat.

Eine interessante Spielart sind die Damenorden. Der erste Damenorden wurde 1662 gestiftet; aufgenommen wurden adlige Damen, die sich durch karitative und fromme Werke auszeichneten. Zu den bedeutendsten Damenorden gehören der Orden der Sklavinnen der Tugend, der im 18. Jahrhundert in Portugal gestiftete Isabella-Orden und der vom österreichischen Kaiser Franz Joseph gestiftete Elisabeth-Orden.

Vom 18. Jahrhundert an wurde es üblich, besondere Verdienste durch Verdienstorden zu belohnen, und zwar in der Hauptsache herausragende militärische, künstlerische oder wissenschaftliche Leistungen. Bei den meisten Verdienstorden gibt es mehrere Klassen. Am bekanntesten ist die 1802 von Napoleon gestiftete Ehrenlegion.

Die modernen Verdienstmedaillen gehen auf die Ehrenmedaillen zurück, mit denen in der zweiten Hälfte des 16. Jahrhunderts besonders in Süddeutschland verdiente Leute ausgezeichnet wurden. Die »Ehr-« und »Gnadenmedaille« war oft prachtvoll gestaltet und aus kostbarem Material, nicht selten aus Gold mit Email oder mit Perlen und Edelsteinen. Getragen wurde sie an einer langen Halskette. Auf manchen Bildnissen aus jener Zeit sehen wir solche stolzen Medaillenträger.

Von Deutschland aus verbreiteten sich die prächtigen Ehrenmedaillen nach Spanien und Skandinavien, während man in Italien und England Ehrenzeichen weit nüchterner und schlichter gestaltete. Beispiele für solche Verdienstmedaillen sind die englische *Indian Chief Medal* und die amerikanische *Indian Peace Medal*. Eine der ehrenvollsten internationalen Auszeichnungen unserer Zeit ist die den Nobelpreisträgern verliehene Medaille.

VON SAMMLERN UND IHRER WISSENSCHAFT

»Jeder Sammler herrscht über eine Provinz der Dauer, der Schönheit und der Vollständigkeit, während in der Welt alles drunter und drüber geht, nichts stimmt und auf nichts Verlaß ist, alles auseinanderstrebt und in alle Winde zerstreut wird. Im Reich des Sammlers dagegen gibt es Ruhe und Frieden, hier haben die Mächte der Auflösung kein Stimmrecht; und sollte die Welt einmal in Flammen aufgehen, dann wird man am Rande der Brandkatastrophe den Sammler sitzen sehen, wie er unbeirrt seine Kollektionen ordnet.«

Wir können mit Sicherheit annehmen, daß das Münzensammeln so alt ist wie die Münze selbst. Seit jeher haben Menschen schöne, kostbare oder interessante Dinge gesammelt, und zu diesen zählten ja seit alters auch die Münzen. Natürlich unterscheiden sich Sammler je nach ihren Beweggründen oder den Zielen, die sie verfolgen. Münzen kann man wegen des materiellen Wertes sammeln, den Gold, Silber oder Platin verkörpern; man sammelt ausgefallene Münzen als Kuriositäten, alte Münzen als Zeugnisse der Vergangenheit, schöne Münzen als Kunstwerke, Münzen als gefühlsbefrachtete Erinnerungsstücke an besondere Daten, Ereignisse oder Orte. Jeder historische Zeitabschnitt, jede geographische Region hat den Reiz des Interessanten. Natürlich kann man das Münzensammeln auch als Geldanlage betreiben.

Schon Autoren der griechischen und römischen Antike wie Plinius und Plutarch haben über berühmte Sammlungen geschrieben. Münzen werden zwar nicht ausdrücklich erwähnt, aber wir können sicher sein, daß sie um ihrer historischen oder künstlerischen Bedeutung willen in den Sammlungen der Antike keine geringe Rolle spielten. Plinius und Livius, aber auch Cicero berichten von den sagenhaften Schätzen, die siegreiche Heerführer nach Rom brachten; ein Teil ihrer Beute bestand aus Münzen. Schon vor ihrer Zeit wurden in zeitgenössischen Dokumenten die Schatzkammern der Tempel erwähnt, und unter den frommen Gaben, die die Priester von den Pilgern erhielten, befanden sich mit Sicherheit ebenfalls viele Münzen.

Im alten Rom setzten besonders die Kaiser Münzen als ein wichtiges Propagandamittel ein, um auf den Münzbildern über ruhmreiche Ereignisse ihrer Regierungszeit zu berichte, sie der Mitwelt kundzutun und sie gleichzeitig für die Nachwelt festzuhalten. Dadurch wurden die Münzen zu historischen Dokumenten. Sicher sprachen Münzen als unmittelbare Zeugen der Vergangenheit die geschichtsbewußten Römer stark an. Als Sammelobjekte waren sie geradezu prädestiniert: Sie waren klein, nahmen also nicht viel Platz ein, waren haltbar, so daß man keinen Verderb oder keine Beschädigung zu befürchten brauchte, und obendrein waren sie verhältnismäßig leicht zu beschaffen. Kaiser Augustus war ein begeisterter Sammler, der besonders schönes Mobiliar und korinthische Vasen schätzte. Höchstwahrscheinlich fanden auch ausgesucht schöne Münzen in seine Sammlung Eingang; zumindest wissen wir, daß der Kaiser von Zeit zu Zeit solche Münzen als Geschenke austeilte. Zu seiner Zeit betrachtete man alte Münzen bereits allgemein als kostbare Sammelobjekte. Durch die rasche Ausweitung des Reiches kamen die Römer mit vielen ihnen bis dahin unbekannten Kulturen in Verbindung. Man darf annehmen, daß zu den unermeßlich reichen Kriegsbeuten, die siegreiche Feldherren nach Rom brachten, auch zahllose Münzen gehörten, die ebenso wie Gemmen und Kameen ihren Weg in öffentliche und private Sammlungen fanden.

Zwar werden sie von den Autoren der Antike nicht ausdrücklich erwähnt, aber sicherlich hatten die Münzen in den Sammlungen unter den Kunstgegenständen einen Ehrenplatz. Zu einem Aspekt des Münzensammelns liefert uns Plinius einen unmittelbaren Kommentar: Er äußert sein Erstaunen über die Nachricht, daß »Fälschermethoden Anlaß zu Studien sind; man prüfte sorgfältig einen gefälschten Denar, und man mußte mehr als einen echten Denar bezahlen, um die gefälschte Münze zu erwerben«.

Später, vom 4. bis weit ins 7. Jahrhundert hinein, verteilten die Kaiser zu besonderen Anlässen große Medaillen aus Bronze oder Gold.

Mit dem Niedergang der römischen Macht schwand die Muße, deren man sich im »Goldenen Zeitalter« unter Augustus oder zur Zeit Hadrians erfreut hatte; für eine der Vergangenheit zugewandte kontemplative Beschäftigung wie das Münzensammeln hatte man nichts mehr übrig. Gefördert wurde diese Entwicklung auch durch das aufstrebende Christentum – Münzen, die eine von Göttern und Heroen bevölkerte heidnische Vergangenheit spiegelten, waren nichts, mit dem man sich befassen sollte. Die Einstellung des Mittelalters zu Kunstwerken – und damit auch zu Münzen – läßt sich am besten folgendermaßen umschreiben: »Manche sahen in ihnen Denkmäler des Götzendienstes und lehnten sie als solche ab; andere schrieben ihnen magische Kräfte zu; wieder andere ließen sich durch die riesigen römischen Ruinen, ihren Reichtum an kostbarem Material und ihre vollkommene Gestaltung zu Begeisterung hinreißen.« Erst zur Zeit Karls des Großen knüpfte man wieder an die römische Tradition an, machte sie zur Grundlage einer staatlichen und kulturellen Renaissance, und stärker noch stützte sich die Blüte von Kunst und Gelehrsamkeit unter Friedrich II. von Hohenstaufen (1212–1250) auf antike und vor allem römische Wurzeln. Nicht ohne Grund gestaltete Friedrich II. seine neue Goldmünze, den Augustalis, den Münzen der spätrömischen Kaiser nach.

Interessant ist die Feststellung, daß sich viele hervorragende Geister des späten 13. und 14. Jahrhunderts für Münzen und Währungstheorien interessierten. In *de regimine principis* behandelte Thomas von Aquin Funktion und Entwicklung des Geldwesens; Nicholas Oresmius (1320–1382) schuf mit seinem *tractatus de origine, iure nec non et muta-*

tionibus monetarum das erste numismatische Werk in Form einer umfassenden wissenschaftlichen Abhandlung.

In einer Zeit wachsender Wißbegier erwiesen sich Münzen als wundervoll lehrreiches Anschauungsmaterial. Deshalb wurde es unter Humanisten und Kunstfreunden bald üblich, interessante und schöne Münzen zu sammeln. Schon vor der Renaissance gab es eine ganze Reihe von bemerkenswerten Münzkabinetten. Einer der bekanntesten Sammler ist der große Florentiner Francesco Petrarca (1304–1374); er befaßte sich hauptsächlich mit Münzen aus der Antike, die er hoch schätzte.

Während der Renaissance stellte man vielerorts in Italien, beispielsweise in Florenz, Siena, Pisa und Mailand, aber auch am glanzvollen Hof der Päpste in Rom, ausgezeichnete Antikensammlungen zusammen, um sich der Schöpfungen der Vergangenheit zu erfreuen. In den Sammlungen der Farnese fanden auch antike Münzen ihren Platz. Berühmte Kunstgegenstände sammelte in Florenz der große Cosimo de Medici (1389–1464), darunter griechische und römische Münzen, deren Zahl durch seine Söhne, Pietro und Lorenzo il Magnifico (1448–1492), bedeutend vermehrt wurde. Nach einem 1465 aufgestellten Verzeichnis enthielt das Münzkabinett der Medici damals 100 Gold- und 503 Silbermünzen.

Nördlich der Alpen versuchten die Habsburger schon früh, eine möglichst vollständige Porträtgalerie aller Kaiser des Heiligen Römischen Reiches zusammenzustellen, in die sie auch durch römische Porträtmünzen die Kaiser des alten Römerreiches einbezogen. Zeitgenössische Dokumente berichten, daß die Habsburger bereits im 13. Jahrhundert Sammlungen besaßen, aber von einer bedeutenderen Münzensammlung am Wiener Hof können wir erst seit Maximilian I. (1493–1519) sprechen. Ferdinand I. (1531–1564), ein großer Förderer der Künste, richtete 1563 die Wiener Kunstkammer ein.

In der Zeit vor der Renaissance gingen die Sammler in der Regel nicht nach irgendwelchen wissenschaftlichen Methoden vor, sondern ließen sich von fast kindlicher Neugier und der Lust am Außergewöhnlichen leiten, um ihre Schätze dann in einer »Wunderkammer« oder einem »Kuriositätenkabinett« zur Schau zu stellen. Eine der berühmtesten Wunderkammern des 16. Jahrhunderts befand sich in Schloß Ambras bei Innsbruck. Hier versammelte Erzherzog Ferdinand (1529–1595), ein Sohn Kaiser Ferdinands I., viele Dinge von historischem Interesse. Hervorragend war seine Sammlung griechischer und römischer Münzen, an denen er offenkundig viel Spaß hatte und mit denen er sich häufig beschäftigte, ließ er doch zwei durchdacht angelegte Münzkabinette einrichten, in denen er seine Schätze unterbrachte. Nach seinem Tod wurden die Münzen zusammen mit den übrigen Sammlungen von seinem Sohn an Kaiser Rudolf II. verkauft.

Ein goldenes Zeitalter der Numismatik waren die Frührenaissance und die Renaissance, als man Münzen mit wachsender Begeisterung sammelte und studierte, interpretierte und manchmal auch fehlinterpretierte. Nachdem Gutenberg den Buchdruck mit beweglichen Lettern erfunden hatte, wurde eine wahre Flut von bebilderten Büchern gedruckt. Zur Illustration von antiken Mythen verwandte man oft Wiedergaben antiker Münzbilder. 1553 veröffentlichte Guillaume Rouille in Lyon sein *promptuaire des médailles des plus renommées personnes qui ont ésté depuis le commencement du monde.* Darin zeigte er neben Porträts nach Münzbildern auch frei erfundene »Bildnisse« Adams, Noahs, des ägyptischen Gottes Osiris und Agamemnons; obendrein deutete er die Porträts auf den Münzen häufig so, wie es ihm gerade paßte, ohne sich viel darum zu kümmern, wen das Münzbild tatsächlich darstellte. Gleichzeitig waren jedoch andere Autoren bemüht, mit Hilfe von Münzen Antworten auf Fragen der Geschichte zu finden, beispielsweise Wirtschaftsstrukturen, Handelsbeziehungen und Preisentwicklungen der Vergangenheit zu erforschen, oder sie befaßten sich mit den rechtlichen Problemen der Münzfälschung oder mit den technischen Aspekten der Münzherstellung. Neue Erkenntnisse gewannen Autoren wie die Deutschen Georg Bauer, besser bekannt unter seinem latinisierten Namen Agricola, in *de mensuris et ponderibus romanorum atque graecorum* (1550) und Joachim Camerarius in *historia rei nummariae Graecorum et Latinorum* (1556). 1511 übersandte Margarethe Peutinger, die Frau des deutschen Humanisten Conrad Peutinger, ihrem Bruder, Christoph Welser, eine numismatische Abhandlung über die römischen Kaisertitel mit der Bitte, für die Veröffentlichung der Schrift zu sorgen.

Vor allem über die römischen Münzen wurde umfangreiches Material gesammelt. Meilensteine in der Entwicklung, die aus der Numismatik eine echte Wissenschaft machten, sind die Namen des Augsburger Arztes und Humanisten Adolph Occo (1524–1606) und des holländischen Gelehrten Hubert Goltzius (1526–1583). Um Informationen zu sammeln, unternahm Goltzius weite Reisen und besuchte zahlreiche Münzkabinette in ganz Europa. Die Zahl der von ihm genannten Münzensammlungen ist erstaunlich: 380 in Italien, mehr als 200 in Frankreich, etwa gleich viele in den Niederlanden und über 175 in Deutschland. Mit den Worten eines späteren Kommentators »gab es keinen Fürsten oder hochgestellten Herrn, der sich nicht rühmte, Münzen zu besitzen, obwohl viele noch nicht einmal lesen konnten«. In Augsburg besaß im 16. Jahrhundert der reiche Bankier Hans Fugger neben einer berühmten Bibliothek ein Münzkabinett; seine zahlreichen antiken Gold- und Silbermünzen hatte er größtenteils in Italien durch den Agenten Jacobus de Strada aus Mantua aufkaufen lassen. De Strada war viele Jahre lang als Agent für die Kaiser Ferdinand I., Maximilian II. und Rudolf II. tätig; er unterrichtete sie von interessanten Angeboten auf dem Kunst- und Antiquitätenmarkt und vermittelte ihnen dann das Gewünschte. Hans Fuggers Bibliothek und Münzkabinett erwarb 1571 Albrecht der Großmütige von Bayern, der Gründer der Münchener Kunstkammer. Weiter ausgebaut wurde die Sammlung unter Wilhelm V. (1579–1597) und Maximilian I. (1597–1651), so daß sie schließlich zu einer der bedeutendsten Münzsammlungen in Mitteleuropa wurde. In Brandenburg richtete Kurfürst Joachim II. (1535–1571) das unter Friedrich dem Großen stark erweiterte Berliner Münzkabinett ein. In Italien gab es Münzkabinette vor allem in den Adelspalästen in Rom und Florenz, bei den Farnese, Barberini, Massimi und Ottoboni.

In Spanien brachte der große Kunstliebhaber Philipp II. (1556–1598) im Escorial zahlreiche Kunstsammlungen unter. Aus England gelangten die Sammlungen Karls I. nach vielen Verlagerungen während der Bürgerkriege schließlich nach Schweden zu Königin Christina. In Frankreich ordnete Heinrich IV. die Anlage einer Münzsammlung an, »um die königliche Residenz zu verschönern, um die Erziehung des Kronprinzen zu fördern und um den zeitgenössischen Künstlern gute Vorlagen zu bieten«.

Münzen und vor allem antike Münzen waren für die Künstler sicherlich von großem Interesse. Um nur ein Beispiel zu nennen: Peter Paul Rubens erwarb eine Sammlung, die nicht weniger als 18 000 Münzen umfaßte. Die früheste Münzversteigerung, von der wir wissen, fand 1598 in Leiden statt; damals wurde die Sammlung eines französischen Adligen auf diese Weise veräußert.

Im 17. Jahrhundert war die Numismatik als Wissenschaft bereits aus den Kinderschuhen herausgewachsen. Man war damals in erster Linie darauf bedacht, soviel unbekanntes Material wie nur irgend möglich zu registrieren und die in den Sammlungen vorhandenen Münzen in Katalogen zu erfassen. Im gleichen Jahrhundert wurden einige der berühmtesten Münzkabinette Europas erheblich ausgebaut. In Frankreich sah Ludwig XIV. in der Beschäftigung mit Münzen einen erholsamen Zeitvertreib und ließ das Münzkabinett nach Versailles verlegen, um seine Schätze stets in griffbereiter Nähe zu haben. Er pflegte täglich seine Sammlung aufzusuchen und verwandte viel Zeit und Begeisterung auf das Studium der Münzen. Unter den königlichen Münzkabinetten in anderen Teilen Europas waren die Sammlung der dänischen Krone und besonders die Sammlung der Königin Christina von Schweden bemerkenswert. Als sie 1654 abdankte, nahm sie einen Teil ihrer mehr als 15 000 Münzen umfassenden Sammlung mit ins Exil. Um die gleiche Zeit wird von der Münzsammlung Friedrich Wilhelms I. von Brandenburg (1640–1688), des Großen Kurfürsten, berichtet, sie verdiene »den Besuch und die Aufmerksamkeit aller, die sich der Beschäftigung mit interessanten Dingen hingeben«.

Mit dem Beginn des 18. Jahrhunderts, dem wir die großen kulturellen Revolutionen der Neuzeit verdanken – erinnern wir nur an einige der Neuerer wie die französischen Enzyklopädisten, Rousseau, Voltaire, Goethe und Kant –, wurden alle Wissenschaften von einem neuen Geist durchdrungen. Auch die Numismatik wurde in diese Entwicklung einbezogen. Um die wachsende Materialfülle bewältigen zu können, mußte eine neue, bessere Systematik als die bisherige alphabetische oder chronologische Ordnung gefunden werden. Gelöst wurde das Problem durch die systematisch denkenden deutschen Numismatiker, die in diesem Jahrhundert zweifellos in der Münzforschung führend waren.

Das Ergebnis schlug sich in einer Reihe von deutschen Veröffentlichungen nieder, bei denen es sich in der Hauptsache um umfassende Kataloge bestimmter Münzkategorien handelte. Zu den wichtigsten Nachschlagewerken über europäische Goldmünzen wurden Johann Friedrich Joachims *Neu eröffnetes Groschen-Cabinet* (1749–1769), über deutsche und andere Münzen niederer Nominale, Johann Tobias Köhlers *Vollständiges Ducaten-Cabinet* (1750–1760) und später J. C. von Soothes *Auserlesenes und höchst ansehnliches Ducaten-Cabinet* (1784). Michael Lilienthals *Vollständiges Thaler-Cabinet* (1735) und vor allem David Samuel Madais *Vollständiges Thaler-Cabinet* (1765–1774), in denen praktisch alle talergroßen Silbermünzen Deutschlands und der angrenzenden Länder abgehandelt sind, sind ausgezeichnete Nachschlagewerke, die noch heute gern benutzt werden. In der gleichen Zeit wurden auch verschiedene münzkundliche Lexika veröffentlicht, so Johann Christoph Rasches *Lexicon universae rei numariae veterum* (Leipzig, 1785–1805, neun Bände und ein Zusatzband 1802–1805).

In die erste Hälfte des 18. Jahrhunderts fällt auch die Anerkennung der Numismatik als akademische Disziplin. 1738 kündigte Professor Johann Heinrich Schulze an der Universität Halle ein Privatkolleg zum Thema *Über die Münzwissenschaft und die daraus zu erläuternden griechischen und römischen Altertümer* an. Von 1729 bis 1750 veröffentlichte Professor Johann David Köhler von Altdorf wöchentlich Kommentare und historische Erläuterungen zu deutschen und ausländischen Münzen und Medaillen in einer Schriftenreihe, die er *Historische Münz-Belustigungen* nannte. Sein Beispiel regte zu ähnlichen Publikationen in Nürnberg und andernorts an.

Unser kurzer Überblick über die Numismatik des 18. Jahrhunderts wäre unvollständig, würden wir nicht die beiden berühmten Österreicher Johann Eckhel und Joseph von Mader erwähnen. Der Abt Johann Hilarius Eckhel (1737–1798), Leiter des kaiserlichen Münzkabinetts in Wien, verdient den Ehrentitel eines »Vaters der alten Numismatik«. Auf den Grundsätzen, die er für sein 1792 bis 1798 in Wien veröffentlichtes achtbändiges Hauptwerk, *doctrina nummorum veterum,* einführte, beruht die gesamte spätere Gliederung des alten Münzwesens. Zum erstenmal wurden in diesem Werk die wesentlichen Elemente des antiken griechischen und römischen Münzwesens – Metalle, Gewichtssysteme, Münzstättenorganisation, Bedeutung der Münztypen, Beziehungen zwischen Münzen- und Kunstgeschichte – ausführlich besprochen. Bei der Darstellung der altgriechischen Münzen bediente sich Eckhel einer geographischen anstelle der bis dahin üblichen alphabetischen Ordnung. Eine Fülle von Informationen über das altrömische Münzwesen systematisierte Eckhel in den letzten vier Bänden seines Werks.

In dieser Zeit der Aufklärung, als die von den Höfen der Herrscher ausgehenden Impulse Künste und Wissenschaften sehr förderten, war es nur natürlich, daß die meisten Potentaten in Europa sich einem aristokratischen Zeitvertreib zuwandten, der als einer der geistvollsten galt. So erwarben Herzog Anthon Günther von Schwarzburg und Friedrich II. von Sachsen-Gotha, Friedrich der Große, Ludwig XV. von Frankreich, Maria Theresia und ihr Vater, Karl VI., in einem manchmal erbitterten Wettstreit berühmte Einzelstücke oder auch ganze Sammlungen.

Karl VI. war ein so begeisterter Numismatiker, daß er sogar auf seinen Feldzügen nicht auf seine Lieblingsmünzen verzichten wollte. Er ließ deshalb einen tragbaren Schaukasten anfertigen, der ihn auf die Schlachtfelder in Spanien begleitete.

Einer der bedeutendsten Sammlungen jener Zeit konnte sich das kleine Herzogtum Sachsen-Gotha rühmen; nach Herzog Friedrich II. (1691–1732) wurde dieses Kabinett vom Landesfürsten »zum Ruhm unseres Herrscherhauses und zum Wohl der Allgemeinheit« geschaffen. Interessant ist die Feststellung, daß man bereits damals in Deutschland sehr darauf bedacht war, den Sammlern allgemeine Richtlinien an die Hand zu geben. So veröffentlichte 1762 Johann David Köhler seine *Anweisungen für Reisende ..., Münz-Cabinette ... mit Nutzen zu besehen.*

Die Wirren und Unsicherheiten, die in ganz Europa durch die Französische Revolution und die Napoleonischen Kriege erzeugt wurden, ließen für jedweden Zeitvertreib und für beschauliche Steckenpferde nur wenig Muße und Verständnis übrig. Infolgedessen verlor die Numismatik zu Beginn des 19. Jahrhunderts in vielen Ländern Europas für kurze Zeit stark an Bedeutung. Aber sie erwachte bald wieder aus diesem Dornröschenschlaf, und zwar durch Impulse, die in der Hauptsache aus eben jenem Frankreich kamen – durch die unzähligen während der Zeit des Ersten Kaiserreiches geprägten Medaillen, die die grandiosen Pläne Napoleons und sein ausgeprägtes Gefühl für nationale Größe spiegeln.

Im 19. Jahrhundert wurde der weitere Ausbau vieler öffentlicher Münzsammlungen in Mitteleuropa durch Kriege und Revolutionen gebremst. In Italien jedoch, besonders in Süditalien, wurden sowohl neue Sammlungen angelegt als auch bestehende beträchtlich erweitert. Das 1757 gegründete Münzkabinett in Neapel erreichte bald einen Bestand von rund 10 000 griechischen und über 16 000 römischen Münzen. In Neapel gab Francesco Maria Avellino ab 1808 eine numismatische Zeitschrift mit dem Titel *Giornale numismatico* heraus, mit der er an die von 1804 bis 1806 in Leipzig und Gotha erschienenen *Annalen der gesammten Numismatik* von Friedrich Schlichtegroll anknüpfte.

Die ersten Jahrzehnte des 19. Jahrhunderts leiteten die immer stärkere wissenschaftliche Ausrichtung der Numismatik ein, die sich im Verlauf dieses Jahrhunderts beobachten läßt. Immer mehr berühmte Privatsammlungen wurden durch Kauf oder Schenkung den größten öffentlichen Münzsammlungen einverleibt, wo sie von kenntnisreichen Spezialisten gepflegt wurden; diesen verdanken wir zahlreiche ungemein wichtige Beiträge zur Münzforschung. In oft enger Zusammenarbeit mit den Universitäten führten sie in die Numismatik die Präzision wissenschaftlicher Methodik ein und entwickelten sie mit der Beharrlichkeit und Systematik weiter, mit denen auch andere Wissenschaften ausgebaut und vertieft wurden.

Wohlbekannte numismatische Zeitschriften veröffentlichten die neuen Forschungsergebnisse. Manche der Beiträge waren zwar bald wieder überholt, aber viele andere blieben für Forscher und Sammler jahrzehntelang richtungweisend.

Nennen wir einige der wichtigsten periodischen Publikationen: J. Leitzmanns *Numismatische Zeitung* erschien 1834–1863 in Weißensee (Thüringen), Hermann Gotes *Blätter für Münzkunde: Hannoversche numismatische Zeitschrift* wurden 1835–1844 in Leipzig veröffentlicht und unter dem neuen Titel *Münzstudien* 1857–1877 fortgeführt. Bernhard von Koehne gab 1841–1862 die *Zeitschrift für Münz-, Siegel- und Wappenkunde* heraus, aus der dann die *Berliner Blätter für Münz-, Siegel- und Wappenkunde* (1863–1873) wurden. Zwar brachten diese frühen deutschen Zeitschriften zum Teil hochinteressante Beiträge, aber ihr Einfluß war doch begrenzt. Erst 1874 wurde die führende deutsche *Zeitschrift für Numismatik* in Berlin von Alfred von Sallet gegründet; die führende österreichische *Numismatische Zeitschrift* kam erstmals 1869 heraus. Bereits 1836 war die in Frankreich führende *Revue numismatique* in Paris gegründet worden. Im gleichen Jahr erschien in London die erste Nummer des *Numismatical Journal,* das 1838 in *Numismatic Chronicle* umbenannt wurde. Wichtig war auch die 1842 in Belgien gegründete *Revue de la numismatique belge,* die ihren Namen 1875 in *Revue belge de numismatique* änderte.

Eine neue Zeit für die Numismatik brach in der zweiten Hälfte des 19. Jahrhunderts dadurch an, daß sich nunmehr die einzelnen Länder stärker nach außen hin öffneten. Zwar hatten auch schon früher Landesgrenzen die Sammler nicht davon abgehalten, Münzen zu tauschen, aber die Mehrzahl der Fachgelehrten blieb stark nationalen oder lokalen Traditionen verhaftet. Das änderte sich gegen Ende des Jahrhunderts. Ab dieser Zeit wurden viele in einem Land entwickelten neuen Trends oder Methoden fast unverzüglich von den Münzkundlern und Sammlern in aller Welt aufgegriffen.

Gleichzeitig vollzog sich ein grundlegender Wandel in der Einstellung der Fachwelt zur Numismatik. Vorbei war die Zeit der »Münzbelustigungen«, in der die Numismatik ein müßiges Spiel mit kuriosen, interessanten Zeugen der Vergangenheit gewesen war. Vorbei war aber auch die Zeit des Universalgelehrten von Humboldt, der sich mit unstillbarer Wißbegierde in alle Wissensbereiche seines Jahrhunderts vertieft hatte. So schrieb man schon 1885: »Es übersteigt die Möglichkeiten des einzelnen, ein großer Allgemeinnumismatiker zu sein.«

An die Stelle des Münzkundlers, der über alles »Bescheid wußte«, aber oft nur ein oberflächliches Wissen besaß, trat nunmehr der Spezialist, der sich nur mit einem bestimmten historischen Zeitabschnitt oder einer umgrenzten geographischen Region befaßt, aber auf diesem seinem Fachgebiet wirklich zu Hause ist. Fortan war die Numismatik nicht mehr nur eine Hilfswissenschaft, derer Archäologen und Historiker sich bedienten, sondern eine eigenständige Wissenschaft, die als solche nach Aufgabe und Methodik definiert werden mußte.

Wie jede Wissenschaft, hat auch die Numismatik in den letzten Jahrzehnten eine zunehmende Spezialisierung erfahren. In immer größerer Zahl werden stetig enger umgrenzte Themen als Forschungs- und Arbeitsbereiche ausgesondert. Neue Methoden werden entwickelt und zunehmend verfeinert: die Untersuchung technischer und künstlerischer Aspekte der Münzen, die Anwendung metallurgischer Labormethoden, die Möglichkeiten der Erkennung von Fälschungen, die Fotografie als wichtiges Hilfsmittel für numismatische Forschungen, aber auch für die Verbreitung des Interesses an Münzen, die verstärkte Inanspruchnahme herkömmlicher Disziplinen wie Metrologie und Epigraphie. Studien über primitive Geldformen und besonders Theorien über den Ursprung des Geldes, die im vergangenen Jahrhundert ein Lieblingsthema deutscher Wirtschaftswissenschaftler und Münzkundler waren, haben zu neuen, originellen Erkenntnissen geführt. Auch das Papiergeld und andere Wertpapiere sind zunehmend in das Interessengebiet der modernen Numismatik gerückt.

In unserer Zeit zeichnet sich unter den Numismatikern ein wachsendes Interesse an der Geschichte des Geldes ab. Man befaßt sich mit der Frage, welche Rolle das Geldwesen im Rahmen der historischen, ökonomischen und rechtlichen Gegebenheiten beim Werden der Nationen gespielt hat. Jede Untersuchung über das Geldwesen eines Landes sollte durch derart umfassende Studien abgerundet werden. Viele Veröffentlichungen gehen bereits in diese Richtung.

Als akademische Disziplin nahm die Numismatik 1738 in Halle mit dem Privatkolleg Johann H. Schulzes ihren Anfang. In der Folgezeit erkannte man ihr jedoch nur selten den Rang einer Wissenschaft zu, hauptsächlich deshalb, weil es auf diesem Gebiet an Lehrern fehlte. Hingegen wurden an den Universitäten in zunehmendem Maße Münzen als Anschauungsmaterial von Kunsthistorikern und Historikern wie F. Creutzer (Heidelberg), J. Overbeck (Leipzig) und besonders Theodor Mommsen (Berlin) eingesetzt. Auch heute noch steht Deutschland in dieser Hinsicht an erster Stelle: Numismatische Vorlesungen bieten unter anderen die Universitäten Berlin, Hamburg, München, Heidelberg, Göttingen, Münster und Braunschweig.

KLEINER LEITFADEN FÜR ANGEHENDE MÜNZENSAMMLER

Wie sammelt man Münzen?

Für den, der durch dieses Buch bewogen wird, mit dem schönen Hobby des Münzensammelns zu beginnen, stellt sich zunächst die Frage, was er – durch den ersten Teil über die Vielfalt der Erzeugnisse der Geschichte und Gegenwart des Münz-, Geld- und Medaillenwesens unterrichtet – nun eigentlich sammeln soll. Ihm ist zu raten: alles. Er suche zunächst von dem, was ihm an Zahlungsmitteln im eigenen Land durch die Hand geht, von jedem Nominal das eine oder andere Stück verschiedener Jahreszahl, verschiedenen Münzbuchstabens aus, lege den einen oder anderen wirklich druckfrischen kleineren Geldschein auf die Seite und lasse keines der Gedenk-Fünfmarkstücke aus, von denen jedes Jahr in der Bundesrepublik ein oder zwei erscheinen. Er verfahre ebenso jedesmal, wenn er eine Auslandsreise macht und kehre nie ohne eine Handvoll Münzen und einige Scheine jedes Landes zurück, das er betritt. Er denke auch von Anfang an an »münzähnliche Gegenstände«, die wenig kosten: an die Telefonmarken in Italien und Frankreich, an die kleinen Erinnerungsmedaillen, die die Pariser Münze ihren Besuchern für kaum zwei oder drei Mark anbietet. Und dann gehe er in seiner nächsten Umgebung auf Suche. Die »sammlerische Erfahrung« lehrt, daß es in jeder Familie eine Schachtel, eine alte Zigarrenkiste gibt, in der man seit langem ungültig gewordene Münzen aufhob, altes Inflationsgeld oder die letzten Münzen und Scheine aus einem Urlaubsland, wohin man wieder einmal zu reisen hoffte, vielleicht ältere Münzen aus der Zeit vor dem Zweiten oder gar dem Ersten Weltkrieg, zusammen mit den Orden und Auszeichnungen verstorbener Angehöriger und mit Mitbringseln einschlägiger Art von Soldaten im letzten Krieg für die damaligen Kinder. Manche alte Tante wird dann auch noch Besseres haben, vielleicht wirklich alte Silbermünzen früherer Jahrhunderte und ein Goldstück, oder aus Italien und Griechenland die eine oder andere antike Münze von einer

Reise zu der Zeit, als den Touristen dort nicht nur Fälschungen angedreht wurden, wie es heute ist.
Kurz: man nehme alles, man fange mit einer *Universalsammlung* an, die zunächst auch vorwiegend aus Kleinmünzen bestehen kann, welche man mit Glück manchmal auch in größeren Posten für wenig Geld bekommt. Denn: Am Anfang soll der Sammler vor allem die Vielfalt der Gepräge kennenlernen, seinen Sinn für die mannigfaltige Staatenwelt von Gegenwart und Vergangenheit schärfen, was er erreicht, wenn er viele und unterschiedliche Münzen aus allen Ländern und Zeiten, alle erdenklichen Medaillen und Marken, auch Geldscheine mit orientalischen Schriften, beharrlich zu bestimmen sucht. Nichts soll er zurückweisen, was ihn nichts kostet, und seien es nur ein paar Biermarken (von denen es übrigens herrliche Spezialsammlungen gibt). Die Spezialisierung auf ein bestimmtes, vernünftiges Sammelgebiet ergibt sich dann von selbst. Die zunächst gewonnene Übersicht des ganzen Bereichs der Numismatik samt ihren Nebengebieten, flach wie sie beim Anfänger auch sei, ist dem reiferen Münzfreund nicht mehr zu nehmen, besonders wenn er von Anfang an auch an den Münzen anderer seinen Blick geschärft, die Sammlungen seiner Freunde besichtigt und keinen Münzensaal eines Museums ausgelassen hat, in dessen Nähe er kam. Die vielfältigen Münzen der Anfangszeit sind ihm keine Last, denn er kann sie zum Tausch verwenden, soweit sein Interesse erlischt. Für jeden Anfänger kommt nämlich der Tag, an dem er bewußt oder unmerklich zum Spezialsammler wird, ein engeres oder weiteres Sammelgebiet wählt, dem er nun auf lange Zeit seinen Wissensdurst, seine für das Hobby abgezweigten Mittel, seine Findigkeit im Aufspüren der Stücke, kurz: seinen Sammeltrieb widmet. Für diese Entscheidung ist kein Ratschlag zu geben. Sie hängt von den Interessen, vom Bildungsstand, von den Beziehungen ab, die man zum Beschaffen der Sammlungsstücke einsetzen kann, und natürlich vom Geldbeutel; selbst für einen Professor hat es keinen großen Sinn, sich ausgerechnet auf antike Goldmünzen zu verlegen, deren jede Zehntausende kostet. Aber man erlebt hier erstaunliche Dinge. Es gibt Handwerker, die zu erstklassigen Spezialisten für chinesische Cashmünzen wurden oder jeden römischen Kaiser kennen, Buchhalter, die jedes Museum um ihre Barockmedaillen beneiden würde, die sie vor Jahrzehnten für Pfennige kauften. Man muß keineswegs reich sein. So sehr die Stücke verbreiteter Sammelgebiete auch unerschwinglich geworden sind (darüber unten), so vieles ist auch noch zu entdecken, wofür es noch keinen in Zehntausenden von Exemplaren verbreiteten Sammlerkatalog gibt, der Tausende dazu verführt hat, die Stücke des Gebiets, der Epoche zu sammeln und Nummer für Nummer abzustreichen, natürlich auch, die Preise in die Höhe zu treiben.
Von manchem ist dem abzuraten, der heute sich den Münzen verschreibt. Man kann Münzen unter verschiedenen Gesichtspunkten sammeln: ihrer Schönheit in den verschiedenen Epochen wegen, in den Kunststilen der Vergangenheit, oder eher unter den Gesichtspunkten der Entwicklung der Münztechnik, oder zur Dokumentation der Geschichte eines Landes, einer Dynastie, eines Landstrichs, einer Stadt. Stets wird die Sammlung die Individualität ihres Besitzers widerspiegeln und so einzigartig wie seine Persönlichkeit sein; so sollte und kann es keine gleichen zwei Sammlungen geben, wie auch verschiedene Personen einander nie gleich sein werden.
Dem widerspricht es, wenn Hunderttausende in jedem Land nur die einheimischen Münzen der neuesten Zeit sammeln (in Deutschland die als »Reichsmünzen« geläufigen Gepräge der deutschen Staatsformen seit 1871), für die es jeweils bessere oder triviale, stets jedoch preiswerte Kataloge gibt. Eine solche Sammlung kann die Individualität ihres Besitzers nicht durch das zeigen, woraus sie sich zusammensetzt, sondern nur durch das, was ihr zur Vollständigkeit an seltenen, teureren Stücken fehlt – letztlich die Perversion einer Münzensammlung. Ähnlich ist es mit jenen Sammlungen, in denen für wenige Gepräge »nach Katalog« alle vorkommenden Jahreszahlen und Münzzeichen in größtmöglicher Vollkommenheit zusammengetragen sind. Auf Münzbörsen gibt es Händler, die nichts anderes anbieten als Unmengen von prägefrischen Kursmünzen der Bundesrepublik. Sie finden auch ihre Kunden. Nur auf diesem Boden ist es verständlich, wenn seltene dieser Untertypen Preise von Hunderten von Mark erzielen; solche Münzen waren es, die ungetreue Bedienstete der Karlsruher Münzstätte jahrelang unbefugt mit alten Stempeln auf private Rechnung anfertigten, wie es 1975 zutagetrat und was dieser Tage, als diese Zeilen geschrieben werden, vor Gericht seine Sühne findet.
Für das, was die Numismatik so reizvoll macht, geben diese Sammlungen nicht das geringste her: für die Beschäftigung mit Erdkunde, Geschichte, insbesondere mit der Münz- und Währungsgeschichte als Teil der Wirtschaftsgeschichte, mit der Geschichte der Kunst, ja des alten Maß- und Gewichtswesens, der Technik für alle diese Wissensgebiete ist die echte alte Münze in vielen Fällen eine wichtige Erkenntnisquelle und oft die einzige Art von originalem Denkmal, das dem Beflissenen zu Erwerb und Besitz offensteht. Zugleich weist die Karlsruher Affäre auch darauf hin, wie viel-

fältig die Münzkunde auch mit den rechtlichen Gegebenheiten früherer Zeiten und der Gegenwart im Zusammenhang steht, sei es, daß Münzen und Geldscheine die alten und neuen staatsrechtlichen Verhältnisse dokumentieren, sei es die Geschichte von Fälschung und Münzverschlechterung, von Münzvorschriften und Währungsgesetzen, von Inflationen, Wirtschafskrisen und Kriegserscheinungen.
Diese Vielfalt der Belehrungen, des Wissens und der mannigfachen Schönheit der in- und ausländischen Gepräge sollte den Münzfreund eigentlich davon abhalten, gleichförmige Münzen anzuhäufen, denen es an jeglichem geistigen Hintergrund gebricht.
Zu warnen ist schließlich vor den »Pseudomünzen«. In den letzten zehn Jahren hat das Münzensammeln, durch den breiten Wohlstand und die zunehmende Freizeit, aber auch durch den inflationsbedingten Drang vieler in die Sachwerte begünstigt, einen unerhörten Umfang angenommen, was die Zahl der Sammler anlangt. Die Preise der Sammlermünzen wie die aller Arten von Antiquitäten stiegen erheblich und es wurden für die Sammler sogar noch neue Sammelgebiete »kreiert«. Nicht nur, daß der Staat sich durch gewaltig gesteigerte Ausgabe von Gedenkmünzen (nach Zahl der Typen und nach der Höhe der Auflagen) beteiligte und in der Bundesrepublik die Olympiade von 1972 in München zu einem beträchtlichen Teil von den neuen Münzensammlermassen finanziert wurde, die die Olympia-Zehnmarkstücke aufnahmen; abgesehen von der entsprechend gewachsenen Zahl geschäftstüchtiger, aber wenig sachkundiger Händler haben sich viele Staaten der Welt, teils mit Hilfe international tätiger Münzenhandelsfirmen, in dieses große Geschäft eingeschaltet. So lassen viele, besonders »junge« Staaten Münzen prägen, die für den Geldumlauf gar nicht bestimmt sind, sondern nur geprägt werden, damit sie über diese Firmen zu den Kurswert weit übersteigenden Preisen an die Sammlerschaft abgesetzt werden.
Dies sind die »Pseudomünzen«, von denen der kundige Sammler sich ebenso fernhält wie vom größten Teil der heutigen Medaillenproduktion. Hier handelt es sich um Formen des Edelmetallhandels, die mit der Numismatik nichts zu tun haben.
Dem Leser wird jetzt klar sein, daß es in der Münzkunde ohne vieles Wissen, um die Sammlungsstücke, um Geschichte und Münztechnik, um das Geschehen im numismatischen »Tagesbetrieb«, nicht gehen wird. Er tut daher gut, wenn er sich nicht auf Zufallsinformationen in der Tagespresse verläßt, sondern sich den Quellen zuwendet, die ihm das notwendige Wissen zuverlässig vermitteln. Deren gibt es drei. Er wird sein Geld nicht nur, wie es viele leider tun, für Münzen ausgeben, sondern auch zur Fachliteratur greifen, zu zuverlässigen Katalogen und zu beschreibenden Darstellungen nicht nur der Münzgeschichte, sondern auch dessen, was man die Hilfswissenschaften der Numismatik nennen kann, also der allgemeinen Geschichte, der Wirtschafts- und Kunstgeschichte, der Volkswirtschaftslehre, der Heraldik; er wird sich ein numismatisches Lexikon, ein Legendenhandbuch und ein Regentenlexikon zulegen und vor allem die eine oder andere numismatische Zeitschrift abonnieren; stets hängt seine Wahl davon ab, wohin seine Sammlerinteressen ihn weisen und wie fortgeschritten er in seiner Sammlung ist. Zum anderen wird er sich ein Archiv anlegen, in dem er möglichst geordnet sammelt, was sonst ihm an Informationen über sein Interessengebiet zufliegt: Händlerpreislisten, Versteigerungskataloge, Zeitungsnotizen, Ein- und Verkaufsbelege, Schriftwechsel mit Sammlern und Händlern, Kleinschriften, wie Banken sie oft herausgeben, einschlägiges Werbematerial und anderes. Schließlich wird er einem Münzverein beitreten (was in Deutschland stets mit dem Bezug einer guten Zeitschrift verbunden ist). Hier hat er Gelegenheit, andere Sammler und damit Gesprächs- und Tauschmöglichkeiten kennenzulernen, Händler zu sehen und zu sprechen, ohne gleich ein Ladengeschäft betreten zu müssen, und vor allem immer wieder Vorträge über Münzen und Medaillen aus allen Gegenden und Epochen zu hören. Die wichtigsten münzkundlichen Zeitschriften des deutschen Sprachraums findet der Leser auf Seite 164. Die Anschriften der jetzt auch recht zahlreichen Münzvereine in der Bundesrepublik erfrage der Leser bei ihrer Dachorganisation, dem

Verband der deutschen Münzvereine,
Geschäftsführung:
7500 Karlsruhe 1,
Schloß,

oder der Redaktion seines Organs, dem

Numismatischen Nachrichtenblatt,
2970 Emden,
Philosophenweg 10.

Die größte, überörtliche Münzensammlervereinigung Deutschlands ist die

Gesellschaft für Internationale Geldgeschichte,
Geschäftsstelle:
6360 Friedberg 1,
Postfach 1608,

die mit den »Geldgeschichtlichen Nachrichten« zweimonatlich eine der wichtigsten Zeitschriften herausgibt.

Wie reinigt man Münzen?

Die Zahlungsmittel, Metall oder Papier, die täglich von Hand zu Hand gehen, sind wohl das Schmutzigste, was wir im Alltag in die Hand nehmen, und so ist die Frage wohl berechtigt, ob der Sammler sie reinigen soll, ehe er sie in seine Sammlung einlegt, beispielsweise, wenn er eine Handvoll nicht gerade neuglänzender Münzen aus Afrika erhalten hat. Bei Papiergeld wird sich die Frage kaum stellen, denn hier nimmt er von vorneherein nur Scheine in die Sammlung, die druckfrisch oder fast ungebraucht sind; abgenützte, verschmutzte müßten schon sehr alt oder selten sein.
Grundsätzlich: Man halte sich zurück und versuche nicht, der Münze durch Reinigung den glänzenden Schein eines Erhaltungsgrades zu geben, den sie nicht hat. Bei antiken Bronzemünzen ist die grüne, braune oder rostrote Patina ein wesentliches Element ihrer Schönheit, ihrer Echtheit und auch ihres Wertes; sie zu entfernen würde das Stück entschieden beschädigen. Auch bei neuzeitlichen Kupfer- und Bronzemünzen sollte man den schokoladebraunen Überzug als natürlich betrachten und belassen. Keine Bedenken bestehen dagegen, daß man Münzen jeder Art mit feinster medizinischer Watte und Seifenlösung behutsam »hygienisch« reinigt; mehr ist fast stets vom Übel. Diese Reinigung genügt aber auch, etwa grobe Verschmutzungen zu beseitigen (erforderlichenfalls, nachdem man den Schmutz hat aufweichen lassen), wie sie sich in den Vertiefungen des Gepräges, z. B. zwischen den Buchstaben, zuweilen ansammeln. Zum Reinigen darf besonders bei Stükken feiner Erhaltung (Stempelglanz, vorzüglich) nichts verwendet werden, was, naß oder trocken, Mineralien enthält, wie beschwertes Gewebe, ein Silberputztuch, weil feinste Kratzer nicht zu vermeiden sind, die dann spätestens der Käufer bemerkt, der das Stück kaufen soll! Auch von Bürsten, selbst den weichsten, ist abzuraten.
Beseitigt man die Oxydation, d. h. den braunen Überzug bei Bronze und Kupfer und die schwärzliche Farbe des Anlaufens bei Silber, so kommt sie nach kürzerer oder längerer Zeit, je nach dem Schwefelgehalt der Luft, wieder. So kann man es bleiben lassen oder bei Silber allenfalls tun, wenn die Münze ausgestellt werden soll. Auch bei Silber sollte man nur Watte benützen, und zwar mit apothekenüblichem Ammoniak (Salmiakgeist) getränkt, womit dann über die Münze zu wischen ist, die darauf sofort mit einem neuen Wattebausch unter fließendem Wasser zu spülen und nur durch leichten Druck (nicht reiben!) in einem weichen Handtuch zu trocknen ist. Man lege die Münze weder in Ammoniak noch in ein sonstiges Reinigungsmittel (wie Silbertauchbad), denn dadurch wird die gesamte Metallfläche gleichmäßig sauber. Das ist nicht erwünscht; hierdurch erhält die Münze ein unplastisch-teigiges, steriles Aussehen, wogegen das oberflächliche Wischen nur die erhöhten Teile des Gepräges stärker reinigt und dadurch dem Gepräge das plastische Aussehen beläßt. Für hartnäckige Stellen sind Wattestäbchen, wie man sie heute für Baby-Ohren verwendet, gut geeignet. Von »polierten Platten« und Spiegelglanzstücken läßt der Anfänger die reinigenden Finger; hier kann er nur verderben, auch wenn das hundert Jahre alte Stück schwarz angelaufen ist; und Gold, das kaum (und nur bei schlechtester Legierung) oxydiert, sollte man nur von schwarzem Schmutz in den Vertiefungen des Gepräges befreien.
Bei Händlern oder in Sammlungen sieht man immer wieder »zaponierte« Münzen: solche, die mit dem dünnflüssigen und farblosen Zaponlack überzogen worden sind. Zaponlack ist luftundurchlässig und verhindert auf der Münze jede Oxydation. Er ist angeblich notwendig bei Münzen aus Eisen oder Zink, wie sie in Kriegszeiten in unserem Jahrhundert verschiedentlich geprägt wurden; diese würden im Laufe der Zeit zerstört werden. Ansonsten ist davon abzuraten.
Dies sind freilich die sehr persönlichen Auffassungen eines erfahrenen Sammlers. Wer trotzdem glaubt, reinigende Hand an seine Münzen legen zu müssen, tue es nicht, ohne wenigstens eines der beiden Bücher gelesen zu haben, die sich mit diesen Fragen befassen: Horst Winskowsky: Münzen pflegen, München 1969 (5. Auflage 1974), Gerhard Welter: Die Reinigung und Erhaltung von Münzen und Medaillen, Braunschweig 1970 (4., erw. Auflage).
Trotz dieser Bücher: Wie manches in der Behandlung von Antiquitäten ist das Reinigen von Münzen eine Sache persönlicher Geschicklichkeit und Erfahrung und oft ein ungern preisgegebenes Rezept. So hat in einer süddeutschen Münzstätte, die Sammlern gerne für 50 Pfennig je Stück Münzen reinigt, jeder der beiden Arbeiter, die das erledigen, seine eigenen Methoden und selbstgemischten Flüssigkeiten, die er vor seinem Kollegen geheimhält; bis vor kurzem kannten beide diese Bücher nicht. Aber die Ergebnisse ihrer Arbeit, etwa bei schmutzig-verkrusteten Stücken von Münzfunden aus der Erde, sind vorzüglich.

Wie bewahrt man die Münzensammlung auf?

Ein Haufen Münzen in einer Schachtel oder Zigarrenkiste ist keine Münzensammlung, mögen sie noch so interessant oder wertvoll sein. Anders als etwa bei Briefmarken, wo man an anderes als an die üblichen Alben und Einsteckbücher nicht denken kann, gibt es für die Aufbewahrung einer Münzensammlung viele Möglichkeiten, die von ihrer Größe, der Art der Münzen, dem Zweck der Sammlung und den Sicherheitserwägungen des Besitzers abhängen. Das Wachsen der Sammlerschaft in den letzten zehn Jahren hat Hersteller und Zubehörhändler bewogen, vielfältige Unterbringungsmöglichkeiten zu entwickeln. Auch in dieser Hinsicht wird jeder Sammler bescheiden und einfach beginnen und mit dem Wachsen der Sammlung nicht umhin können, schließlich auch ihrer Unterbringung einigen Aufwand zu widmen.

Als das Münzensammeln – eigentlich bis lange nach dem Zweiten Weltkrieg – noch der wissenschaftliche Zeitvertreib gebildeter, wohlhabender Eliten war (Ausnahmen bestätigten eher die Regel), kannte man nur die flachen, aus Holztafeln und Leisten gefertigten, mit Samt ausgekleideten und in kleine Fächer unterteilten »Schuber«, die teuer sind und je nach Bedarf in einen Schrank, einen Tresor oder in eine Schatulle eingebaut wurden. Für Versand und Transport hatte man nur die kleinen, meist quadratischen Papiertütchen. Dann kamen hierfür die bekannten Weichplastiktäschchen auf, und aus diesen wurden einerseits Alben mit aus solchen Täschchen zusammengesetzten Blättern entwickelt, andererseits die verschiedenartigen Etuis und Mehrfachhüllen, in denen heute die münzfrischen Sätze, meist luftdicht eingeschweißt, den Sammler erreichen.

So praktisch diese Weichplastik-Hilfsmittel auch sind, man sollte die Sammlung darin nicht auf Dauer aufbewahren. Es hat sich nämlich gezeigt, daß manche der verwendeten Materialien Substanzen abscheiden, die insbesondere Silbermünzen derart schädigen, daß sie irreparabel verdorben sind. Trotz mancher Beteuerung von Herstellern sind diese Gefahren noch nicht behoben. So sind die Schuber alter Art noch immer das beste, auch wenn man die Münze im Fächlein in die Hand nehmen und umdrehen muß, will man auch die untere Seite betrachten. Nun, das sollte der Sammler vorsichtig tun können, und gehört es nicht zum Genuß eines plastischen Kleinkunstwerkes, daß man es in die Hand nimmt und auch mit dem Gefühl genießt? Es trifft sich, daß auch die Schuber das Flair des Teueren, Exklusiven verloren haben. Seit Jahren gibt es nämlich Normkästen mit Plastikschubern, unterschiedlicher, wählbarer Fächereinteilung, die nach Wunsch für größere und kleinere, neuerdings auch für besonders dicke Stücke sortiert geliefert und samt Kasten in Schränke eingestellt oder eingebaut werden können. Außerdem ist das Angebot preiswerter und aufwendiger Schatullen und kleinerer Etuis größer als je zuvor; die Zubehörhändler inserieren in allen Sammlerzeitschriften und überschwemmen den Sammler auf Anfrage gerne mit ihren Angeboten.

Der Anfänger, aber auch mancher Fortgeschrittene, kann auf diese Hilfsmittel verzichten und seine eigenen Unterbringungsmöglichkeiten entwickeln, die ihre eigenen Vorzüge haben. Schon in den Schubern legen die Sammler ihre Münzen gerne auf Zettelchen, die die Angaben zur Bestimmung der Münze (Münzherr, Nominal, Metall, Gewicht, Angaben zum Münzbild, Katalognummer oder was immer dem Sammler wichtig ist) enthalten. Verwendet man nun die noch immer im Münzenhandel erhältlichen Papiertütchen für die Beschriftung und steckt die Münze hinein, so hat man zwar die Unbequemlichkeit, sie zum Betrachten herausnehmen zu müssen, kann sie aber in geeigneten Kästen oder Schubladen in der Art einer »Tütenkartei« aufbewahren, wobei man die Sammlung mit Hilfe von miteingeordneten bunten, über die Tütchen herausragenden Kärtchen ideal gliedern kann. Es ist das übrigens auch die Aufbewahrungsart, vom »Wühlkästchen« abgesehen, bei der im gegebenen Raum die meisten Münzen untergebracht werden können. Daß bei jeder Art der Aufbewahrung die Stücke gesondert sein müssen, versteht sich von selbst, weil nur so die gegenseitige Beschädigung vermieden wird. Abgesehen von modernen Methoden großer Banken, die ihre Vorräte prägefrischer und spiegelglänzender Münzen neuerdings in Vakuumbehältern aufbewahren, verhindert keine Methode den Luftzutritt, der in Großstädten mit ihrer schwefelhaltigen Luft schneller zum Dunkeln durch Oxydation führt als auf dem Land. Das ist aber natürlich (vgl. oben) kein Unglück.

Anders ist es bei der Aufbewahrung einer Papiergeldsammlung. Banknoten und vom Staat herausgegebene Geldscheine hat die Münzkunde lange Zeit nicht beachtet; man betrachtete sie im 19. Jahrhundert nur als »Geldersatz« und außerdem waren sie in der Regel zum Sammeln viel zu wertvoll. So kennt man von vielen alten Scheinen kein einziges überkommenes Stück; das Sammeln begann hierzulande im Grunde erst in der Zeit der deutschen Inflation von 1918 bis 1923, die eine unübersehbare Vielzahl von Scheinen des Reiches und zahlreicher anderer Stellen, insbesondere von Gemeinden, hervorbrachte. Diese Notgeldausgaben, insbesondere die »Serienscheine«, wurden geradezu für eine damals aus dem Nichts entstandene breite Sammlerschaft geschaffen und waren angesichts der Geldentwertung billig zu beschaffen, zumal auch die Vorkriegsscheine nur noch Papierwert hatten. Diese Sammelmode flaute aber wieder ab, und erst vor wenigen Jahren hat das Papiergeldsammeln endgültig eine breitere Anhängerschaft gewonnen. Vom Standpunkt dessen, der das Studium der Münze als Teil des Studiums der Geldgeschichte sieht, ist dies nur folgerichtig, sind die Geldscheine doch mittlerweile die wichtigsten der Zahlungsmittel.

Für das Papiergeld hat sich noch keine in jeder Hinsicht befriedigende Aufbewahrungsmethode entwickelt. Die Notgeldsammler der Inflationszeit behalfen sich meist mit selbstgebastelten Alben, auf deren Blättern die Scheine in halbangeklebte Papierstreifen gesteckt wurden. Hier kann man den Schein nicht auf beiden Seiten betrachten, ohne ihn herauszunehmen, und beim Papiergeld ist die Gefahr der Beschädigung naturgemäß viel größer als bei der Münze. Ebensowenig befriedigend ist das bloße Einlegen in ein Heft oder Buch, und indiskutabel natürlich die Aufbewahrung mit vielen anderen in einer Schachtel oder in einem Umschlag, soll doch auch beim Papiergeld die Aufnahme in die Sammlung den Beginn der rettenden, konservierenden Bewahrung des Sammlungsstücks bedeuten! Alben mit Blättern aus Zellophanhüllen oder ähnlichem sind noch wenig verbreitet und daher teuer; sie haben bisher den Nachteil, daß die Fächer gleichmäßig groß und vielen Geldscheinformen nicht angepaßt sind. Bewährt haben sich, wie manche Sammler meinen, die im Papierhandel erhältlichen »Sichthüllen«, bei denen man im DIN-A 4-Format vier oder mehr Scheine unterbringen kann; bewahrt man den Ordner liegend auf, so sorgt sein Gewicht dafür, daß die Luft aus den Hüllen gedrückt wird und die Scheine fest sitzen. Es ist aber noch nicht mit Sicherheit zu sagen, ob das auch hier verwendete Weichplastik-Material für Papier und Druck der Scheine völlig unschädlich ist. So halten manche noch immer den gewöhnlichen Karteikasten für das Beste, zwischen dessen Karteikarten die Scheine leicht zu ordnen sind. Das Ei des Kolumbus ist für die Papiergeldsammler also noch zu finden.

Münzen als Kapitalanlage: Die finanziellen Aspekte des Münzensammelns

Es gibt billigere und teuerere Leidenschaften als das Sammeln von Münzen; ganz ohne Geld geht es nicht. Richtig ist auch, daß das »goldene Zeitalter« des Münzensammelns unwiederbringlich vorbei ist, jene Jahre vor dem Ersten Weltkrieg und zwischen den Kriegen, in denen man den wenigen Sammlern gängige Taler des 17. bis 19. Jahrhunderts für weniger als 10 Mark und byzantinische Goldsolidi zu kaum mehr als dem Metallwert aufdrängte, wie der Blick in alte Händlerpreislisten beweist. Auch Sammlungen, wie man sie noch in den Fünfzigern zusammenbringen konnte, als solche Taler immerhin schon für 20 oder 30 Mark und die häufigeren Goldmünzen der Zeit vor 1871 um die hundert Mark zu haben waren, kann heute selbst ein gut Verdienender nicht mehr anlegen. Die Nachfrage der gewaltig gewachsenen Sammlerschaft, die sich mit der Bildungsexplosion und der weiter wachsenden Freizeit bei uns und dem Entstehen gebildeter und zahlungskräftiger Mittelstandsschichten in der Dritten Welt auf unabsehbare Zeit weiter vergrößern wird, stößt bei den Münzen als einem Teil des Marktes für Antiquitäten, die in ihren echten, alten Stücken ja nicht wie andere Güter der Nachfrage entsprechend vermehrbar sind, auf ein beschränktes Angebot, das trotz einer Stagnation in der wirtschaftlichen Flaute der letzten drei Jahre auch für die Zukunft Preissteigerungen langfristig erwarten läßt.

Konnten die, die vor einigen oder vielen Jahrzehnten ihre Stücke erwarben (oder ihre Erben), jetzt exorbitante Gewinne erzielen, so läßt sich doch auch vorhersehen, daß derjenige, der heute beginnt, jedenfalls seine Aufwendungen nicht in den Kamin schreiben muß, wenn er nicht gerade auf schnellen Gewinn spekuliert und sich von den besagten Pseudomünzen, der nur an den zur Zeit besonders unberechenbaren Goldpreis gebundenen »Bankware« der häufigsten Goldmünzen und den nicht einmal künstlerisch bemerkenswerten Produkten der Medaillen-Fabrikanten fernhält. Man soll Münzen »aus Spaß an der Freud'«, wegen ihrer beschriebenen vielfältigen Reize und zur sinnvollen Gestaltung der Freizeit sammeln und nicht zur Spekulation, aber es ist durchaus legitim, darauf hinzuweisen, daß noch kein ernsthafter, kenntnisreicher Sammler es aus finanziellen Gründen bedauern mußte, für seine Leidenschaft Geld ausgegeben zu haben.

Freilich sind auch hier einige Ratschläge zu beherzigen: Mit ihrem wachsenden Wohlstand haben die Sammler in den vergangenen Jahren zunehmend Wert auf erstklassige Erhaltungsgrade (vgl. S. 167) gelegt, so daß der Wert einer »vorzüglich« erhaltenen älteren Münze heute das Vier- oder Sechsfache des gleichen Stückes in »schön« betragen kann. Daher sollte der Sammler von Anfang an nur die besten erhältlichen Stücke aufnehmen, bei Münzen der letzten Jahrzehnte wenn immer möglich unzirkulierte Stücke, also »vorzügliche« oder bessere, und bei älteren keine, die schlechter sind als »sehr schön«, es sei denn, er wolle für wenig Geld eine schmerzliche Lücke füllen. Der Erhaltungsgrad »schön« ist die absolute untere Grenze der Sam-

melwürdigkeit; entsprechende Ansprüche stelle man beim Papiergeld. Besonders die Sammlungen sämtlicher Jahreszahlen und Buchstaben einzelner Münztypen weisen oft schlechte Erhaltungen auf, auf die der Sammler der Vollständigkeit halber nicht verzichten zu können glaubte; er wird schwer einen Käufer finden, der ihm seine Mühe lohnt. Wichtig ist daher auch die weitblickende Wahl des Sammelgebiets; es sollte vielschichtig sein, weil wohl einmal ein Teilbereich in Preisverfall geraten kann, kaum aber je ein weitgespanntes Gebiet. Daher ist es auch sinnlos, Münzen eines Typs spekulativ in großer Zahl, etwa rollenweise, zu kaufen, zumal die modernen Münzen in ihren hohen Auflagen kaum je zu Seltenheiten werden und ihren Wert nur im Rahmen einer intelligent gestalteten Sammlung entwickeln können. Überhaupt lassen wertvolle Münzen höhere Wertsteigerungen erhoffen, zumal sie immer gesucht sein werden, ohne großen Werbeaufwand weiterverkauft werden können und daher der Händler sich mit einer niederen Spanne begnügen kann, was natürlich wieder dem Verkäufer zugute kommt. Selbstverständlich meidet man beim Kauf beschädigte Stücke und schädigt seine Münzen auch nicht durch unsachgemäße Reinigung.
Nicht nur mit den numismatischen Hintergründen sollte der neue Sammler sich beizeiten befassen, auch das Wichtigste über die Verhältnisse und Gepflogenheiten des Münzenhandels muß er wissen, damit er beim Kauf der Münzen nicht übernommen wird und beim etwaigen späteren Verkauf keine Nachteile erleidet. Über seriöse und weniger seriöse Händler, über das, was man am Münzenschalter einer Bank erwarten kann und was nicht, über den Betrieb auf Münzbörsen und den Tausch bei Vereinsabenden, über Auktionskataloge und Festpreislisten, über die Qualität und praktische Brauchbarkeit der angebotenen Literatur muß er selbst seine Erfahrungen sammeln; das erspart der beste Ratgeber nicht. Trotzdem ist zum Abschluß ein Buch zu empfehlen, das über die kommerziellen Hintergründe des Münzenhandels und des modernen Münzengeschäfts überraschende Aufschlüsse vermittelt: Q. David Bowers: Wertvolle Münzen als Geldanlage, München 1975. Dem angehenden Sammler, der es aufmerksam liest, wird manches Stück Lehrgeld erspart bleiben.

Auf zum fröhlichen Sammeln!

Münzen sammeln – das heißt, ferne und nahe Länder, alte und neue Staaten, fremde Kulturen mit neuen Augen sehen, bekannte Gegenden und Städte der Heimat neu erleben, von der Romantik und der Wirklichkeit der 3000 Jahre sich einfangen lassen, die das Geld die Menschen begleitet, hinter die Kulissen des Welthandels und der Kulturen blicken; es heißt, in den Kreis vielseitig interessierter, mitteilsamer Freunde der Münze, der Medaille und der Geldgeschichte treten, allerorten Freunde finden, immer wieder Freude über glücklichen Erwerb empfinden – Münzen, eine neue Welt entdecken!

Herbert Rittmann

VERZEICHNIS NUMISMATISCHER FACHAUSDRÜCKE

AES GRAVE (römisch): schweres gegossenes Kupfergeld von runder Form.
AES RUDE (römisch): gegossenes Roherz, das von den Römern als Geld benützt wurde.
AES SIGNATUM (römisch): gegossener, mit einem Bilde versehener Kupferbarren.
AKCE: türkische Silbermünze.
ALTUN: türkische Goldmünze.
AMBROSINO (italienisch): silberne Groschenmünze der Stadt Mailand (1250–1310), mit Darstellung des heiligen Ambrosius.
ANGE D'OR: französische Goldmünze, erstmalig im Jahre 1341 geprägt, die den heiligen Michael, den Drachen tötend, darstellt.
ANGEL: englische Goldmünze, von Eduard IV. bis Elisabeth I. geprägt, die den heiligen Michael im Kampf mit dem Drachen darstellt.
ANTONINIANUS (römisch): Name für den Doppeldenar des Caracalla und seiner Nachfolger.
ARGENTEUS (römisch): kleinere Silbermünze, die im spätrömischen Reich geprägt wurde.
AS: frührömisches Gewicht von einem Pfund und Bronzemünze; diese Einheit war durch zwölf teilbar. Im Kaiserreich war es eine kleinere Bronzemünze im Wert von einem Viertel eines Sesterzen.
ASPER (byzantinisch): Silbermünze der Komnenen von Trapezunt, von 1204 bis 1461.
AUGUSTALIS: Goldmünze Kaiser Friedrichs II. von Hohenstaufen für Sizilien, in Anlehnung an die Aurei römischer Kaiser (Augusti) geprägt.
AUREUS: römische Goldmünze im Werte von 25 Denaren.

BAT oder Tikal: siamesische Silbermünze, Einheit des Münzsystems.
BILLON: Legierung von Silber und Kupfer.
BLANC: französische Groschenmünze des Mittelalters aus weißem Billon.
BOLIVAR: Goldmünze von Venezuela mit dem Bildnis Simon de Bolivars.
BOLOGNINO (GROSSO) (italienisch): Silbermünze von Bologna (1191 bis 1337).
BRAKTEAT oder Hohlpfennig (deutsch): dünne, einseitig geprägte Münze des Mittelalters (12. bis 14. Jh.).

CASH (chinesisch): Kupfermünze mit viereckigem Loch in der Mitte.
CENT (amerikanisch): Kupfer- oder Bronzemünze, 1/100 eines Dollars.
CHAISE D'OR (französisch): Goldmünze, zuerst 1303 von Philipp IV. geprägt; mit Darstellung des Königs auf gotischem Thron.
COB: siehe Schiffsgeld.
CORONADO (spanisch): Billonmünze von Kastilien und León (13. bis 15. Jh.).
CROWN (englisch): Silbermünze von Talergröße; auch kleinere Goldmünze (16. und 17. Jh.).

DANARO: der italienische Denar des Mittelalters.
DAREIKOS: persische Goldmünze, die nach König Dareios I. benannt wurde.
DEKADRACHMON (griechisch): ein selten geprägtes Zehndrachmenstück.
DENAR: die deutsche Hauptsilbermünze des Mittelalters, von Karl dem Großen in Anlehnung an den römischen Denarius geprägt.
DENARIUS: römische Silbermünze und Haupteinheit der Republik und des Kaiserreiches.
DENIER: der französische Denar des Mittelalters.
DICKEN: der schweizerische Testone, eine Silbermünze der Renaissance.
DIDRACHMON (griechisch): ein Zweidrachmenstück, dem Silberstater gleich.
DIME: das amerikanische 10-Cent-Stück.
DINAR: Goldmünze und Goldeinheit des arabischen Münzsystems.
DINERO: der spanische Denar des Mittelalters.
DINHEIRO: der portugiesische Denar des Mittelalters.
DIOBOL (griechisch): ein Zweiobolenstück im Wert einer Dritteldrachme.
DIRHEM (arabisch): Silbermünze und Silbereinheit des Münzsystems.
DISTATER (griechisch): Doppelstater (siehe Stater).
DODEKADRACHMON (griechisch): ein Zwölfdrachmenstück.
DOLLAR: amerikanische und kanadische Silbermünze, deren Name vom Taler abgeleitet ist.
DOPPIA: italienische Goldmünze, einem Doppeldukaten gleich.
DRACHME: griechische Silbermünze und Hauptrechnungseinheit.
DUBLON: Name für mexikanische und spanisch-amerikanische Goldmünzen von 8 Escudos.
DUCATO: italienischer Dukat.
DUKAT: die weitestverbreitete Goldmünze der Welt, zuerst in Florenz (1252) und Venedig (1284) geprägt.
DUPONDIUS: römische mittelgroße Bronzemünze aus Messing *(aurichalcum)* im Werte von 2 Assen, bezeichnet durch Strahlenkrone des Kaiserbildnisses.

EAGLE (amerikanisch): 10-Dollar-Goldmünze.
ÉCU (D'ARGENT): erste französische Talermünze, 1641 eingeführt.
ÉCU D'OR: älteste französische Goldmünze, unter Ludwig IX. (1266–1270) eingeführt.
ELEKTRON: Mischung von Gold und Silber, als natürliches Metall in Kleinasien für die ältesten Münzprägungen benützt.
ESCUDO (spanisch): Goldmünze und Einheit des Goldmünzsystems in Spanien und Spanisch-Amerika.
EXCELENTE (spanisch): Goldmünze, dem Dukaten gleichwertig, die zuerst unter Ferdinand und Isabella 1497 geprägt wurde.

FALS (Mehrz. *Fulus*): arabische Kupfermünze.
FIORINO D'ARGENTO (italienisch): florentinischer Silbergroschen des Mittelalters.
FLOREN oder *fiorino d'oro*: italienische Goldmünzen, im Jahre 1252 von Florenz geprägt und nach einer Lilie, dem Stadtabzeichen, benannt.
FOLLIS (römisch): mittelgroße Kupfermünze, von Kaiser Diokletian eingeführt; später auch die 40-Nummia-Bronzemünze der Byzantiner.
FRANC: französische Münzeinheit, im Jahre 1795 mit dem Dezimalsystem eingeführt; auch von Belgien, Schweiz, Luxemburg und Monaco übernommen.
FRANC À CHEVAL: französische Goldmünze, zuerst unter Johann II. im Jahre 1360 geprägt, mit Darstellung des Königs zu Pferd.
FRIEDRICHSDOR: preußische Goldmünze (Pistole), die von Friedrich dem Großen 1740 zuerst geprägt wurde.

GIGLIATO (italienisch): Silbergroschen des Mittelalters, in Neapel geprägt und nach dem mit Lilien *(giglio)* geschmückten Kranz der Rückseite benannt.
GOLDGULDEN (deutsch): dem Florentinergold nachgebildete, zuerst im 14. Jh. geprägte Goldmünze.
GRAMO: Goldmünze, die privat von Julius Popper in Feuerland (Argentinien) geprägt wurde und einem Goldpeso gleichkam.
GROAT (englisch): Silbermünze des Mittelalters, dem französischen *gros* angeglichen.
GROS (französisch): Silbermünze des Mittelalters.
GROSCHEN (deutsch): Silbermünze des Mittelalters, dem französischen *gros* nachgebildet.
GROSSO (italienisch): Silbermünze des Mittelalters, dem Groschen gleich.
GROS TOURNOIS (französisch): Silbermünze im Werte von 12 Denaren, zuerst von Ludwig IX. im Jahre 1266 geprägt und nach dem Stadtbild von Tours benannt.
GUINEA (englisch): Goldmünze, zuerst im 17. Jh. mit Gold von Guinea geprägt; 1816 durch den Sovereign ersetzt.
GULDEN (deutsch): Silbermünze im Werte von $^2/_3$ Taler.
GULDENGROSCHEN (deutsch): Bezeichnung für Taler im 16. Jh.

HEKTE (griechisch): ein Sechstel, meistens Sechstelstatere aus Elektron.
HEMIDRACHME (griechisch): Halbdrachme oder Dreiobolenstück.
HEMIOBOL (griechisch): halber Obol.
HEMITARTEMORION (griechisch): halber Tartemorion oder $^1/_8$ Obol, die kleinste Silbermünze der Griechen (0,09 g Gewicht).
HEXAS (griechisch): ein Sechstel der Litra im Werte von 2 Unzen; kleine Silbermünze oder Bronzestück mit zwei Wertkugeln.
HISTAMENON (byzantinisch): Goldmünze, 10. bis 13. Jh.
HOG MONEY: kupferne Münzen aus Somer's Island (Bermuda) des 17. Jhs. mit Darstellung eines Ebers.
HOHLPFENNIG oder Brakteat (deutsch und mitteleuropäisch): dünne, einseitig geprägte Silbermünze des Mittelalters.

ICHI BU (japanisch): kleine, rechteckige Goldmünze im Werte von einem Bu.
ILAHI: Zeitrechnung, die nach dem Sonnenjahr gezählt und vom Großmogul Akbar im Jahre 1584 eingeführt wurde.
INKUS oder vertieft: das Bild der Vorderseite ist auf der Rückseite vertieft zu sehen.

JETON (französisch): Rechenpfennig.
JOE oder João, Johannes: portugiesische Goldmünze von 6400 Reis, von 1722 bis 1835 geprägt und nach König Johann V. benannt.

KAURI: Schnecke, deren Gehäuse als Geld benützt wurde.
KLIPPE: viereckige Münze, ursprünglich als Notprägung, später für Geschenkzwecke geprägt.
KOBAN (japanisch): flache, ovale Goldmünze in Werte von 5 Rio.
KOPEKE (russisch): kleine Silbermünze des 16. bis 18. Jhs., später in Kupfer geprägt.
KREUTZER (deutsch): kleine Silbermünze mit Kreuz, die zuerst 1271 in Tirol ausgegeben und später in Kupfer in Süddeutschland, Österreich und der Schweiz geprägt wurde.

LARIN: von Laristan (Südpersien), hakenförmig gebogener Silberdraht, der im 16. und 17. Jh. in Südostasien als Geld kursierte.
LAT: Gewichtseinheit von Laos, auch Silber- oder Kupferbarren.
LAUBTALER oder *écu au laurier* (französisch): Silberécu, nach dem Lorbeerkranz, der das Schild einschließt, benannt. Er wurde von 1726 bis 1790 geprägt und kursierte in ganz Westeuropa als Handelsmünze.
LIRA (italienisch): mittelgroße Silbermünze, die zuerst 1472 in Venedig gemünzt wurde (Lira Tron); seit 1859 Rechnungseinheit und Silbermünze.
LOUIS D'ARGENT: der französische Taler, der im Jahre 1641 von Ludwig XIII. eingeführt wurde.
LOUIS D'OR (französisch): Goldmünze, 1641 eingeführt und der spanischen Pistole angeglichen.

MAME GIN (japanisch): eine ovale, bohnenförmige Silbermünze.
MANILLA (westafrikanisch): Ringgeld.
MARENGO (italienisch): das nach der Schlacht bei Marengo (1800) geprägte 20-Franken-Stück.
MASSE D'OR (französisch): die größte Goldmünze von Philipp IV. (1285–1314), mit dem König, der das Zepter der Gerechtigkeit hält.
MATAPAN (italienisch): Name des venezianischen Silbergroschens, zuerst im Jahre 1192 geprägt.
MILIARENSION (spätrömisch und byzantinisch): Silbermünze.
MOHUR oder Muhr (indisch): Goldmünze, 1562 vom Großmogul Akbar eingeführt.
MOUTON D'OR (französisch): Goldmünze des Mittelalters mit dem Lamm Gottes.

NAPOLÉON (französisch): volkstümlicher Name des 20-Franken-Stückes.
NI-BU BAN KIN (japanisch): rechteckiges Goldstück.
NOBLE (englisch): Hauptgoldmünze Englands, die 1344 von Eduard III. eingeführt wurde.
NOMISMA: griechische Münze und byzantinische Goldmünze.
NOMOS: griechisch = Münze; auch Benennung für den Silberstater oder Didrachmon in Unteritalien.
NUMMUS: römische Münze.

OBAN (japanisch): die größte Goldmünze im Werte von 10 Rio, von flacher und ovaler Form.
OBOL (griechisch): kleine Silbermünze im Werte von $^1/_6$ Drachme.
OKTADRACHMON (griechisch): Achtdrachmenstück.
ÖRTUG (schwedisch): Silbermünze des Mittelalters.

Orichalcum (für *aurichalcum*): »Golderz« oder Messing.

Osella (italienisch): Geschenkmünze der venezianischen Dogen, nach *uccello* oder Vogel benannt, da Wildvögel vorher als Neujahrsgeschenke gegeben wurden.

Paduaner (italienisch): Nachahmungen römischer Großbronzen und auch freierfundene Stücke, die von vorwiegend aus Padua stammenden Renaissancekünstlern hergestellt wurden.

Pagoda (südindisch): kleine Goldmünze mit Darstellung einer Hindugottheit.

Pavillon d'or (französisch): Goldmünze von Philipp VI. (1328–1350), mit thronendem König im Zelt *(pavillon)*.

Penny: englische mittelalterliche Silbermünze, dem Pfennig gleichkommend; seit 1797 auch Kupfermünze.

Peso (spanisch): der Taler von 8 Realen, der 1497 unter Ferdinand und Isabella zuerst geprägt wurde; spanisch-amerikanischer Name für die 8-Realen-Stücke.

Pezza della rosa (italienisch): Silbermünze aus der Toskana (17. Jh.), auf der ein Rosenstrauch dargestellt ist.

Pfennig (deutsch): der mittelalterliche Denar; später kleine Scheidemünze; seit Mitte des 18. Jhs. Kupfermünze von kleinstem Wert.

Pfund (pound) (englisch): Rechnungsmünze; Goldmünze, seit 1816 durch die Guinea ersetzt.

Pfundner (deutsch): mittelgroße Silbermünze, 1482 von Erzherzog Sigismund von Tirol in Nachahmung der italienischen Lira Tron geprägt.

Piaster: türkische Münzeinheit und Silbermünze.

Pieces of eight: volkstümliche Benennung in Amerika für die spanisch-amerikanischen 8-Realen-Stücke.

Pierreale (italienisch): volkstümlicher Name der in Sizilien geprägten Silber- und Goldmünzen Peters III. von Aragon (1282–1285).

Pillar dollar: volkstümlicher Name für das frühe mexikanische 8-Realen-Stück mit den zwei Erdkugeln zwischen den Herkulessäulen.

Pistole: Goldmünze, die zuerst in Spanien als Doppelescudo geprägt und dann von Frankreich und deutschen Fürstentümern aufgenommen wurde.

Plaquette: eine einseitige Medaille von quadratischem oder rechteckigem Format.

Portugaleser (deutsch): breite, zehn- oder mehrfache Golddukaten, meistens in Hamburg in Nachahmung portugiesischer Goldmünzen geprägt.

Pu (chinesisch): frühe, spatenförmige Kupfermünze.

Quadrans (römisch): eine kleine Bronzemünze von 1/4 As oder 3 Unzen, die drei Kugeln als Wertzeichen trug.

Quadrigatus (römisch): Name des römisch-kampanischen Didrachmons, das Jupiter in einem Vierergespann (Quadriga) auf der Rückseite zeigte.

Quadrupla (italienisch): Goldmünze von 4 Scudi.

Quetzal: Münzeinheit Guatemalas, nach einem seltenen Vogel benannt.

Quinarius: römische Silbermünze der Republik, einem halben Denarius gleich; unter Cäsar und Augustus auch Goldmünze, das Halbstück des Aureus.

Real (spanisch): Silber- und Billonmünze des Mittelalters, seit Ferdinand und Isabella als 1/8 Peso geprägt; es war die Münzeinheit in Spanien und Spanisch-Amerika.

Reis (portugiesisch): Mehrzahl des portugiesischen Real.

Rosa americana: amerikanische Kupfermünze, die 1722–1723 vom Engländer William Wood für Amerika geprägt wurde, und die eine Rose auf der Rückseite zeigt.

Rosenoble (englisch): Goldmünze, erstmalig von Eduard IV. geprägt, die eine Rose über dem Schiff trägt.

Royal d'or (französisch): Goldmünze, die zuerst unter Karl IV. (1322–1328) geprägt wurde.

Rubel (russisch): Silbermünze von Talergröße, die 1704 zuerst von Peter dem Großen geprägt wurde.

Rupie (indisch): Silbermünze, im 16. Jh. zuerst von Akbar, dem Großmogul von Hindustan, geprägt; später die Einheit des Münzsystems.

Salut d'or (französisch): von Karl VI. 1421 geprägte Goldmünze mit Darstellung der Verkündung Mariens.

Saluto (d'argento oder d'oro) (italienisch): Silber- und Goldmünzen, von Karl I. von Anjou für Neapel und Sizilien (1266–1285) geprägt, mit der Verkündung Mariens.

Schautaler: Taler, die zu Gedenk- oder Geschenkzwecken geprägt wurden.

Scheidemünze: Münze, die zu einem höheren Wert als dem Metallwert verkehrt.

Schiffsgeld – *macuquina* (span.) oder *cob* (engl.): rohe Gepräge der südamerikanischen, besonders mexikanischen Münzen.

Schilling (deutsch): im Mittelalter als Großpfennig oder Groschen geprägt; später als mittelgroße Silbermünze in Norddeutschland, Württemberg und der Schweiz benützt.

Scudo (italienisch): der *scudo d'argento* oder *ducatone* war die erste italienische Talermünze.

Scudo d'oro (italienisch): Goldmünze des 14. bis 19. Jhs.

Semis (frührömisch): Bronzemünze, einem halben As gleich.

Semissis (spätrömisch und byzantinisch): Goldmünze im Werte von einem halben Solidus.

Semuncia (frührömisch): die halbe Uncia, einer der kleinsten Münzwerte der Republik.

Sen (japanisch): frühe Münze, die zunächst in Silber und später in Kupfer gegossen wurde, dem chinesischen Cash gleich.

Sestertius (römisch): Silbermünze der Republik im Werte von 2 1/2 Assen; später, seit Augustus, als Großbronze ausgegeben.

Shilling (englisch): Silbermünze, erstmalig von Heinrich VII. im Jahre 1504 geprägt.

Siglos (persisch): Silbermünze des Kaiserreiches, von 521 bis etwa 400 v. Chr. geprägt.

Siliqua (spätrömisch): kleine Silbermünze, zuerst von Konstantin dem Großen geprägt.

Sol (peruanisch): die Münzeinheit seit 1914.

Solidus (römisch und byzantinisch): Goldmünze.

Sovereign (englisch): große und prunkvolle Goldmünze, die unter Heinrich VIII. und Elisabeth I. geprägt wurde; seit 1817 die Hauptgoldmünze Englands.

Srang: tibetanische Münze.

Stater (griechisch): weitestverbreitete Silbermünze im Werte von 2 Drachmen; auch Einheit der Goldprägungen.

Sycee (chinesisch): Silberbarren in Form von Booten oder Schuhen.

TALER: große, weitestverbreitete europäische Silbermünze, die zuerst 1484 in Tirol als Guldengroschen geprägt wurde; der Name wird von Joachimsthal (Böhmen), Joachimstaler = Taler, abgeleitet.
TARI (italienisch): kleine mittelalterliche Goldmünze aus Sizilien.
TESTON (französisch): mittelgroße Silbermünze, zuerst 1514 von Ludwig XII. in Nachahmung des italienischen Testone geprägt.
TESTONE (italienisch): mittelgroße Silbermünze der Renaissance mit einem Bildnis; Name ist von *testa* (= Kopf) abgeleitet.
TETARTEMORION (griechisch): kleinste Silbermünze im Werte von $^1/_4$ Obol.
TETARTERON (byzantinisch): leichtere Goldmünze, die zuerst im 10. Jh. geprägt wurde; später, im 11. Jh. wurde es zu einer kleinen Kupfermünze.
TETRADRACHMON (griechisch): eine Vierdrachmen-Silbermünze.
TIKAL (siamesisch): Silbermünze und Münzeinheit, zuerst kugelförmig geprägt.
TOMAN (persisch): Rechnungseinheit und moderne Münzeinheit.
TREMISSIS (spätrömisch und byzantinisch): Goldmünze, ein Drittel des Solidus.
TRIENS (frührömisch): $^1/_3$ As, mit vier Kugeln als Wertbezeichnung; später auch Goldmünze, $^1/_3$ Aureus.
TRIHEMIOBOL (griechisch): Silbermünze im Werte von drei Halbobolen.
TRIOBOL (griechisch): Dreiobolenstück oder halbe Drachme.
TRITEMORION oder Tritetartemorion (griechisch): kleine Silbermünze im Werte eines $^3/_4$ Obol.
TYPUS: Bild oder Art und Charakter einer Münze.

UNCIA oder Unze (frührömisch): eine kleine Bronzemünze, $^1/_{12}$ As, die eine Kugel als Wertzeichen führte.

VICTORIATUS (römisch): Silbermünze der Republik, benannt nach der Darstellung der Victoria, die ein Tropaeum bekränzt.

WILLOW TREE COIN (amerikanisch): »Weidenbaum-Münze« der nordamerikanischen Kolonie Massachusetts.
WON: koreanische Münzeinheit, die dem japanischen Yen entspricht.

YEN: die Einheit des modernen japanischen Münzsystems, einem Dollar gleich, 1870 erstmals geprägt.
YÜAN: chinesische Bezeichnung für Dollar, dem japanischen Yen gleich.

ZECCHINO (italienisch): der venezianische Dukat, der seit 1284 geprägt und nach *zecca* (= Münze) benannt wurde.
ZOLOTA: türkische Silbermünze.